Governo e crise

Governo e crise

Escolhas públicas no Brasil e no mundo, 2007-2011

JORGE VIANNA MONTEIRO

Editora FGV
Rua Jornalista Orlando Dantas, 37
22231-010 | Rio de Janeiro, RJ | Brasil
Tels.: 0800-021-7777 | 21-3799-4427
Fax: 21-3799-4430
editora@fgv.br | pedidoseditora@fgv.br
www.fgv.br/editora

Impresso no Brasil | *Printed in Brazil*

1ª edição — 2011

PREPARAÇÃO DE ORIGINAIS
Maria Lucia Leão Velloso de Magalhães

REVISÃO
Eduardo Monteiro

PROJETO GRÁFICO DE MIOLO E CAPA
Letra e Imagem

FOTO DA CAPA
© Anna Jurkovska | Dreamstime.com

FICHA CATALOGRÁFICA ELABORADA PELA BIBLIOTECA MARIO HENRIQUE SIMONSEN/FGV

Monteiro, Jorge Vianna.
Governo e crise : escolhas públicas no Brasil e no mundo, 2007-2011 / Jorge Vianna Monteiro. — Rio de Janeiro : Editora FGV, 2011.
280 p.

Inclui bibliografia.
ISBN: 978-85-225-0957-7

1. Política econômica. 2. Escolha social. 3. Políticas públicas. 4. Intervenção estatal. I. Fundação Getulio Vargas. II. Título.

CDD — 338.9

A Sonia, Candy, Mariana, Lara e Tyler,
que foram surgindo em minha vida para
torná-la cada vez mais maravilhosa.

"Seja bom e você estará só."
MARK TWAIN

Sumário

Introdução

ESTE LIVRO FOI ESCRITO na perspectiva do "modo constitucional de pensar" uma economia (Buchanan, 2003). Os resultados do desempenho percebidos na *superfície* de uma economia são fundamentalmente associados a mecanismos que operam nas *águas profundas* dessa economia. Ou, mais tecnicamente, o resultado final dos jogos de estratégia que modelam a política econômica guarda relação *endógena* com as regras que prevalecem nesses jogos. Portanto, a atuação do economista não se limita a explorar a escolha entre resultados macroeconômicos alternativos (inflação, crescimento do PIB, geração de emprego), pressupondo uma *dada* configuração institucional (autonomia decisória pública, estabilidade constitucional, separação de poderes), senão também a escolha entre arranjos alternativos dessas instituições. É nessa classificação em duas partes da escolha entre regras e o jogo que transcorre sob um conjunto de regras pré-acordadas que se forma a política econômica.

A crise mundial que oficialmente se iniciou em 2008 é um evento de enormes proporções para que se admita que uma ocorrência isolada, como a falência de uma firma financeira de grande porte, tenha sido sua origem; da mesma forma, não é de crer que as tão profundas intervenções governamentais que, desde então, tentam conter a crise não criem vida própria e gerem novos abalos que em si mesmos reformatam a crise. A crise ainda desafia o entendimento de boa parte dos cientistas sociais, especialmente dos economistas.[1] A primeira falha intelectual nesse desafio é a frágil capacidade prospectiva, o que levou a que a intensidade da crise pegasse a todos de surpresa. Por certo, uns poucos acabaram reconhecidos como perfeitos videntes, de vez que já chamavam a atenção para os perigos de certas operações exóticas largamente praticadas no mercado financeiro. Porém, esse diagnóstico foi apresentado em um nível de generalidade muito elevado, semelhante ao utilizado por astrólogos e cartomantes, sendo tal previsão, na verdade, um *guarda-chuva* muito amplo, que, com sorte, pode abarcar o que venha a ocorrer nos mercados do mundo real.[2] Outra dimensão do desconforto demonstrado por analistas (do mundo acadêmico e de fora dele) é a transposição, para a nova realidade institucional, da mesma macroeconomia que se tem na conta de *mainstream*.[3] Por que isso?

A própria formação acadêmica poderia ter a tendenciosidade de conceituar política econômica *em um ambiente não intervencionista* — o que deixa os estudantes de economia "despreparados seja para compreenderem importantes precedentes históricos, seja para terem pleno entendimento da crise, das respostas de política e [dos debates e] comentários contemporâneos".[4] Em outra frente, em conferência ocorrida em Bretton Woods, de 8 a 11 de abril de 2011, o ex-conselheiro de política econômica do governo Obama, Larry Summers, quando indagado se os economistas compreendem de todo o que vem ocorrendo desde 2008, respondeu ancorando-se em três autores já falecidos, em um livro escrito há 33 anos e em outro escrito no século XIX (Delong, 2011:1).

A ordem de grandeza que as variáveis econômicas assumem e a modificação nos valores aceitos quanto aos limites da intrusão governamental nos mercados não habilitam que se contraponha a realidade atual ao modelo de política econômica e ao rarefeito ambiente de democracia representativa que vem associado a esse modelo. Assim, há um generalizado mal-estar nas hostes dos economistas, que sempre foram avessos à adjetivação, mas não parecem ter muito a acrescentar ao discurso oficial.[5] Mesmo o padrão em geral aceito de que uma forte expansão de gastos públicos possa promover pressões inflacionárias não encontra apoio "nas desesperadas medidas de expansão de crédito adotadas em 2008 [na economia norte-americana], que provaram não serem tão ruins assim [do ponto de vista inflacionário], como os críticos temiam".[6]

Em 2011, é pura retórica localizar a crise em determinado período passado, dando-a por superada, como quer a nova diretora-gerente do FMI, Christine Lagarde. A sra. Lagarde (2011) usa a expressão "recuperação fragmentada" para fundamentar seu ponto de vista.[7] Tal fragmentação pode ser precisamente a *nova face* dessa crise tão peculiar:[8] na economia dos EUA, alto desemprego da mão de obra, com tênue recuperação do PIB, e dificuldades institucionais em resolver o problema da volumosa dívida pública — três decorrências da estratégia anticrise posta em prática em 2008-2010; na UE, generalizada incerteza quanto ao resultado da gerência da dívida pública e privada em países-membros mais frágeis (o que alcança governos devedores, contaminando sistemas financeiros credores dessa dívida); e, em países emergentes, grande afluxo de capital externo, moedas nacionais muito valorizadas (Brasil) ou depreciadas (China), razoável crescimento econômico e pressões inflacionárias se consolidando. E, acima de todo esse desempenho, custos sociais de enormes proporções, como se observa em 2011 em economias da UE e nos EUA, com reflexos intensos na estabilidade política, levando a reveses eleitorais expressivos.[9] Na economia brasileira, o equilíbrio macroeconômico se estabelece, ademais, em um fio de navalha, diante dos possíveis e desastrosos reflexos que possam ser importados da economia mundial em desarranjo.[10]

A resposta à crise requer uma complexa perspectiva estratégica: a vigorar o *status quo*, não está envolvido apenas o que pode dar errado, mas também o que permanece correto manter, assim como uma teoria de regulação econômica que acolha ou considere suspeita a *expertise* desinteressada e a governança politicamente responsável (Cunningham e Zaring, 2009).

Em 2011, essa perspectiva tem um sentimento crescente da falta de convicção (ou, simplesmente, de vontade) dos *policy makers* — o que espelha sérias disfunções no sistema de separação de poderes, sobretudo quanto à tomada de decisões fiscais. É precisamente nesse contexto do processo político que as ações anticrise precisam ser arquitetadas, caso contrário tornam-se mera retórica.

Este livro focaliza o Brasil e estuda processos e resultados da economia norte-americana, de longe a mais intensamente abalada pela crise. No período 2008-2011, os EUA tornaram-se campo de experimentação de vigorosas tentativas de reverter ou atenuar a crise. Em paralelo, o leitor tem neste texto um mapeamento analiticamente coerente da trajetória da economia contemporânea, apoiado em farta evidência factual.[11] As seções do livro funcionam como artefato de organização dessas evidências, habilitando um melhor entendimento de relações de causa e efeito do papel do governo na democracia representativa.

Diferentemente de meus outros livros, as numerosas, e por vezes longas, notas não aparecem no rodapé das páginas em que estão referidas. Para não interromper o fluxo de texto elas estão no final de cada capítulo. Contudo, enfatizo que essas notas foram escritas como parte implícita do texto principal: elas são, em certo sentido, elementos *vivos* da argumentação desenvolvida. Assim, insisto para que o leitor não deixe de lê-las, à medida que elas vão aparecendo.

Quanto a propósitos didáticos, espero que o material aqui arrolado estimule o leitor a pensar como mudanças institucionais promovidas em outras economias se aplicam ao caso brasileiro. Afinal, são essas instituições que induzem comportamentos de políticos, burocratas, grupos de interesses, juízes e cidadão eleitor. A farta menção a fatos do mundo real dão a este livro o sentido de uma crônica da crise. É destacado o uso informal de autoridade por agências governamentais, o que expande o poder discricionário do governo. Os *policy makers* contornam restrições legais e optam por empreender transações — acordos *ao alcance de seus braços*, muito mais do que por autorização regulatória, como a fonte de legitimação dessas ações. É a *regulação por acordos* (Davidoff e Zaring, 2009), em que a estrita obediência legal nem sempre é o foco da transação entre governo e agentes privados.[12]

A economia das escolhas públicas[13] aqui apresentada cobre o período 2007-2011.[14] A sequência em que os temas são introduzidos decorre de algum evento, sem que haja a intenção de atribuir a tal ocorrência status de maior destaque na conjuntura. Por essa razão, os temas se repetem, porém sob diferentes ângulos analíticos: *lobbying*, regras do jogo, reforma, âncora institucional, autonomia decisória no processo político, hipertrofia de poder, demandas preferenciais e frouxidão regulatória ilustram essas recorrências.

A atualidade dessa percepção analítica quanto ao funcionamento de uma economia nacional é reforçada em agosto de 2011, quando uma agência de *rating*, excepcionalmente, rebaixa a nota de risco de títulos de longo prazo do Tesouro norte-americano: fica evidente que isso ocorre muito mais pelo *risco associado às decisões do processo político*[15] do que pelas incertezas econômicas nos EUA.

Sou muito grato ao professor Antonio Delfim Netto, a Francisco da Silva Coelho e ao dr. Manuel Enriquez Garcia, presidente da Ordem dos Economistas do Brasil, por tornarem possível a publicação deste livro.

Agradeço aos meus alunos da PUC-Rio e do Cipad-FGV, que têm sido receptivos às ideias aqui desenvolvidas. Reconheço, no entanto, que vários desses alunos sempre tiveram dificuldade em me posicionar (e se de todo isso será pertinente) no firmamento do Departamento de Economia da PUC-Rio; por vezes, posso ter dado a impressão de ser um holograma de mim mesmo.

Meu reconhecimento estende-se aos seguidores de minha carta "Estratégia Macroeconômica", que circula há inacreditáveis 19 anos. A aceitação dessas análises de curto prazo é estímulo importante ao meu processo de produção intelectual. Agradeço à direção da *Revista de Administração Pública*, por publicar meus artigos sobre escolhas públicas — outro dos alicerces de meu processo produtivo — escritos na perspectiva de médio prazo dos eventos macroeconômicos. Registro, por fim, minha gratidão aos que recorrentemente manifestam apreço por minhas possíveis virtudes intelectuais ou acadêmicas.[16]

Nos próximos meses e anos espero oferecer análises revigoradas dos desdobramentos destes tempos desafiadores não apenas para as políticas públicas no Brasil, como também em outras economias nacionais — o que, de certo modo, atualizará evidências e perspectivas de análise apresentadas neste livro.

De resto, eu sempre estive onde quis estar, fazendo o que eu sempre quis fazer.[17]

Notas

[1] Sobre o nome que se possa dar à crise, já foi sugerido "Grande Recessão" (The "Great Recession" earns its title, *The New York Times*, 30 July 2010; Geithner, 2 Aug. 2010). Que tal "Grande Contração" (Rogoff e Reinhart, 2009)? Em razão dos desafios intelectuais que persistem quanto ao diagnóstico da crise e aos benefícios das políticas adotadas, o espectro é ironicamente associado a uma "Grande Ambiguidade" (Policy options dwindle as economic fears grow, *The New York Times*, 28 Aug. 2010).

[2] Ainda que em uma percepção *a posteriori*, essa classe de diagnóstico é ilustrada no depoimento de Robert Rubin, um dos nomes mais expressivos da comunidade financeira mundial e ex-secretário do Tesouro no governo Clinton. Em 8 de abril de 2010, Rubin argumentou perante a Financial Crisis Inquiry Commission (instalada em março de 2009 pelo Congresso dos EUA) que uma combinação de poderosos fatores, operando ao mesmo tempo e se alimentando uns aos outros, gerou a crise, para, em seguida, enumerar esses fatores: excessos do mercado, baixas taxas de juros, grande elevação de preços dos imóveis, a subsequente e precipitada queda desses mesmos preços, vastos aumentos no uso e

na complexidade dos derivativos, enganosos *ratings* AAA de instrumentos baseados no mercado *subprime* de hipotecas, práticas frouxas e abusivas nos empréstimos de hipotecas, defeitos na regulação econômica e altos níveis de alavancagem nas instituições financeiras, em conjunto com a qualidade deteriorada de compras de ativos. Esse é um rol de pelo menos nove causas para que a crise tenha eclodido, acionando, por sua vez, mecanismos institucionais não especificados nesse diagnóstico. Convenhamos que o status profissional do depoente e da Inquiry Commission mereciam relato de muito maior precisão. De qualquer forma, ao longo de seus trabalhos, a própria Inquiry Commission fixou-se em 22 fatores que podem ter causado a *débâcle* de 2008.

Mesmo transcorridos três anos do início oficial da crise, há ainda *sínteses* como "o melhor modo de evitar o risco de repetir a sequência [de equívocos cometidos desde 2008] é uma imediata, corajosa e agressiva ação de política econômica" (Roubini, "How to Prevent a Depression", Slate.com, 19 Sept. 2011): fica por ser especificado em que ambiente institucional tal estratégia seria viabilizada. Ou ainda: "entramos em uma fase perigosa da crise; uma ação coletiva audaciosa, decisiva e corajosa se faz necessária" ("Geithner Huddles With EU Ministers Seeking Way Out of Debt Crisis", CNN.com, 16 Sept. 2011). Essa é uma retórica absolutamente inútil, se não for especificado em que *ambiente institucional* tal estratégia possa ser operacionalizada.

Evidência ainda mais incisiva quanto à desorientação intelectual na crise é o teor da fala de Christina Romer, economista-chefe do Council of Economic Advisers do governo Obama, no National Press Club, em Washington, DC, em sua despedida do cargo (1-1-2010), em que destacou: não ter antecipado quão ruim seria o colapso econômico; ainda não entender exatamente por que tudo foi tão mal; o fato de a resposta ao colapso ter sido inadequada; e também não ter muita ideia de como acertar as coisas. A economista enfatizou que, diferentemente de outras recessões, a de 2008-2010 era um "território não mapeado". O leitor pode ter acesso a essa conferência em <http://press.org/news-multimedia/videos/cspan/295277-1>. Mesmo ao final de 2010, quando da aprovação de novo programa de estímulo de US$ 858 bilhões, nos EUA, a perplexidade ainda remanescia (ver Elementos de uma economia de transição de governo, no capítulo 4). Enfim, "antes da crise, convergimos para uma bela construção [analítica] [...], todavia, beleza não é sinônimo de verdade", comentou O. Blanchard, conselheiro do FMI desde setembro de 2008 (At IMF, the hunt for a new consensus, *The Washington Post*, 7 Mar. 2011).

No anedotário da crise registra-se que, ao final de 2008, o secretário do Tesouro, Henry Paulson Jr., teria perguntado a seus assessores: "Mas por que todas essas pessoas não param de vir aqui?", caracterizando que, já no governo Bush, a percepção dos fatos andava atrás da crise (Running a step behind as a crisis raged, *The New York Times*, 23 Oct. 2008, p. A1).

[3] Em 2011, nos casos de Grécia e Portugal, UE e FMI persistem em uma estratégia que já se mostrou falha, em outras ocasiões, em economias do mundo subdesenvolvido dos anos 1970 e 1980: "isso não vai funcionar, apenas irá impor elevados custos econômicos e sociais [a essas sociedades]" (As Europeans wince at austerity, markets fear turmoil, *The*

New York Times, 16 June 2011). Nessa mesma perspectiva, ver o longo debate político sobre a institucionalização da enorme dívida pública na trajetória de longo prazo da economia norte-americana (The politics of debt brinkmanship, disponível em: <http://blogs.cfr.org/lindsay/2011/07/12>).

[4] Gray e Miller (2009:21). Os autores estabeleceram essa tese após examinarem os principais livros-textos de macroeconomia utilizados em universidades norte-americanas. Se for correto supor que os estudantes de economia de hoje são potenciais ocupantes de postos na alta gerência do Executivo no futuro, tal deficiência nos fundamentos teóricos e analíticos necessários ao desempenho de funções de controle no governo apenas reforça a importância de ter proficiência em *escolhas públicas*. A seção "Os economistas estão nus?", no capítulo 4, retorna à questão do foco analítico habitual ser ou não apropriado. Outro modo de perceber as deficiências aqui apontadas decorre de constatação que importo de um texto de administração pública: a crise apresenta "um problema ainda mais perturbador, ou seja, que na busca por respostas certas a restritas questões [econômicas] — tarefa importante, porém não exclusiva — a [economia] não leve em consideração o que significa governar em tempos negros e, portanto, reivindicar seu papel em moldar temas sociais" (Nabatchi, Goerdel e Peffer, 2011). A impropriedade da análise convencional também se reflete no surgimento de contribuições inovadoras, que configuram restrições à ação dos *policy makers* como resultantes muito mais da atividade política e da opinião pública do que da lei ou da arquitetura da separação de poderes (Posner e Vermeule, 2011); do design constitucional que interliga o cálculo de estratégias do eleitor ao modo em que opera a separação de poderes (Nzelibe e Stephenson, 2010); e do governo como promotor de acordos (Davidoff e Zaring, 2009). Tais referências são tratadas ao longo deste livro.

[5] Repare o leitor na tola discussão em torno do "duplo mergulho" de uma economia (recessão seguida de crescimento, depois outra recessão). É curioso que formadores de opinião, *policy makers* e muitos acadêmicos recorram a *rótulos* sempre que o fenômeno a ser explicado desafie o entendimento racional; daí o "duplo mergulho", a "recuperação fragmentada" ou a "grande contração", entre outros.

Na realidade, o que se observa talvez seja uma única recessão, iniciada em 2008, e que tem tido um prolongamento, mais ou menos intenso, de acordo com o sucesso ou insucesso das políticas até aqui praticadas. Em agosto de 2011, as evidências são de que a nova onda de turbulência financeira reforça as ocorrências de 2008, e as preocupações com a dívida soberana agora são mais globais do que eram os riscos do mercado de hipotecas, em 2008. Ademais, muitos instrumentos de política econômica já estão sendo operados em seus limites, como as taxas de juros e os fundos para *bailouts*, na economia norte-americana. Do lado positivo, as instituições financeiras dos EUA têm um terço a mais de capital, comparativamente a 2007, e elas apresentam-se menos expostas a assumir riscos: a relação empréstimos/capital, que era de 25 no início do segundo semestre de 2011, é de 16 (Financial Turmoil Evokes Comparison to 2008 Crisis, *The New York Times*, 10 Aug. 2011).

Outra dimensão que torna os diferentes momentos de uma crise únicos é que as opções de políticas públicas disponíveis em 2008 não eram exatamente as mesmas que em 2011. De fato, pouco sobrou no arsenal dos *policy makers* dos recursos anticrise utilizados em 2008-09, sem contar que o quadro político-eleitoral é, hoje, incomparável ao de dois ou três anos atrás, nos EUA e na União Europeia. Há pouco espaço para outra rodada de estímulos fiscais, sendo eleitoralmente arriscado cortar gasto público, reduzir transferências (políticas assistenciais e previdenciárias) ou elevar impostos. Mesmo a ação dos bancos centrais perde força e sentido de cooperação (Constraints on Central Banks Leave Markets Adrift, *The New York Times*, 21 Sept. 2011).

Em meados de 2011, na Europa, os US$ 627 bilhões do European Financial Stabilization Facility podem se tornar totalmente insuficientes, caso a crise alcance com maior rigor economias do porte da Itália e da Espanha (S&P Downgrades Italy's Credit Rating 1 Notch, Cites Weakening Prospects for Economic Growth, *The Washington Post*, 19 Sept. 2011). Mesmo na França (em menor escala) e na Alemanha as repercussões eleitorais dos *bailouts* de algumas economias da UE têm sido adversas ao governo Merkel (French Left Takes Control of the Senate, *The New York Times*, 25 Sept. 2011; European Stocks Drop on Merkel's Election Defeat; Clariant Sinks, *The Washington Post*, 5 Sept. 2011). Em razão do agravamento da situação *política e econômica* na zona do euro, o Banco Central europeu foi levado a ser mais condescendente com a liquidez bancária: os bancos terão estendido de uma semana para três meses o prazo para tomar empréstimos em dólar (E.C.B. Moves to Provide Extra Liquidity, *The New York Times*, 15 Sept. 2011). Veja o leitor nessa iniciativa o *recondicionamento* da "independência decisória" da Autoridade Monetária, nestes tempos de crise. As próprias autoridades fazendárias da zona do euro mostram-se em desacordo, como demonstram as consultas formais com o Tesouro norte-americano (Geithner Hudles With EU Ministers Seeking Way Out of Debt Crisis, CNN.com, 16 Sept. 11).

Quanto ao Brasil, as habituais desonerações fiscais têm pesados custos para o equilíbrio das contas públicas, e a conexão das políticas de taxa de juros e de câmbio também entra em uma zona de rendimentos decrescentes. Assim, em setembro de 2011, quando mais uma vez o *lobbying* da Anfavea é exercitado, o governo recorre a uma vigorosa proteção fiscal para encarecer a importação de automóveis europeus, asiáticos e norte-americanos. Vale notar que, nesse episódio, não se ouviram tão intensamente os protestos dos defensores do "impostômetro".

As justificativas para o elevado desemprego da mão de obra nos EUA, ainda em 2010, são evidência notória desse desconforto (Mystery for White House: where did the jobs go? *The New York Times*, 19 July 2010; Did the Census stimulate the private sector, *The New York Times*, 15 Sept. 2010). Em ano eleitoral, mesmo a realização do Censo nos EUA é arrolada para injetar otimismo quanto à estratégia macroeconômica posta em prática. Como não parece ter havido o estímulo esperado na geração de empregos privados (a cada 10 empregos censitários seis novas vagas seriam ocupadas na economia privada) em sequência à geração de renda resultante das contratações pelo Censo, a trajetória do emprego, entre março e agosto de 2010, foi pouco afetada. As causas do desemprego desafiam a teoria econômica e as políticas nela lastreadas.

Indício da pouca precisão dos diagnósticos econômicos é o otimismo do secretário do Tesouro (Welcome to the recovery, *The New York Times*, 2 Aug. 2010), comparativamente à subsequente decisão do Federal Reserve de que poderá aumentar suas compras *líquidas* de títulos de longo prazo do Tesouro (Federal Reserve to buy US debt, shifts policies as recovery slows, *The Washington Post*, 11 Aug. 2010). O FED sinalizou com a injeção de recursos na tentativa de evitar que a economia caísse em espiral deflacionária, similar ao ocorrido no Japão em 2001. Mesmo descontando ser 2010 um ano eleitoral, e que o pronunciamento do secretário do Tesouro se ajusta a essa perspectiva, o anúncio do FED, em 10 de agosto de 2010, foi justo na direção oposta. A injeção de US$ 600 bilhões, via compra de títulos do Tesouro, afinal ocorreu em 3 de novembro de 2010, estendendo-se até junho de 2011 (FED to buy $600 billion in bonds in effort to boost economic recovery, *The Washington Post*, 4 Nov. 2010). A iniciativa se deu após o terremoto eleitoral que atingiu o governo Obama em novembro de 2010, e com a antecipação de ser pouco provável que a maioria republicana aceitasse nova expansão de gasto público. As negociações logo conduziram a um corte de impostos de US$ 858 bilhões (ver "Relevância das instituições legislativas", no capítulo 2) e, em abril de 2011, a um confronto na votação do orçamento público (A debt disaster behind a comic book budget squabble, *Financial Times*, 10 Apr. 2011). A compra de títulos produziu resultados aquém do esperado: as firmas ainda não veem oportunidades significativas para novos investimentos (Stimulus by FED is disappointing, economists say, *The New York Times*, 24 Apr. 2011). Em 21 de setembro de 2011, o FED lançou uma variante desse instrumento de política de estímulo à demanda (ver a seção "Novas lições estratégicas", no capítulo 4).

Uma disfunção que não é alheia à economia brasileira: os resultados não surgem na escala antecipada porque as políticas seguem uma execução deficiente. Assim é que o estímulo de US$ 862 bilhões, nos EUA, em 2009, deixou de promover uma retomada mais vigorosa do emprego especialmente porque boa parte dos recursos alocados a essa destinação sequer foi gasta! Em julho de 2010 (quase 18 meses após o estabelecimento desse programa), os investimentos previstos (US$ 265 bilhões) foram realizados em menos de 50% de sua dotação original (Big chunck of economic stimulus yet to be spent by State, local governments, *The Washington Post*, 14 Aug. 2010). Os números da economia dos EUA mantêm-se sombrios: em maio de 2011, a estimativa era de um crescimento anual de 1,8%, comparativamente a 3,1%, na estimativa feita do final de 2010: a economia não cresceu o suficiente para afetar o desemprego e "ninguém em Washington está desenvolvendo políticas que promovam um crescimento mais robusto" (The numbers are grim, *The New York Times*, 30 May 2011). Em meados de 2011, os EUA precisavam adicionar 125 mil empregos por mês para acompanhar o crescimento populacional, e pelo menos duas vezes mais para reduzir a taxa de desemprego (Unemployment rises to 9,2 percent in June as employers add only 18,000 jobs, *The Washington Post*, 8 July 2011). Um paradoxo adicional reforça o despreparo de reguladores diante dos desdobramentos da crise: há forte incerteza quanto a quem são os detentores de contratos que seguram contra a possibilidade de um *default* da dívida grega; não se tem noção quanto à concentração desses contratos em poucas firmas (bancos, seguradoras e fundos de *hedge*) e se tais firmas seriam capazes de pagar bilhões de dólares para cobrir as perdas de um *default*. Portanto, a situação inquietante é a seguinte: os bancos envolvidos em transações financeiras na Grécia devem ter tido conhecimento das fragilidades dessa economia, na medida em que muitos desses bancos ajudaram a mascarar tal situação usando derivativos. Por que não se manifestaram, impedindo que a situação chegasse a tal ponto? (Weighing the fallout in derivatives if Greece defaults, *The New York Times*, 22 June 2011). Os EUA não estão isentos desse questionamento: o fato é que, ao final de 2010, a necessidade de elevar o teto de endividamento já era reconhecida.

O fiasco regulatório da UE, porém, é reincidente, uma vez que, em 20 de julho de 2011, mais US$ 145 bilhões foram adicionados, em nova operação de salvamento da economia da Grécia, agora apelidada de "europeização da dívida grega" e estratégia de "*default* seletivo". A estratégia (Council of the European Union, 21 July 2011) copia política posta em prática nos EUA em 2008, ao incluir no pacote de ajuda uma forma de compensar as entidades financeiras severamente penalizadas pelas perdas gregas, "muito semelhante à ajuda a bancos dos EUA que foram muito afetados pelos títulos de hipotecas" (After a deal, only more challenges, *The New York Times*, 21 July 2011). Até então a UE apenas oferecia empréstimos a taxas de juros exorbitantes — no estilo já conhecido pelo Brasil, nos acordos com o FMI, no passado; a nova estratégia de Bruxelas se propõe a reduzir os altíssimos custos do serviço de uma dívida (Some sense in Europe, *The New York Times*, 22 July 2011). A estratégia da UE mudou de direção quando a crise alcançou a Itália e a Espanha (European Central Bank intervention buoys markets, *First Business News*, 7 Aug. 2011). Em agosto e setembro de 2011, o fato de pelo menos um banco francês deter grande volume de aplicações em títulos das dívidas italiana e grega causou oscilação na bolsa norte-americana (Dow Falls More than 300 Points on French Jitters, *Chicago Tribune*, 10 Aug. 2011; Investors Brace as Europe Crisis Flares Up Again, *The New York Times*, 11 Sept. 2011) e se traduz (em 14-9-2011) em rebaixamento do *rating* de crédito do Société Génerale e do Crédit Agricole, pela Moody's Investors Service (French Bank Downgrade Is Latest Blow to Europe, *CNNMoney*, 14 Sept. 2011). Antecipando-se a desdobramentos análogos, a Espanha adota uma nova regra constitucional qualitativa: o "orçamento equilibrado" (Cambio Constitucional: PP y PSOE Fracasan em Su Intento de Lograr Apoyos Para La Reforma, *El País*, 7 Sept. 2011). Quão convincente é esse tipo de sinalização diante das perspectivas econômicas em 2011 na zona do euro?

É provável, no entanto, que o aparato institucional que a UE necessita para lidar com a crise de dívidas públicas nacionais seja de outra variedade, tal como dispor de uma unidade financeira central similar a um "Ministério do Tesouro" (Europeans Talk of Sharp Change in Fiscal Affairs, *The New York Times*, 5 Sept. 2011), ou seja, decidir por uma união fiscal que complemente a união monetária.

6 What if the government defaults? Disponível em: <Slate.com>, 18 July 2011.

7 "IMF Must Continue to Adapt, Says Lagarde" (IMF Survey Magazine: Interview, 6 July 2011).

8 Uma "Depressão Menor", segundo Paul Krugman: "uma prolongada era de desastroso desempenho econômico", em que, afinal, ocorre ampla reconfiguração de mecanismos sociais que privilegia a defesa do patrimônio e da renda (The political economy of the Lesser Depression, *The New York Times*, 16 July 2011).

9 Em meados de 2011, a necessidade de resolver a questão de como conviver com uma dívida pública tão elevada evidencia um problema de decisão *sui generis*, em que se põe em marcha uma *estratégia de triangulação* política (Triangulation and the debt ceiling debate, *Washington Post*, 12 July 2011): os potenciais candidatos presidenciais republicanos não têm influência no debate que contrapõe o governo Obama e a liderança republicana e, para se apresentarem como pretendentes às eleições de 2012, esses políticos devem se opor a qualquer comprometimento que seja acertado com o governo. Isso lhes dá liberdade para sustentar seus próprios objetivos, mostrar descontentamento em relação a aspectos secundários da negociação e culpar o Congresso e o governo por não trabalharem pelo bem comum. Tal estratégia contrapõe-se às posições firmemente estabelecidas no debate sobre a elevação do teto da dívida pública e o concorrente ajuste fiscal, para insinuar uma terceira via como solução do problema, e com a qual o candidato se identificaria. Para uma didática simulação do que significaria um *default* efetivo do governo dos EUA, ver "What if the government defaults?" (<Slate.com>, 18 July 2011). O simples fato de ter, de todo, ocorrido o impasse da elevação do teto de endividamento já cria condições especialíssimas, segundo as quais os EUA passam a ser percebidos na economia mundial. Mais peculiaridades desse ajuste fiscal são apresentadas na seção "Inferências sobre dois casos de *lobbying*", no capítulo 4. Nos EUA, mesmo a formulação de relevante política de reativação do emprego ocorre *sob a condição* de angariar apoio (eleitoral) de correntes políticas "independentes" (Aiming Economic Plans at Elusive Independents, *The New York Times*, 7 Sept. 2011).

10 O que deve ser levado em conta à margem das MPs nº 540 e nº 541 (2-8-2011), que instituem um vasto programa de compensações à indústria de exportação. Complementarmente, o governo anuncia o aumento da meta de superávit primário para 3,2% do PIB: uma contenção de gastos de mais R$ 10 bilhões (Guardando Dinheiro, *O Globo*, 30 ago. 2011, p. 23). No horizonte de curto prazo, o governo federal volta a fomentar as exportações *ainda em 2011*, dessa vez transferindo recursos brutos de R$ 1,5 bilhão às demais jurisdições de governo (MP nº 546, 29-9-2011).

11 Este livro acaba se tornando um longo e detalhado estudo de caso que complementa meu *Como funciona o governo: escolhas públicas na democracia representativa* (2007).

12 Algo nesse sentido é observado na economia norte-americana: as novas regulações para enquadramento de firmas em delitos têm sido implementadas de um modo que *premia*

iniciativas que as próprias firmas investigadas tomem, ao reconhecerem e informarem seu comportamento ilícito. Em troca, o governo pode entrar em acordo para atrasar ou mesmo cancelar a abertura de processo, caso essas firmas prometam mudar de conduta: tais são os *deferred prosecution agreements*. Essa estratégia pode ainda tomar a forma de uma "terceirização", quando as firmas contratam escritórios de advocacia para investigarem e relatarem diretamente ao governo o comportamento sob suspeita (As Wall St. polices itself, prosecutors use softer approach, *The New York Times*, 7 July 2011).

[13] Alternativamente rotulada de *public choice*, economia constitucional, nova economia institucional ou mesmo economia política (Monteiro, 2004:15-17). Em 1986, esse programa de pesquisas ganhou enorme visibilidade, com a atribuição do prêmio Nobel de Economia ao professor James Buchanan, o mais tenaz e profundo contribuinte dessa literatura.

[14] A escolha de 2007 tem duplo propósito: iniciar a análise em um período que, pelo menos oficialmente, tem sido excluído do *timing* da crise, apesar de sinalizações antecipadas de situações problemáticas a eclodirem em 2008 (por exemplo, as práticas delituosas do banco Lehman Brothers, como citado em "Novas lições estratégicas", no capítulo 4), e porque, em meu livro antecedente (Monteiro, 2007), os fatos apresentados concluem-se no primeiro trimestre de 2007. Contudo, a sequência temporal aqui adotada é bastante flexível; ocorrências mais recentes, de 2011, por exemplo, podem ser mencionadas logo no capítulo 1.

[15] Desde a vitória republicana nas eleições de 2011, com a resultante maioria legislativa na Câmara de Representantes, fica estabelecido que o antagonismo político-ideológico poderá contaminar toda a discussão de política econômica nos EUA — adicionando expressiva fonte de geração de incerteza ao cálculo de estratégias do governo.

A propósito, em meados de 2011, manifestações do cartel das agências de *rating*, passam a trivialmente influenciar o mecanismo de geração de incertezas nas economias nacionais e no mundo em geral, como tratado em "Novas lições estratégicas", capítulo 4.

[16] Na verdade, em meus outros livros, muitas dessas pessoas aparecem nomeadas uma a uma: elas me acompanham há longo tempo e, por isso, sou ainda mais grato a todas elas.

[17] Algo similar terá sido dito por um de meus heróis intelectuais, Richard Holbrooke (1941-2010), estrategista e diplomata norte-americano.

1

Mecanismos das escolhas públicas

A indústria da influência

Entende-se que a mobilização de grupos de interesses é legítima na democracia representativa; porém, a atuação desses grupos que ocorra sem disciplina pode ser substancialmente nociva à autonomia da decisão política.[1] Há que investir em melhorias institucionais, com a adoção de regras restritivas à atividade de *lobbying*[2] que exponham mais transparentemente *quem* promove e *para quem* é direcionado o *lobbying*,[3] e também haver disciplina nas doações a campanhas eleitorais. Por essas vias talvez se possa produzir incentivos indiretos que reconfigurem a mobilização em torno do atendimento privado, melhor servindo ao interesse geral. A estratégia relevante, contudo, não se limita a impor um ou outro conjunto de regras que restrinjam (ou deem transparência) a essa movimentação de grupos privados. Muitas vezes isso pode exacerbar o atendimento preferencial, por induzir a que os encaminhamentos desse tipo de demanda passem a ocorrer por meios mais complexos e de transparência ainda mais reduzida.[4]

Subjacente à análise aqui apresentada, há uma questão instigante: diante do expressivo crescimento do envolvimento governamental na economia (*tamanho* do governo),[5] será essa dimensão de todo compatível com a vigência de instituições da democracia representativa? Tal preocupação é procedente, porque — no caso de a economia pública crescer além de certo patamar — grupos de interesses talvez não estejam tão propensos a considerar os parâmetros políticos da democracia *como um dado, e além de seu controle*.[6]

Uma regulação e seus impactos

A incidência não uniforme de políticas abre espaço para que sejam acionados mecanismos que sustentam demandas de grupos privados. As seguidas desonerações tributárias, a passagem legislativa das parcerias público-privadas (Monteiro, 2006), as oportunidades de investimento criadas com o Programa de Aceleração do Crescimento (PAC), em 2007-2011, e a regulação (Resolução nº 3.446, de 5-3-2007) emitida pelo Conselho Monetário Nacional (CMN), alterando a metodologia de cálculo da Taxa Referencial (TR), oferecem oportunidades para que se entenda o potencial de ganhos especiais (*rents*) que se vincula a essas políticas.[7]

Essas são provisões cada vez mais individualizadas, o que, por seu turno, reforça e torna mais complexa a reivindicação desses grupos.[8] Uma contrapartida dessas ocorrências é o custo social ainda não devidamente aferido e que tem sua origem na fragilidade ou virtual inexistência de regras restritivas ao *lobbying* que tais grupos empreendem, bem como no quadro institucional amorfo em que opera a economia, mesmo no âmbito constitucional.[9] Muitos desses atendimentos têm sido tipicamente providos por ações originadas em leis emitidas pelo presidente da República e por ações gerenciais.[10] Neste último formato está o caso referido da mudança no cálculo da TR instrumentada pela Resolução nº 3.446 do CMN. A alteração na TR torna-se um redutor potencial de ganhos em aplicações na caderneta de poupança e no FGTS. O beneficiário preferencial dessa nova regra é, por certo, o setor financeiro, que adquire proteção quanto à eventual reconfiguração de suas fontes de ganhos, antecipando uma provável trajetória de queda na taxa básica de juros (Selic).

E se houver erro nessa projeção? Ora, o poder de grupos como a Federação Brasileira de Bancos (Febraban) não é unidirecional: pode ser acionado em qualquer sentido, na medida em que se consolidem resultados positivos de regulações já em curso, ou para alterar regulações que venham a lhes acarretar perdas.

Em relação à construção da estratégia em torno da Resolução nº 3.446, vale notar: a) o caráter deliberadamente complexo da decisão do CMN;[11] e b) o "adoçante" de que, diante das perdas que essa decisão possa vir a promover em aplicações de poupança popular e na remuneração das contas do FGTS, o mutuário do financiamento da casa própria, em contrapartida, é tido por beneficiário, com a redução da taxa de juros nos negócios imobiliários.[12]

O diagnóstico apresentado não deixa de ser simplista. É necessário determinar quão amplamente serão distribuídos os custos e benefícios da Resolução nº 3.446, em uma variedade de mercados que se apresentam em permanente mudança, especialmente mercados em que produtos financeiros de todo tipo são comprados e vendidos.[13] Por certo que isso acirra ainda mais os atributos da tipologia Schuck, de modo que essa é uma informação que dificilmente estará disponível aos que pensam em determinar o impacto dessa resolução sobre o interesse geral.[14] O fato é que o setor financeiro-bancário permanece à margem dos efeitos deletérios causados pela política de juros altos. Muito ao contrário de outros segmentos da atividade econômica, os bancos exibem desempenhos extraordinários:[15] em 2006, os ganhos obtidos pelos 104 bancos que então operavam na economia brasileira totalizaram R$ 33,4 bilhões, ou um retorno de 22,9% sobre o patrimônio líquido do setor, uma evolução da marca de 22,6% alcançada em 2005. Em defesa de posição tão rentável, esse setor figura no topo da relação de grandes financiadores de campanhas eleitorais, como consta, por exemplo, do relatório do Tribunal Superior Eleitoral (TSE), divulgado após a eleição de 2006.[16]

Economia da porta giratória

A desenvoltura dos grupos de interesses tende a ser maior, ainda mais quando sua mobilização ocorre com reduzida transparência, à sombra dos processos políticos e administrativo-gerenciais públicos.[17]

Em outra frente, a proposta de promover uma reforma política, em que fundos públicos sejam canalizados para campanhas eleitorais em substituição a recursos privados, tende a reforçar a atividade de *lobbying*, uma vez que os recursos disponíveis no *rent seeking* (Monteiro, 2007, cap. 6) são fungíveis, ou seja, com o financiamento público de campanhas eleitorais, os ganhos associados ao *lobbying* aumentarão e, desse modo, essa atividade deverá desempenhar papel significativamente maior na influência do processo decisório público.[18]

Acredita-se que, não obstante a legitimidade da atividade de *lobbying*, esta deva ser posta sob estrito monitoramento, de vez que condiciona potencialmente a autonomia decisória dos agentes públicos (com ou sem mandato eletivo) e, ademais, afasta-se de considerações próprias do interesse geral. Um dos elementos mais notórios dessa estratégia de redução do impacto perverso do *lobbying* — e, por isso, alvo de toda regra restritiva a esse tipo de atividade — centra-se na regulação da porta giratória, ou seja, na passagem daquele que, *presentemente*, ocupa um posto no processo de decisão de políticas públicas para uma posição *subsequente* ou *futura* no mercado privado, sobretudo em segmentos que foram ou são destinatários (efetivos ou potenciais) dessas mesmas políticas públicas.

O problema não fica restrito ao condicionamento do acesso *direto* à porta giratória; afinal, as preferências e o próprio comportamento do integrante do processo decisório público podem descontar, com grande antecipação, o *futuro* acesso desse legislador ou burocrata[19] a essa porta, bem como às oportunidades de ganho existentes além dela.[20]

O efeito perverso do *laissez-passer* da quarentena relativamente à porta giratória é que:

- não se exclui a possibilidade de o ex-burocrata, ainda que sob quarentena, poder atuar direta ou indiretamente na mídia, dando visibilidade ao produto ou serviço que eventualmente terá para "vender", uma vez concluída a quarentena;[21]
- um período de transição pode ser meramente *simbólico*, pois informações e contatos preexistentes podem continuar a ter baixo custo de acesso para o ex-burocrata em sua nova atuação no posto privado;
- regulações desse tipo não costumam ser efetivas para limitar a atitude do ocupante do posto público na expectativa de sua *futura* absorção pelo setor privado: a autonomia decisória no posto público é, em alguma extensão, condicionada pelo grau em que ele já desconta essa possibilidade quanto a ganhos privados futuros.[22]

Ao final, o prazo da quarentena acaba sendo irrelevante como condição de suficiência.[23] A circunstância de que a regulação do *lobbying* tenha surgido sob a forma de ato administrativo do governo (portaria da Casa Civil) — e não por uma lei votada no Congresso — e, ademais, tenha deixado de fora os legisladores merece igualmente a atenção do leitor.

Uma interpretação disso é que os legisladores tentam maximizar seu autointeresse, o que pode estar no centro desse hiato na regulação de *lobbying*

(Krishnakumar, 2007:23). Não obstante o *lobbying* poder se orientar na direção de deputados e senadores (e seus assessores), como indica a variedade de escândalos na área do processo orçamentário da União, os legisladores preferem ficar sem a cobertura de uma regulação desse tipo.[24] Assim, a habilidade dos legisladores de obter benefícios da *expertise*, da provisão de informações e assistência para o preparo de argumentações e discursos, e da própria legislação, benefícios estes que possam lhes ser providos pelos contatos com lobistas[25], é exercida sob um véu de pouca transparência que os mantém longe do escrutínio público.

Tragédia institucional

Mesmo com o vulto e a recorrência do *rent seeking*, não se dispõe de limitação efetiva ao mecanismo que opera na interligação do lado público e do lado privado da economia nacional.[26] A força do *lobbying* não se traduz apenas por meio do "toma lá dá cá", quando, em troca de vantagens privadas, políticos e burocratas aprovam legislação que formaliza ganhos direcionados a quem fez ou pode vir a fazer contribuições de campanha eleitoral ou de outra natureza, ainda que isso não configure corrupção aberta.[27] Há também o acesso que lobistas constroem, ao se comunicarem com os que detêm postos de mando no setor público: tais conexões viabilizam que os lobistas obtenham tempo de exposição presencial (*face time*) com aqueles que podem influenciar a decisão de políticas.[28] Na tentativa de consolidar as principais frentes em que o desregramento aqui apontado ocorre, as características listadas a seguir parecem ser o topo da tragédia institucional brasileira:[29]

- o oposto da adoção de uma *estratégia de reforma* não é propriamente a *estratégia de não reforma*. As escolhas públicas podem ser tidas como surgindo de dois jogos vinculados: o jogo de políticas propriamente ditas (aquele em que se escolhe entre diferentes *resultados* finais de política) desenvolve-se em conjunção com um jogo constitucional, em que as escolhas são feitas entre *regras ou processos*.[30] A peculiaridade é que o governo dispõe de ampla margem de escolha do jogo em que quer localizar uma dada decisão de política: se por alteração de regras e procedimentos constitucionais, se por ato legislativo ordinário, ou mesmo por via gerencial. Os burocratas lançam mão de substancial autonomia decisória para avançar vários conteúdos de propostas de reforma. Um incentivo a levar adiante essa estratégia é o reduzido custo de transação associado a tal comportamento, especialmente em razão da baixa visibilidade da incidência de seus ônus sobre vários segmentos da sociedade;[31]

- a expansão da economia pública é politicamente sancionada, principalmente por meio de processos administrativos e gerenciais opacos. A opacidade é ilustrada na própria elaboração de medidas provisórias: distintamente do surgimento de uma lei votada no Congresso, a MP não é precedida de projeto de lei ou requer que se aguarde um tempo de tramitação para sua entrada em vigor;[32]
- uma propriedade do jogo de políticas é a instabilidade de seu conjunto de regras e procedimentos. As estratégias de agentes públicos e privados disponíveis nesse jogo são reconfiguradas, na medida em que esses agentes descontam essa incerteza institucional. No entanto, essa é uma capacidade desigualmente distribuída: grupos de interesses especiais têm maior proficiência em lidar com esse custo de informação e, assim, aumentar suas chances de obter maiores ganhos no jogo.[33]

Qualidade das escolhas públicas

O conteúdo improdutivo de muitas políticas públicas é tema recorrente no debate nacional, seja porque algumas causam efeitos medíocres ou mesmo nocivos ao interesse geral, seja porque outras sequer são sustentadas, apesar de apoiadas em decisões legislativas grandiosas, que exageram a necessidade de regular riscos.[34] Todavia, o distanciamento em relação aos casos do mundo real permite decompor tais acontecimentos em uma variedade de circunstâncias analíticas. Esse tema ganha atualidade acadêmica com o *revival* da economia do *comportamento não racional*, como ilustrado em Caplan (2007).

Cascatas de viabilização

Uma primeira percepção da intermediação política como determinante das escolhas públicas é a que identifica no padrão distributivo das políticas públicas a origem de deliberações que só contemplam interesses preferenciais de grupos minoritários politicamente fortes.

Esse é o roteiro da economia do *rent seeking*. Por via do elo eleitoral, o processo político acaba privilegiando a concessão de benefícios que seguem um padrão de incidência muito concentrado, acoplado à dispersão de custos. Com isso, os políticos se asseguram de uma oferta líquida de votos que aumenta a probabilidade de reterem seus mandatos eletivos.

Para esse ponto de vista, têm sido oferecidas duas qualificações (Caplan, 2007:205):

- Como explicar que a maioria aceite tal dominância?
- Mesmo o *status quo* — com todas as suas políticas improdutivas — pode ser apoiado pela sociedade e, portanto, acaba sendo endossado pelos próprios políticos.

Em suma: por que, paradoxalmente, tal atendimento minoritário, que torna as escolhas públicas pouco efetivas na perspectiva de grande parte da opinião pública, obtém sustentação tão ampla na democracia representativa?

O argumento quanto ao comportamento irracional do cidadão-contribuinte-eleitor (Caplan, 2007) é sumariado na figura 1.

Figura 1. O argumento Caplan: comportamento irracional do eleitor

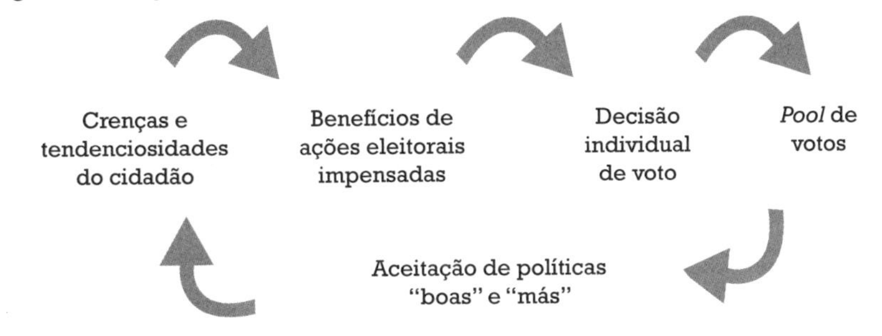

Diferentemente do consumidor em um mercado convencional de bens e serviços, o eleitor "lança" seu voto em uma enorme área comum e, portanto, o resultado final (a política pública estabelecida pela representação eleita) traduzirá "o conteúdo médio" desse *pool* de votantes. Em decorrência disso, nada impede que em uma democracia o eleitor se comporte não racionalmente, apoiando sua decisão de voto em qualquer tipo de crença subjetiva, sem que, para tanto, incorra em qualquer custo; seu benefício será mais psicológico do que material.

Um desdobramento dessa irracionalidade individual é também ilustrado pelo que a literatura rotula de *availability cascades* (Kuran e Sunstein, 1999) ou, um tanto literalmente, "cascatas de viabilização".[35] A figura 2 sintetiza essa metáfora.

Nessa figura, a sucessão de viabilizações é uma recorrência na formação de crenças coletivas, o que permite entender como políticas públicas equivocadas podem surgir — e até serem sustentadas por amplas maiorias — no ambiente do governo representativo.

Possivelmente, um bom exemplo atual que exibe características de cascatas de viabilização é o tema do aquecimento global; e, no campo propriamente da política macroeconômica, ressaltam as questões previdenciária e da alta carga de impostos. Nessas três frentes, percebe-se que as respostas governamentais se dão muito mais em função de pressões políticas (que se desenvolvem conforme o esquematizado na figura 2) do que em razão da efetiva seriedade dos problemas ambientais, fiscais ou tributários.

Figura 2. O argumento Kuran-Sunstein: cascatas de viabilização

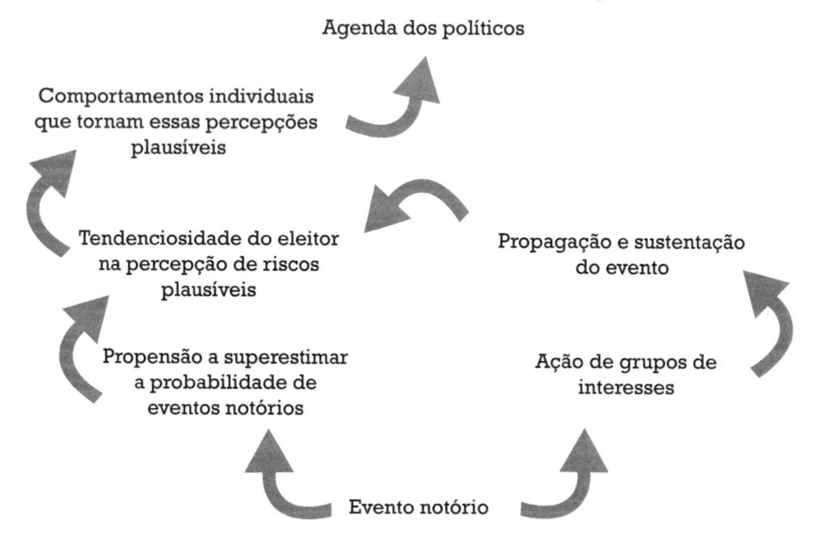

As cascatas de viabilização que resultam em escolhas públicas perversas podem ser alvo de reformas institucionais que insulem o governo e o processo político em geral contra as pressões geradas em "cascatas", que irracionalmente atribuem relevância a problemas que, em verdade, não deveriam receber

tanta prioridade na agenda governamental; ou, alternativamente, que exageram o teor da regulação de riscos (Kuran e Sunstein, 1999).

Uma interação específica que "dispara" uma dessas *cascatas* é definida na figura 3.

Figura 3. Uma cascata de viabilização

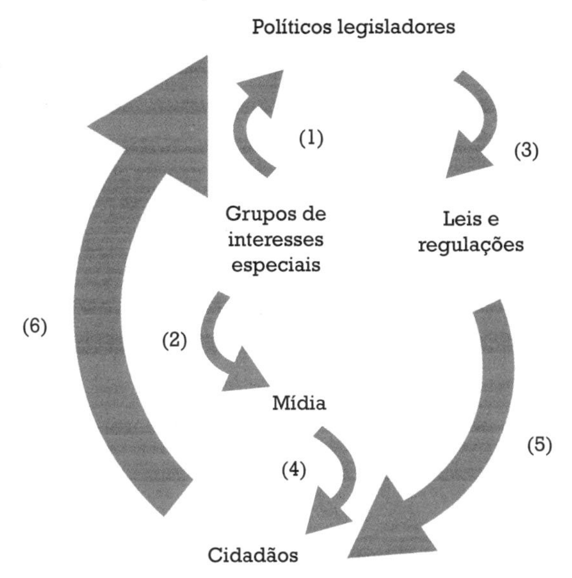

Nessa estilização é mostrada a seguinte recorrência:

- ocorre a provisão de informações, interpretações e dados relativamente a uma demanda de um desses grupos formalmente organizados. Tal provisão é indicada pelas conexões (1) com os políticos e (2) com a mídia. Pode-se supor que a estratégia visa a prover informação, com o propósito de disparar uma dessas cascatas e, assim, viabilizar o atendimento preferencial implícito em leis e regulações decididas no processo político, ou seja: {[(1) e (2)]} → {(3)};[36]
- contudo, a mídia pode observar e fazer uso do processo decisório dos políticos na deliberação (3) e, portanto, atuar (4) sobre a opinião pública, em geral, e o cidadão, em particular. Analogamente, pode-se identificar: {[(4) → (6)]} → {(3)};
- em decorrência, o cidadão pode ter *despertada* sua percepção quanto ao problema de política que se torna alvo da demanda por uma escolha (3) e

reagir em função de (5) e, eventualmente, acionar a conexão (6), reforçando a ocorrência de (3).

Esse tipo de análise habilita a que se defina a operação de uma *grande estratégia* que combine todas essas três interações. Sua ocorrência, portanto, não seria aleatória. Grupos de interesses especiais teriam a percepção do tipo de possibilidades a serem enfatizadas para se tornarem mais receptivas por parte de políticos e cidadãos. Pode-se mesmo conceituar um "mercado de viabilizações" em que certos riscos associados a políticas públicas podem se tornar focos de *cascatas* (Kuran e Sunstein, 1999:21).

Mercado de escusas

A argumentação econômica subjacente a boa parte do debate nacional preenche necessidades de (Watts e Zimmerman, 1997):

- *demanda pedagógica*, ou seja, os mecanismos institucionais subjacentes à economia são por demais complexos para serem todos levados em conta em uma única teoria econômica. Os argumentos dominantes se apoiam em procedimentos mais elementares, que, contudo, não deveriam ser esquecidos como tais;
- *demanda de informação*: é inescapável que se exercite alguma capacidade de projeção relativamente a uma variedade de indicadores macroeconômicos;
- *demanda de justificação*, isto é, as teorias apresentadas são escolhidas, em grande parte, porque privilegiam um ponto de vista favorável a determinada coalizão de interesses ou posição ideológica.

Tomemos o caso da já citada mudança no cálculo da TR, promovida pela Resolução nº 3.446, de 5-3-2007, do Conselho Monetário Nacional.[37] Sob intensa e variada regulação econômica, aumentam a *demanda pedagógica* e a *demanda de informação* — unidades de regulação, grupos beneficiados pela decisão e a própria mídia projetam eventuais impactos do novo procedimento de cálculo da TR. O aspecto mais relevante a notar, contudo, é que a *demanda de justificação* também se expande com a regulação: tanto beneficiários quanto onerados pela decisão governamental passam a advogar em prol de suas posições; mas sempre o farão em nome da promoção do interesse geral ou coletivo. Mesmo políticas protecionistas que limitam o acesso a mercados podem ser defendidas como necessárias à promoção do interesse geral. É o que trivialmente ocorre em discussões sobre imposição de barreiras tarifárias no comércio externo, por exemplo.[38]

Em um ambiente institucional fortemente dominado pela presença do governo, cabe considerar que (Watts e Zimmerman, 1997:286):

- a *demanda de justificação* parece ser a mais relevante das demandas por argumentação teórica a sustentar a discussão econômica;
- o lado da oferta,[39] nesse virtual "mercado de escusas" (Watts e Zimmerman, 1997), pode ser muito flexível (criativo?) a mutações na natureza e na quantidade do benefício econômico agenciado junto ao processo político.

São os *consumidores* dessas argumentações que direcionam a *oferta de justificação* em termos de vocabulário, analogias e ideias providas por economistas (Stigler, 1976:347). Tais consumidores operam como grupos de interesses, ou atuam mais indiretamente em resposta às necessidades de grupos de interesses. Segundo Watts e Zimmerman (1997:286): "Tanto maior o prestígio e as habilidades de articulação de um [pesquisador], tanto mais provável é que praticantes, reguladores e outros acadêmicos [tomem] conhecimento de seu trabalho e [portanto] maior o fluxo de [recursos pecuniários e não pecuniários] canalizados para sua organização [universidade, instituto de pesquisa ou empresa de consultoria]".[40]

O relevante nesse tipo de observação é que ela conecta a *oferta de justificação* ao *rent seeking*: esse mecanismo será eventualmente acionado para que prevaleça a justificação que melhor sustente o pleito do grupo de interesses e, assim, aumente a chance de sua preferência por uma dada política ou regulação econômica ser posta em prática.[41]

A conjuntura econômica do início do 2º semestre de 2007 fornece outro exemplo desse mercado de escusas: o pleito dos exportadores, que desejam ser compensados pela valorização do real, com o dólar cotado em torno de R$ 1,90:

- inicialmente, a justificação é apresentada em prol da adoção de um "câmbio neutro", com o Banco Central atuando mais agressivamente no mercado cambial para eventualmente trazer o dólar para um patamar acima de R$ 2,20;[42]

- a reivindicação também é direcionada para compensações *indiretas*, por via financeira e fiscal, o que acabou por ocorrer, como anunciou em 12-6--2007 o ministro da Fazenda;[43]
- ainda assim, justificações *complementares* foram difundidas na mídia.[44]

Pode-se, pois, identificar mais uma peculiar decorrência da presença governamental na economia: a expansão do papel da justificação (escusa) que a análise econômica provê.

Por certo, não é apenas o comportamento irracional que ajuda no entendimento do "paradoxo" aqui tratado: o eleitor dispõe de canais de que pode lançar mão para influenciar os políticos, e, mesmo assim, a resposta em termos de escolhas públicas pode ser improdutiva, contrariando o interesse geral. A própria teia que interliga o cidadão-contribuinte-eleitor e seu representante eleito é de tal complexidade que a mais pura racionalidade de ambas as partes não levará a que necessariamente as demandas dos eleitores sejam acolhidas pelo processo político. Essa intermediação é suficientemente opaca para que se possa pressupor que o eleitor ignore como "o seu político" se comporta, e para que o mais fiel dos políticos observe, sem deformações, os sinais que lhe são enviados por seus eleitores.[45]

O mecanismo das cascatas de viabilização não opera necessariamente em um sentido perverso. Ele pode ajudar "a superar problemas de ação coletiva, ao desempenhar um papel decisivo em quebrar a resistência insincera para a [superação] de problemas, injustiças e ineficiências sociais" (Kuran e Sunstein, 1999:34). Esse mecanismo pode contrapor a ignorância privada à apatia pública. Vejamos o sentido social que assume a queixa quanto ao ônus associado a uma carga de impostos que ronda dois quintos do PIB. A atuação individual do contribuinte nada pode fazer quanto a isso. A legislação tributária acaba intocada e sendo revalidada.[46] A emergência de uma cascata de viabilização pode prover a informação que falta ao contribuinte individual e produzir suficiente poder compensatório em (6) na figura 3. Porém, o mecanismo pode operar em outra direção, especialmente em uma economia tão incipiente em suas instituições políticas que disciplinam a ação de partidos e do *lobbying*, e em que a regulação econômica torne o mercado de mídia menos concentrado.[47]

Constitucionalismo de risco

Uma perspectiva de análise das escolhas públicas é emoldurar a política econômica como resultante de um jogo de estratégias do qual participam agentes públicos (políticos e burocratas) e cidadãos, atuando seja individualmente como eleitores-contribuintes, seja agregados em grupos preferenciais.[48] Por outro lado, isso traz à consideração dois cenários analíticos alternativos: um jogo de regras constitucionais estáveis ou instáveis.[49] Porém, uma Constituição não é alterada apenas pela via das emendas (art. 60): a operacionalização de regras constitucionais implícita na execução de políticas públicas e a revisão judicial pelo STF são duas outras vertentes pelas quais a as regras constitucionais se tornam efetivas.[50] De fato, uma característica central do moderno presidencialismo diz respeito a *por que* e *como* o presidente da República leva ao limite seu poder constitucional, promovendo repercussões nas instituições que emolduram as escolhas públicas.[51]

No início de 2007, acentuaram-se os enfrentamentos entre Congresso e Executivo nas frentes da política de transporte aéreo e da revalidação da cobrança da CPMF e do mecanismo da DRU (em tramitação na Câmara dos Deputados: PECs n°s 23-07, 50-07, 90-07, 112-07, 113-07). Tais ocorrências puseram em evidência a localização da autoridade constitucional quanto a uma dada política pública — por haver margem para se arguir ambiguidade e por envolver múltiplos participantes (partidos políticos, coalizões partidárias, comissões legislativas, ministérios, agências reguladoras, entre outros), legisladores e burocratas revelaram interesse em se apropriar da autoridade decisória quanto a essas políticas. Criaram-se litígios que geraram precedente judicial ou acordo político, que, por seu turno, criou um precedente não judicial, ou ambos, simultaneamente.

Reagindo a práticas delituosas

Nos últimos anos, em várias economias nacionais, vem ocorrendo o aprimoramento do comportamento dos agentes públicos, no rastro de questionamentos quanto à ética, à corrupção e ao suborno desses agentes. Um caso didático desenrola-se no estado do Alasca, EUA.[52] Com sua economia girando em torno do volumoso mercado do petróleo, pode-se antecipar toda sorte de tentações a que os participantes das escolhas públicas estão sujeitos.[53] Em meados de 2007, entraram em vigor novas regras visando a definir um padrão de "ética abrangente".[54]

Esse conjunto de regras do jogo desdobra-se em quatro frentes:

1. Condicionamento ao *lobbying*:
- treinamento e atualização anual de lobistas e seus contratantes em noções de padrões éticos de conduta profissional, e ensino de como se adequar a leis que regulam a atividade de *lobbying* (ver frente 4);
- limitações ao valor do que possa ser considerado "presentes" recebidos de lobistas;
- condenações legais prévias bloqueiam a possibilidade de um indivíduo vir a exercer funções de lobista;[55]
- bloqueio a que cônjuges e demais parentes de legisladores possam exercer *lobbying* em troca de pagamento;
- porta giratória: proibição a que certos ocupantes de postos de alto nível no Executivo venham a atuar como lobistas antes de decorrido um ano de sua saída do posto público.

2. Aperfeiçoamento de regras de transparência:[56]
- divulgação, por legisladores e seus funcionários e assessores, de todas as vinculações privadas que mantêm;
- divulgação de contas de campanha e da situação financeira em geral, na internet;
- divulgação de contas financeiras de legisladores e demais ocupantes de postos públicos, no período de até 90 dias após deixarem seus postos.

3. Aperfeiçoamento do comportamento ético do Executivo relativamente a:
- requisitos mais estritos a que ocupantes de postos públicos estão sujeitos por terem recursos pessoais depositados em *blind trusts*;
- especificação de quando um interesse financeiro em um negócio privado pode ser tido como *não significante*;
- porta giratória: restrições a emprego privado, uma vez que o funcionário saia de seu posto no Executivo (ver frente 1);
- bloqueio ao uso de avião oficial, salvo quando essa utilização for incidental;

- antes de garantir perdão ou clemência executiva, o [chefe do Executivo] deve revelar qualquer interesse no tema e obter orientação ética prévia da procuradoria-geral.

4. Aperfeiçoamento do comportamento ético do Legislativo relativamente a:

- exigências de treinamento em padrões de ética profissional (ver frente 1);
- restrições ao valor de "presentes" que legisladores e seus funcionários e assessores possam aceitar;
- proibição a que legisladores recebam compensações externas por trabalho legislativo, administrativo ou político que venham a exercer;
- recebimento de suborno por servidores públicos ou o não relato de prática de suborno de que tenham tido conhecimento passa a ser crime;
- proibição a que representantes eleitos ou candidatos façam acordos para troca de contribuições de campanha por seus votos ou por suas posições, relativamente a um tema ou matéria de política pública;
- cassação de contribuições a título de pensão, uma vez que o integrante da organização pública seja condenado por um crime, tal como envolver-se em prática de suborno, em conexão com suas obrigações oficiais.

A indução a que está sujeito o agente público ao atuar em prol de interesses privados, seus ou dos que o apoiam, subsiste. O detalhamento dessas regras é indicativo da gravidade e complexidade do comportamento nocivo ao interesse geral que se tenta desestimular.[57]

Fundamentos da Presidência da República

O grau de sustentação das regras constitucionais pode ser determinado em outra frente que não a do art. 60: a da operacionalização dessas regras por força das exigências de políticas públicas. Essa caracterização é fundamental na análise do período 1993-2000 — época áurea do substancial uso de MPs na feitura de leis. Essa prática subsiste, ainda que sob o *novo* regime do art. 62 (EC nº 32, de 11-9-2001). Camuflada por uma fachada formal de emendas constitucionais, a emissão de MPs transfere significativa parcela do *poder de propor* do Congresso para a alta gerência do Executivo; com isso, as escolhas públicas são dominadas por questões burocráticas e seguem um padrão de ajuste de curto prazo. Ademais, é incerta a reação dos legisladores quando da conversão da MP.[58]

A estabilidade constitucional da economia brasileira pode ser tratada independentemente da instabilidade do sistema partidário. Esse é um efeito da transferência de ocorrências do processo de escolhas majoritárias (sobre as quais se refletiriam a fragmentação e a volatilidade partidárias) para processos gerenciais. Por ter perdurado tanto tempo, a dissipação da separação de poderes, sancionada pelo uso de MPs, *não serve* para exemplificar "a natureza provisória dos comprometimentos alcançados pela Assembleia Nacional Constituinte [que ajudaria] a explicar a ampla insatisfação com a Constituição de 1988, assim como as 53 emendas aprovadas desde 1988".[59]

A estratégia de ampliação dos poderes presidenciais foi viabilizada, por um lado, pelo próprio conjunto de regras constitucionais e, por outro, pelo que se pode rotular de "constitucionalismo de risco" ou *venture constitutionalism*.[60]

É a seguinte a tipologia dos poderes presidenciais (Barilleaux, 2006:38):

- poderes decorrentes de habilidades específicas, individuais e intransferíveis: veto, medidas provisórias, indicações de ocupantes para a alta gerência econômica no Executivo, o comando das Forças Armadas, entre outros;
- poderes inerentes: persuasão, reputação, visibilidade e liderança perante a opinião pública (nacional, regional e mundial).

E por que a estratégia presidencial quanto ao uso desses poderes seria levada ao limite de um constitucionalismo de risco? Possivelmente por três razões (Barilleaux, 2006:43):

- proteção de interesses institucionais da presidência. Aqui se inclui o controle da burocracia: nomeações, demissões, alocação de postos, segundo a distribuição de forças políticas na coalizão governista; busca por imunidades, como ocorreu na extensão de foro privilegiado ao presidente do Banco Central;[61] interpretação de que a autoridade presidencial alcança ilimitadamente a composição e a agenda das unidades autônomas de regulação, como as "agências nacionais";[62]
- promoção e ampliação dos interesses nacionais, dentro e fora das fronteiras do país. Iniciativas de reorientação de alinhamentos diplomáticos, no continente e fora dele, além das relações de comércio exterior fornecem

exemplos de constitucionalismo de risco, como praticado pela administração federal nos últimos anos;

- reforço da influência do presidente da República na formação de políticas públicas. Diferentemente das duas razões anteriores, este é um reforço que certamente encontra maior resistência por parte dos demais departamentos de governo.[63]

Há uma terceira via de alteração ou sustentação das regras constitucionais: a revisão judicial, ou seja, o argumento habitual é que a sustentação da Constituição e da democracia representativa decorre da atuação de um Judiciário independente. A função dessas regras no estabelecimento de acordos não se deve tanto ao que os juízes decidem quanto a temas controversos.[64] Na atualidade (McGinnis e Rappaport, 2007), entende-se que a sustentação do governo constitucional centra-se mais propriamente no *processo* pelo qual surgem as provisões da Constituição, e isto porque tais provisões, criadas sob estritos procedimentos da feitura constitucional, muito provavelmente geram *boas* consequências.

É partindo dessa visão que se pode aceitar que os juízes cheguem a boas decisões sem que necessariamente considerem a política pública diretamente. Ou, ainda, a virtude de ter regras constitucionais sustentáveis requer o seguinte (McGinnis e Rappaport, 2007:385):

- leis sob proteção supermajoritária que se sobreponham à legislação ordinária, uma vez que tais proteções estabelecem uma estrutura de governo quc preserva a tomada de decisão democrática, os direitos individuais e outros objetivos de interesse geral;
- regras de supermaioria que tendam a produzir tais proteções desejáveis;
- regras constitucionais e alterações que sejam aprovadas pelo critério da supermaioria (três quintos) e, portanto, tendam a ser desejáveis;
- juízes do STF que interpretem as regras constitucionais baseados no sentido que se atribuía às provisões da Constituição em 1988.

A sustentação supermajoritária das regras constitucionais é que explica por que a Constituição atende ao interesse geral, ou seja, é desejável. Essa é uma perspectiva diferente para se chegar à já citada conclusão sobre o comprometimento que a sociedade revela em relação aos processos constitucionais

(Reich, 2007). No entanto, essa consideração está fora do alcance das lideranças brasileiras, pois o resultado final preferido pelos governantes acaba precedendo o comprometimento com arranjos constitucionais. Com isso, deprecia-se o Estado constitucional, abrindo espaço para o Estado administrativo (Monteiro, 1997, 2000 e 2004).

Confrontos constitucionais

Episódios como os da sindicância da política de transporte aéreo (caso Anac) e da renovação da vigência da CPMF e da Desvinculação de Receita da União (DRU), já mencionados, também podem ser considerados pela perspectiva da economia do "confronto constitucional" (Posner e Vermeule, 2007 e 2011) e envolvem:

- discordância entre departamentos de governo quanto a seus poderes constitucionais, a qual se reflete em comportamentos — traduzidos por atividades de comissões e votações em plenário (Congresso), emissão de medidas provisórias, decretos e resoluções (Executivo) e revisões judiciais (STF) — e não em simples retórica;
- ocorrência que define a acomodação, de uma das partes, às percepções da outra;
- criação de precedente (judicial ou não), o que pode vir a condicionar o funcionamento futuro do sistema de separação de poderes.

Quanto maior a resistência de uma das partes (por exemplo, o Executivo) em aquiescer às demandas da outra (uma das casas legislativas), tanto mais elevada é a incerteza legal sobre a trajetória da política em questão, uma vez que os agentes de decisão (públicos e privados) antecipam que essa não concordância será o padrão de escolhas públicas caso controvérsias análogas venham a ocorrer.[65] O desenrolar de um confronto constitucional (em intensidade e duração) depende da assimetria de informações sobre os interesses e o poder de barganha das partes envolvidas: a eventual aquiescência quanto à localização da autoridade decisória acaba por definir linhas de autoridade constitucional, de modo que, em um próximo evento, um novo confronto possa ser evitado.[66]

Eis uma ocorrência virtuosa, a ser contrastada com o que se tem visto habitualmente:

- paralisação decisória na legislatura, o que tem levado à procrastinação da aprovação de leis essenciais, como a lei orçamentária anual, ou da renovação da vigência da CPMF para um momento perigosamente próximo de sua data de expiração;
- descrédito público das próprias instituições políticas, o que passa a imagem de que a interação do Congresso com o Executivo é venal, refletindo integralmente comportamentos individuais dos que operam nessas instituições;[67]
- interferência da mídia, *pautando* a discussão de políticas públicas, ainda na fase de concepção dessas políticas na esfera burocrática.[68]

Por que ocorre um confronto constitucional? Nos exemplos citados (transporte aéreo, CPMF e DRU), o embate gira em torno tanto da autonomia da regulação econômica quanto da opção extrema de extinção da CPMF e da DRU. Nesse segundo caso não há como acolher a extinção da CPMF e da DRU, pois, no curto prazo, o ajuste compensatório nas finanças públicas seria econômica e politicamente desastroso. Antecipando isso, as lideranças no Congresso levam em conta o "sentimento constitucional público" (Posner e Vermeule, 2007:15), isto é, a decisão da sociedade quanto à localização da autoridade constitucional nessa escolha. Tal conceito não pressupõe uma agregação *justa* de preferências dos cidadãos-contribuintes-eleitores; na verdade, reflete o "complexo processo segundo o qual os pontos de vista das elites, dos grupos de interesses, dos cidadãos comuns e de outros tantos, em última instância, determinam as linhas efetivas da autoridade política, visões essas que podem ou não ser mediadas pela interpretação de boa-fé de textos e tradições relevantes" (Posner e Vermeule, 2007:15-16). O sentimento constitucional público tampouco sinaliza a alocação ótima de autoridade entre Executivo e legislatura, mesmo porque há que levar em conta, em sua formação, a mobilização de grupos de interesses.[69] Pela ótica da economia dos "confrontos constitucionais", tem-se uma conjuntura em que a legislatura e o Executivo objetivam servir ao interesse geral, enquanto o sentimento constitucional público é pouco informado, se não de todo perverso; no alinhamento com os interesses da coletividade, esses dois poderes cooperariam, evitando, assim, que um impasse fosse resolvido por esse sentimento constitucional público (Posner e Vermeule, 2007:16 e 2011:71). Se legislatura e Executivo chegam voluntariamente a uma dada alocação de poderes quanto à escolha da prorrogação da CPMF, o confronto constitucional não ocorre e o interesse geral é contemplado na decisão daqueles que representam variados segmentos da sociedade. Neutraliza-se a ação de interesses preferenciais. No constitucionalismo de risco, as iniciativas presidenciais acabam por se tornar precedentes aceitos ou que são prorrogados indefinidamente. A DRU e a CPMF são iniciativas que ampliam os poderes fiscais do Executivo e perduram por longo tempo. O constitucionalismo de risco é caracterizado muito mais pelos *acréscimos* de precedentes do que por sua prorrogação. Esses são precedentes que fomentam uma autoridade maior do presidente.[70] O conceito de constitucionalismo de risco reconhece que a presença do presidente no jogo de políticas não decorre tanto dos atributos pessoais do ocupante do Palácio do Planalto, mas dos mecanismos institucionais nesse jogo (Moe e Howell, 1999). Mesmo que o Congresso ou o STF sejam capazes de agir em oposição ao presidente, provavelmente não o farão e talvez tenham mesmo incentivos para acatar a estratégia presidencial.[71]

Responsabilização e litígio

Sobre o confronto do Executivo e do Senado que resultou na rejeição da PEC nº 89-07[72] (prorrogação da CPMF), considerem-se as seguintes dimensões da economia nacional:

- mesmo que as regras do jogo de política econômica sejam eficientes, claras e bem-articuladas, sua multiplicação no processo de escolhas públicas tem relevância? Essa questão começa a receber a atenção de cientistas sociais (Ruhl e Salzman, 2003).[73] É amplamente aceito que a economia brasileira é super-regulada, operando sob uma grande quantidade de atos normativos.[74] Tem sido raro tratar o volume de leis por um ponto de vista macroeconômico, ou ter essa perspectiva analítica da presença estatal. Essa é uma janela pela qual se pode aprofundar a percepção do crescimento de governo (Monteiro, 1990);
- muito se tem discutido o distanciamento dos políticos relativamente ao eleitorado. Com o Congresso em confronto com o Executivo em questões tributárias e orçamentárias, uma "reforma política" é o contrapeso para a estabilidade futura da relação entre departamentos de governo, e também

para minimizar comportamentos delituosos por parte de representantes eleitos e seus agentes, os burocratas;[75]

- o surgimento de uma política é um processo complexo que só a partir dos anos 1960 começou a ser elucidado na análise econômica. Isso se deve a que, subjacente a essa política, ocorrem litígios que envolvem Executivo, legislatura e grupos privados. Tal relacionamento alcança tanto grupos que buscam abertamente o interesse geral quanto os que tentam sustentar seus interesses e que podem atuar em cooperação.[76]

Atributos das regras do jogo

Ao final dos anos 1970 a teoria de jogos foi introduzida na macroeconomia[77] e o economista defrontou-se com questões analíticas que não mais podiam ser tomadas por exógenas (ou de *pano de fundo*) — era imperioso ter o foco nas regras do jogo, ou instituições políticas.

Essas regras são, em certo sentido, o produto final de complexa negociação política que atribui poder a determinados segmentos de participantes do jogo de escolhas públicas para, sob certas condições, suspender sua adesão às regras ou persistir no comprometimento que elas traduzem (Manning, 2011:1978). Nesse conjunto de regras podem ser singularizados, entre outros atributos:

- como — e por que critério decisório — surgem essas regras;[78]
- a ordem hierárquica que há entre elas;[79]
- o *timing* de sua adoção;[80]
- a quem compete alterá-las;[81]
- o que determina seu grau de estabilidade;[82]
- quão homogêneas são as regras;
- em que bases se requer negociação política para que as regras sejam adotadas no jogo;
- as bases nas quais se apoia a calibração das regras — a adoção das regras e a intensidade e a profundidade com que se pretende afetar os resultados finais do jogo;[83]
- a transparência da regra e de seu processo de feitura;[84]
- como uma regra (ou um conjunto de regras) se integra a uma *sequência* de regras;[85]
- os fatores determinantes do puro e simples *número* dessas regras.[86]

Tais propriedades são apresentadas em categorias separadas para efeitos didáticos, quando de fato pode haver substancial interação nesse rol de atributos das regras do jogo.[87]

Quanto ao último atributo, a figura 4 mostra a *quantidade* de regras como dependente de duas dinâmicas: a da extinção (sinal –) e a da adição (sinal +) de regulações e legislação de um modo geral (Ruhl e Salzman, 2003:776-788):

Figura 4. Fatores de extinção e expansão das regras do jogo

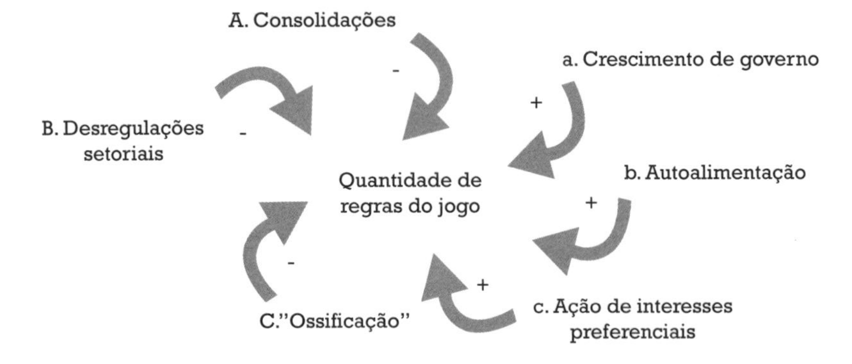

- *extinção*: fatores como "reformas", que levam a consolidações legais e administrativas (A), e desregulações setoriais (B); há ainda os crescentes custos e a rigidez do próprio processo de formulação dessas regras (C), o que tem sido rotulado de "ossificação".[88] Uma razão para a extinção de regras é economizar recursos das firmas que se defrontam com custos no atendimento de regulações, muitas das quais inefetivas;[89]
- *adição*: a expansão da quantidade de regras decorre do avanço do papel do governo na sociedade (a), do fato de as regras em vigor serem fonte de regras adicionais, formando um "ciclo vicioso" (b),[90] e da mobilização de interesses privados e de seus vínculos com o processo decisório público em que se produzem essas regras (c).

Tal como ocorreu em outras economias (McGarity, 1987:1243-1244), a criação, nos anos 1990, de agências reguladoras com atribuições de políticas setoriais promoveu uma revolução na feitura de regras, com o potencial de expandir enormemente a intervenção estatal. A outra face desse tipo de ocorrência foi a multiplicação do número de leis, medidas provisórias, decretos, resoluções, bem como de burocratas e de... advogados.[91] Em efeito cruzado entre os fatores (b) e (c) da figura 4, a reação de grupos privados às novas regras produz uma segunda geração de regras, muitas das quais necessárias para reforçar a observância mais estrita das regras originais, ou para adaptá-las às preferências dos segmentos beneficiados ou onerados por essas escolhas públicas.[92]

Há que reconhecer uma componente qualitativa que muito exacerba a produção de regras: a hipertrofia do poder decisório do Executivo. O mecanismo das medidas provisórias provê um guarda-chuva que alimenta a produção de regras estabelecidas diretamente pelos burocratas. Uma decorrência disso é que os efeitos inibidores de decisões propriamente legislativas (tal como a maior exposição pública na feitura das regras, em sua tramitação no Congresso) ficam neutralizados, uma vez que inexiste um projeto de MP, pois a validade da MP é imediata.[93] Vejamos o emaranhado de regras que uma MP pode criar: em 18-9-2007, interessado em que a PEC nº 50-07 (renovação da CPMF e da DRU)[94] fosse aprovada o mais rapidamente possível, o governo editou a MP nº 392, revogando as MPs nºs 379 (28-6-2007), 380 (28-6-2007) e 382 (24-7-2007), que até então eram prioritárias na agenda de votação da Câmara e, portanto, deveriam ser votadas antes da PEC nº 50-07.[95] A despeito da eficiência, complexidade e responsabilização associadas a uma dada regra, a simples variação (por adição ou supressão) da quantidade total de regras torna-se um desafio para que essa regra seja acatada ao longo do jogo e não bloqueie a realização dos objetivos de política.[96]

O fato é que a quantidade de regras identifica-se com o problema com que as democracias se defrontam: a dificuldade de desalojar uma lei, uma vez que esta entre em vigor.[97] Um possível antídoto: uma regra de *prazo terminal*, ao se requerer que toda lei expire em algum ponto do tempo, a menos que seja revalidada. Outra variante é quanto desse número de regras é adotado simultaneamente ou segue cronograma de adoção, parte integrante do próprio conjunto das novas regras. Isso é relevante em *reformas*, que, como referido ao longo deste texto, possam estar associadas a leis muito extensas. Nessa circunstância, aumenta a probabilidade de que regras venham a ser alvo de questionamento judicial.[98]

Responsabilização política

As percepções dos eleitores quanto ao comportamento dos políticos podem ser enquadradas de vários pontos de vista (Somin e Devins, 2007:2-4):

- os eleitores têm amplo entendimento de políticas públicas muito específicas, assim como do comportamento dos políticos (legisladores) a elas associados;[99]
- "voto retrospectivo": outra possibilidade é que o eleitor monitore a atuação dos representantes eleitos em suas posições de incumbência, e caso esse desempenho seja considerado *fraco*, adote uma estratégia punitiva na data eleitoral. O eleitor *julga* retrospectivamente, porém atua prospectivamente apenas quando expressa aprovação ou desaprovação daquilo que aconteceu anteriormente (Key, 1966:61; Muller, 2003:443-444). Fica em aberto de onde provém tal habilidade de aferir a qualidade dos políticos e de comportamentos que supostamente teriam resultado nas políticas observadas. Na complexa rede de intermediações que caracteriza as escolhas públicas, não é razoável atribuir ao eleitor tal capacidade de informação quanto às sucessivas delegações de poder, funções e recursos ao longo do processo político (Monteiro, 2007:27). O voto retrospectivo implica que o eleitor tenha razoável percepção quanto ao desempenho esperado daqueles que venham a substituir os atuais participantes no jogo de políticas;[100]
- o eleitor percebe e julga o comportamento dos políticos muito mais no âmbito do mérito individual desses políticos na competição eleitoral do que propriamente no domínio das políticas públicas que se possa associar a esses comportamentos. É nessa classe que se enquadra o argumento de que a boa escolha de candidatos é a que se sustenta pela "virtude e julgamento superiores" desses candidatos (Somin e Devins, 2007:4), sendo, portanto, essa classe de políticos *bem-preparados* que se deve eleger;[101]
- o arranjo em que, para uma variedade de deliberações de políticas, os eleitores assumem, eles mesmos, a função de legisladores. É a hipótese da *democracia direta*. Referendos e plebiscitos apresentam-se como alternativas muito localizadas a problemas na complexa intermediação do eleitor na tomada de decisão de políticos e burocratas;[102]
- *recall* político: caídos em descrédito, os políticos teriam mandatos can-

celados, sob regras preestabelecidas e não necessariamente aplicáveis em datas eleitorais.

Em todos os pontos de vista apresentados e que estão mais ou menos implícitos nas propostas de reforma, especialmente por ocasião de crises institucionais, há algum conteúdo de ignorância política que tem sido subestimado pelos proponentes dessas reformas. Esse fato não se deve à limitada escolaridade do eleitor, mas à complexidade que decorre de sua interação com os agentes de decisão que atuam no processo político, tornando muito distorcida sua visão dos comportamentos revelados pelos políticos, o que, no limite, pode levá-lo a concluir que seu voto não importa![103] É interessante lembrar que a ignorância política do eleitor atenua o celebrado *dilema contramajoritário*.[104] O Congresso (e não o STF) pode estar em melhor posição para decidir se as expectativas sociais de fato se cristalizaram em torno de uma dada interpretação constitucional (Katyal, 2001). Se os eleitores não dispõem de informação suficiente para monitorar e controlar seus representantes na legislatura, o dilema contramajoritário torna-se menos significativo.[105]

Quanto de deferência o STF deve mostrar quando interpreta regras estabelecidas pelo Congresso? Uma vertente desse enquadramento associa as escolhas públicas às "muitas mentes" do processo decisório (Ferejohn, 2010): maiorias legislativas passadas e presentes, políticas do Executivo, precedentes judiciais e a opinião pública. Decisões constitucionais prestam deferência às *muitas mentes*, pois essas instâncias decisórias são mais bem-informadas quando comparadas às deliberações de um ou mais dos 11 juízes, e isso porque:

- os processos legislativos envolvem quase seis centenas de políticos (efeito tamanho);
- legisladores e o presidente da República representam grande variedade de preferências na sociedade (efeito diversidade);
- os demais departamentos de governo, Congresso e Executivo, têm organização interna mais efetiva para processar informações.[106]

Política econômica por litígio

Em certas circunstâncias, como se observa na questão da renovação da CPMF, a política econômica resulta de restrições substantivas impostas aos agentes privados por meio de acordos obtidos sob a ameaça de que esses agentes poderão arcar com pesados ônus. O cenário desse litígio pode ser o Congresso, e mesmo chegar à instância judicial. Na análise que se segue é utilizada a noção de *regulação por litígio*, quando "o governo ameaça as partes [envolvidas no jogo de política pública] com um resultado suficientemente catastrófico, que ameaça [o bem-estar dos segmentos de atividade regulados]" (Morriss, Yandle e Dorchak, 2005:209). Diante de uma perda substancial caso a política não seja operacionalizada, cria-se um confronto do Executivo com a legislatura e com segmentos privados organizados. No caso da PEC nº 89-07 (revalidação da cobrança da CPMF), o litígio foi politicamente oneroso para o governo, e a posição defensiva a que foi levado o Executivo é "precisamente onde [a decisão litigiosa] oferece aos grupos de interesses especiais o melhor valor".[107] O ambiente institucional em que essa decisão ocorreu foi ainda mais complexo, uma vez que muitos dos produtores que se manifestavam contrários à revalidação da CPMF eram beneficiários de atendimentos preferenciais viabilizados pela fartura de recursos tributários da União.

A extinção da CPMF, portanto, ameaçou tais atendimentos, sendo relevante entender a posição assumida por um grupo de interesses como a Fiesp quanto à PEC nº 89-07:

- a Fiesp adotou a estratégia tanto de atuar como defensora da manutenção dos benefícios preferenciais que estariam ameaçados caso a CPMF não fosse renovada quanto de encampar a redução da carga de impostos — uma causa de interesse geral. No primeiro papel, a Fiesp tinha interesse na continuação da CPMF, pois bem entendia que a fonte de desonerações fiscais e incentivos em geral que se canalizam para o setor industrial e exportador é a boa situação de receita do governo. Em certa medida, a elevada carga de impostos, *hoje*, está relacionada à prodigalidade dos governantes em conceder tais benefícios;
- propagar essa versão da trajetória tributária era contraproducente, pois os políticos não se sentem à vontade quando percebidos como protetores *dessa* classe de interesses. A Fiesp usou ambiguamente a estratégia de antagonismo à CPMF,[108] e vinculou essa posição à redução da carga tributária: um "desejo sincero de promover uma política econômica que [acreditava iria] atender ao bem-estar geral" (Yandle et al., 2007:9). Por seu turno, os burocratas objetivavam a manutenção de seus postos de trabalho, uma

vez que o cancelamento de programas públicos pode ser a consequência natural da extinção da CPMF. O primeiro objetivo individual fica oculto na defesa aberta da preservação de determinadas políticas. Em seu relacionamento com os legisladores, os burocratas têm comprometimento com uma agenda mais específica; o Ministério da Saúde busca os recursos desse imposto para investir em serviços hospitalares; diferentemente, deputados, senadores e governadores querem esses recursos para dar sustentação a projetos que melhorem suas chances eleitorais.[109]

Outra decorrência da política por litígio é que ela desonera os reguladores das restrições sob as quais atuam e que têm origem em leis aprovadas no Congresso; essa política reconfigura os custos a que o Executivo possa estar sujeito, dando aos burocratas maior liberdade de ação. O custo social dessa segunda vertente pode ser elevado; os procedimentos que travam o avanço da política podem proteger a liberdade e a propriedade dos cidadãos.

Uma extensão do modelo Yandle (2007) introduz um terceiro participante no jogo, além dos dois grupos que, por distintas motivações, apoiam a mesma política (Monteiro, 2007:113-115). Tome-se a mídia como esse participante adicional:[110]

- a mídia fala a língua dos que se alinham com o interesse geral, denunciando a CPMF com "zelo missionário" (Yandle et al., 2007:12). Porém, a *fé* da mídia é volátil e baseia-se em ganhos temporais ou oportunistas (que se traduzem por fluxos financeiros), e não necessariamente em convicções filosóficas ou doutrinárias;[111]
- pode-se reconhecer a mídia como um litigante indireto dos segmentos que demandam a não renovação da CPMF, o que ocorre com a apresentação de pontos de vista (acolhidos em entrevistas e editoriais, por exemplo) que sustentam essa posição.

Para a Fiesp, a estratégia é ter sua causa em prol do interesse geral apresentada pela mídia, com o que o acolhimento de *seu* interesse preferencial pela manutenção dos benefícios fiscais de seus associados pode ser mais efetivamente articulado junto aos políticos.

Notas

[1] Sobre esse ponto de vista, ver Monteiro (2007:187). Chamo a atenção do leitor para uma realidade muito localizada, selecionada ao acaso, na qual transcorrem escândalos políticos de grandes proporções e análogos ao caso brasileiro. Tendo por centro a lucrativa atividade de extração do petróleo no estado do Alasca, EUA, evidencia-se um esquema antigo e de grande amplitude, com a mobilização de grupos privados que, por *lobbying* e recursos alocados a campanhas eleitorais, condicionam a atuação de legisladores e ex-legisladores estaduais ou mesmo federais (Kohring also charged with bribery, extortion, *Anchorage Daily News*, 7 May 2007; Top lobbyist admits scheme, *ADN*, 17 May 2007; Ethics law takes a bite out of legislature perks, *ADN*, 21 May 2007; Lobbyists with felony convictions face ban, *ADN*, 22 May 2007; Lobbyists limited to $ 15 lunch may find Juneau pickings slim, *ADN*, 31 May 2007; Former young aide is indicted in lobbying scandal, *ADN*, 6 Mar. 2009; Allen delays try judge's patience, *ADN*, 7 July 2009). A leitura dessas matérias levará o leitor a se deliciar com situações similares às narrativas de escândalos políticos tão comuns em Brasília, como o que eclodiu em maio de 2007. Mais à frente, ainda nesse capítulo, a seção "Reagindo a práticas delituosas" apresenta a essência da regulação de *lobbying* posta em prática no Alasca, em 2007, na tentativa de limitar os danos ao interesse coletivo que o envolvimento de grupos privados no processo político possa acarretar.

O tema do favorecimento de grupos privados, em sua relação com autoridades regulatórias governamentais, ganhou muita notoriedade com as frequentes manifestações contrárias a essa associação que têm sido a tônica de discursos do presidente Obama, nos EUA. Tome-se um caso específico: por décadas, haveria uma "relação amigável" entre o governo e a indústria do petróleo, o que levou a que agências federais falhassem em assegurar padrões ambientais e de segurança, tal como o esperado de processos de supervisão (Obama vows end to "cozy" oversight of oil industry, *The New York Times*, 14 May 2010). O detalhamento de tal "relação amigável" foi revelado em relatório do Departamento do Interior: seria uma prática habitual os inspetores do Minerals Management Service (agência encarregada de operacionalizar regras de segurança e proteção ambiental em plataformas *offshore*) serem presenteados pelas firmas supervisionadas com excursões de caça e pesca, ingressos para jogos e pagamento de refeições (Report shows close ties between rig inspectors, oil industry, *The Washington Post*, 26 May 2010). Aspectos adicionais dessa permissiva regulação da exploração de petróleo nos EUA são apresentados na seção "Autonomia decisória", no capítulo 2. A propósito, a agência Minerals Management Service foi extinta em 18 de junho de 2010 e em seu lugar foi criado o Bureau of Ocean Energy Management, Regulation and Enforcement. Não obstante, a criação de uma nova agência reguladora não significa necessariamente a resolução dos problemas dessa regulação, como o leitor pode constatar no didático "Regulation of offshore rigs is a work in progress" (*The New York Times*, 17 Apr. 2011).

Por seu turno, é inequívoco o sentido essencial com que um grupo de interesses pode atuar na economia contemporânea: o poderoso Financial Services Roundtable, que representa 100 das maiores firmas financeiras do mercado norte-americano, por exemplo, destaca como foco estratégico de seus princípios norteadores que "a advocacia é a [nossa] atividade número um" (consultar: <http://www.fsround.org/media/pdfs/MissionCoreBeliefsandGoverning Principles.pdf>). Outro peso-pesado na atividade de *lobbying* na economia dos EUA é o Business Roundtable, que congrega firmas que, em seu conjunto, respondem por um terço do valor total dos mercados de ações, US$ 6 trilhões em vendas anuais, 12 milhões de trabalhadores e 60% da arrecadação de impostos federais sobre ganhos da pessoa jurídica nos EUA. Para uma evidência didática da mobilização do Business Roundtable no ano eleitoral de 2010, ver "Business leaders say Obama economic policies stifle growth" (*The Washington Post*, 23 June 2010, p. A12). Vale acrescentar que, além de eleições legislativas, a *midterm election* de 2010 tem em disputa 37 postos de governador (Gubernatorial races could reshape foundation of American politics, *The Washington Post*, 10 July 2010).

[2] Há um sentido com que comumente o termo *lobbying* é utilizado na linguagem coloquial, especialmente na mídia: qualquer atuação organizada que um grupo de indivíduos exerça sobre participantes de algum estágio decisório da economia pública. Assim, não só prefeitos podem ser tidos como consumidores no mercado de *lobbying*, quando reivindicam maior parcela da arrecadação tributária da União, como também burocratas que demandam vantagens salariais a uma dada esfera legislativa ou à hierarquia superior do Executivo. Todavia, para efeito dos argumentos aqui apresentados, o sentido do termo *lobbying* é reservado ao investimento de recursos reais, realizado por grupos *privados*, em alguma instância do processo político, no propósito de habilitar uma transferência de renda ou riqueza a seu favor. Desse modo, é mais simples e transparente alocar os papéis aos diferentes participantes do jogo das escolhas públicas (Monteiro, 2007, cap. 1).

[3] Hoje, entende-se que o *lobbying* se contém em uma "indústria da influência", que pode recorrer aos mais inusitados recursos para alcançar a opinião pública ou fazer chegar sua mensagem a um seleto segmento de agentes públicos. Um desses recursos mais recentes é a produção de filmes que promovem uma determinada *visão do mundo*. Um documentário financiado pela US Chamber of Commerce e que foi ao ar em um canal de TV a cabo tem por enredo atacar o acolhimento pelo Judiciário de ações de reparações (que têm sido impetradas por grupos de consumidores e cidadãos em geral) contra práticas lesivas aos seus interesses por parte de grandes indústrias (tabaco, farmacêutica, entre outras). Curiosamente, esse documentário deu origem a outro documentário que defende o ponto de vista contrário e que foi empresariado pela American Association for Justice, que personifica os interesses dos advogados que atuam nesse tipo de causas, em prol dos demandantes de reparações. Em meio a esse cabo de guerra, em que extensão o interesse geral ou coletivo estará sendo servido? Ver, a propósito, "The influence

industry: coming soon to a screen near you — a lobbying campaign" (*Washington Post*, 13 July 2011), "The influence industry: challenging the IRS on rules that keep donors secret" (*The Washington Post*, 27 July 2011).

[4] O mesmo ocorre com a limitação às doações eleitorais. Para ser efetiva, uma legislação restritiva do *lobbying* não opera à margem das regras de financiamento de campanhas eleitorais; de fato, boa parte do esforço de *lobbying* vem acoplada a doações políticas. Em ambos os casos, ao longo dos anos, a experiência da economia dos EUA oferece ensinamentos valiosos, sobretudo no que diz respeito a evitar pretensas soluções para ocorrências análogas na economia brasileira. De todo modo, vale lembrar o que, um tanto desanimadamente, conclui um estudioso desse tema: há que "reduzir o tamanho do que os políticos têm para vender" (McChesney, 1997:170). Um contraponto a essa questão é a decisão, em 2010, da Suprema Corte dos EUA de reverter uma regra de longa data em vigor e que proibia o uso de grandes doações privadas em campanhas eleitorais. Ver a seção "Um importante caso de mudança de regra do jogo", no capítulo 4. No rol das restrições a serem impostas à influência eleitoral de grupos privados, a legislação do imposto de renda pode ser utilizada para penalizar e desestimular um caminho menos transparente — e, eventualmente, grátis para o doador: tributar as doações feitas diretamente a grupos sem fins lucrativos, que, porém, podem ser muito ativos em atividades político-eleitorais, com impacto nas campanhas de políticos e partidos políticos. Sobre a ativação dessa penalidade tributária na economia norte-americana, ver "IRS moves to tax gifts to groups active in politics" (*The New York Times*, 12 May 2011) e "The influency industry: challenging the IRS on rules that keep donors secret" (*The Washington Post*, 27 July 2011).

[5] Na atualidade brasileira, convive-se com uma carga total de impostos estimada em cerca de 40% do PIB e, ainda que não se disponha de indicador sumário dessa evidência, uma presença regulatória avassaladora em variedade, conteúdo restritivo e instabilidade.

[6] Ver Demsetz (1982:123). Relacione o leitor a essa conjectura um mercado de mídia muito concentrado, como observado em muitas economias na atualidade e, em meados de 2011, o "caso Murdoch", na Inglaterra. Ver a seção "Mídia e *rent seeking*", no capítulo 4.

[7] Em muitos casos, essa é uma atuação reativa. Todavia, a sofisticação com que tais demandas são encaminhadas no processo político justifica pensar que esses mecanismos são acionados antecipadamente, com o que o ganho líquido obtido por tais grupos pode ser ainda mais elevado.

[8] Ver Buchanan e Congleton (1998). Na seção "Mercado de escusas", neste capítulo, é mencionado um padrão de individualização no atendimento aos exportadores.

[9] Estima-se que mais de um terço das 68 alterações promovidas (1988-2009) no conjunto de regras constitucionais na economia brasileira são de *larga* abrangência (Monteiro, 2007, cap. 8). Se os vícios com que opera a economia ressaltam a imperiosa necessidade de que se promova um movimento de melhoria institucional, as *tragédias* institucionais (Eskridge

e Levinson, 1998a), como resenhado mais adiante, evidenciam a falta de credibilidade da própria Constituição.

[10] Tome-se como exemplo as medidas provisórias nº 135, de 30-10-2003, nº 252, de 15-6-2005, e nº 255, de 1-7-2005, que estabelecem novas regras tributárias (Monteiro, 2007). Comparativamente ao formato de leis ordinárias produzidas pelo Congresso, as MPs são emitidas pelo presidente da República, mas encontram sua origem na deliberação discricionária dos burocratas do Executivo.

[11] Foge ao entendimento mais amplo como funciona propriamente o mecanismo que remunera a oferta de aplicações, da perspectiva de seus agentes financeiros. Essa resolução do CMN é pura criptografia em seus dois artigos substantivos, ou, mais precisamente, essa é uma manifestação de um sistema de regulação em que, segundo Schuck (2000:4-5): a) suas regras são *densas* — são numerosas e controlam uma ampla gama de condutas que as põem em conflito com outras políticas; b) são *técnicas* — requerem *expertise* para o seu entendimento e sua operacionalização; c) são *institucionalmente diferenciadas* — estão associadas a variadas fontes de legitimação, uma vez que refletem diversos tipos de racionalidade organizacional; e d) levam a uma *indeterminação* decorrente do custo de aplicar tal regulação e de seus resultados finais não serem claramente previsíveis, o que é típico de regulações de mercados complexos, como o mercado financeiro (Breyer e MacAvoy, 1974:121-124).

[12] Tal favorecimento serve para camuflar o atendimento preferencial e suas repercussões negativas em questões de interesse geral, na medida em que o benefício imobiliário, vagamente percebido por seu volume, integra-se à política mais ampla da aceleração do crescimento e de geração de oportunidades de emprego (Menos ganhos na poupança, *O Globo*, 7 mar. 2007, Economia, p. 23). De igual modo, desvia-se a atenção da identidade do beneficiário essencial da regulação, no que já é favorecido pelo caráter complexo das novas regras. Mesmo a projeção de que a Resolução nº 3.446 possa contribuir para a aceleração do mercado imobiliário deve ser descontada a um efeito pouco significativo: uma simulação determina que o benefício transmitido às prestações de empréstimos habitacionais seja uma redução de custo de 0,49% (Caixa: pouco efeito para o mutuário, *O Globo*, 7 mar. 2007, Economia, p. 23).

[13] Em muitas regulações, a notória dificuldade está em determinar sobre *quem*, em última instância, incidirão os custos e benefícios.

[14] Ver Schuck (2000:129). A simples leitura de matérias apresentadas na mídia, quando da decisão do CMN, reforça essa noção.

[15] Ver "Bancos batem recorde de rentabilidade", *Folha.com*, 12 mar. 2007.

[16] Talvez por isso mesmo a mobilização desse setor, junto ao processo político, tenha sido bem-sucedida, como exemplificado pela Resolução nº 3.446.

[17] Pode-se conjecturar que a hipertrofia do poder de legislar do Executivo Federal, com o mecanismo de emissão de medidas provisórias (em especial seu uso nos anos 1990), faz os grupos de interesses orientarem o *lobbying* preferencialmente na direção da alta gerência do Executivo (os burocratas), muito mais do que na dos legisladores. Essa circunstância ganha significado em estudos empíricos (Redoano, 2010) que examinam o efeito da centralização fiscal na intensidade do *lobbying*. Em certo sentido, o impacto da emissão de MPs se assemelha a uma "fusão" de departamentos de governo no que diz respeito à escolha de políticas públicas.

[18] Ver Krishnakumar (2007:24). Na seção "Ambiente institucional", no capítulo 3, ver referência a uma peculiar variante de financiamento público de campanha adotada no estado norte-americano do Arizona. Na verdade, há no processo político brasileiro a prática de *camuflagem*, que assume características de volumoso repasse *a posteriori* de recursos públicos aos partidos políticos: após as eleições de 2010, esses repasses poderão ser aumentados de R$ 165 milhões para R$ 265 milhões em 2011, facilitando aos partidos contornarem os déficits orçamentários das candidaturas de seus membros (Congresso "estatiza" dívidas de campanha ao turbinar verba pública para partidos, *O Estado de S. Paulo*, 14 jan. 2011, Nacional, p. A4). Em 5 de abril de 2011, a Comissão Especial de Reforma Política do Senado aprovou uma classe de financiamento público de campanhas: o do financiamento público *exclusivo e para todas as esferas de eleição* (Comissão de Reforma Política aprova financiamento de campanhas, *Jornal do Senado*, 6 abr. 2011).

[19] O termo burocrata é aqui reservado aos que operam a máquina governamental (Executivo). Em uma dada unidade decisória governamental há, no mínimo, a seguinte população: os indicados políticos, os servidores civis ou de carreira, os *policy makers* do topo do processo decisório e os profissionais (incluindo procuradores, economistas, analistas de política pública e cientistas de um modo geral). Essas não são categorias mutuamente exclusivas, pois eles diferem quanto a sua seleção ou indicação, ao período de ocupação do posto, à área de especialização profissional e à posição hierárquica (Magill e Vermeule, 2011).

[20] Uma dimensão avulsa das potenciais consequências da porta giratória é apresentada em análise do *Washington Post*: na economia norte-americana, três em cada quatro lobistas que representam os interesses de firmas de petróleo e gás trabalharam antes no governo federal (Three of every four oil and gas lobbyists worked for federal government, *The Washington Post*, 22 July 2010, p. A01). A declaração de um lobista que ocupou um posto de regulador quando perguntado se acreditava ter vantagem em atuar no *lobbying* junto a ex-colegas evidencia a lógica com que opera a porta giratória: "A resposta é sim [...]. Se não [fosse assim], eu não seria capaz de justificar sair da cama, pela manhã, e cobrar tão elevados honorários que cobramos de nossos clientes, e que eles aceitam pagar. [...] você tem de trabalhar em uma agência [reguladora] para entender a cultura e os pontos de pressão, e isso ajuda a conhecer o *staff* graduado" (Ex-regulators get set to lobby on new financial rules, *The New York Times*, 27 July 2010).

Dados recentes do caso norte-americano são significativos: nos últimos 10 anos, 5.500 ex-burocratas federais e 400 ex-membros do Congresso passaram pela porta giratória para se tornarem lobistas em Washington (Former Lobbyists Working for Congress Outnumber Elected Lawmakers, blog Legistorm, 13 Sept. 11).

A legislação brasileira sobre o tema concentra-se no Código de Conduta da Alta Administração Federal, proposto pela Casa Civil da Presidência da República (Exposição de Motivos nº 27, 18-8-2000) e aprovado em 21-8-2000. Há, no entanto, uma variedade de regras complementares emitidas na sequência desse código de conduta, tais como a Portaria nº 34 (Casa Civil, 8-11-2001), que trata da solicitação de audiências com autoridades da Presidência da República, por parte de empresas privadas e associações de classe (há que formalizar o pedido a ser feito diretamente pela parte interessada, por exemplo), o Decreto nº 4.081 (11-1-2002) e o Decreto nº 6.029 (1-2-2007), que define um sistema de gestão da ética do Poder Executivo federal. O foco dessa classe de regulação é, porém, muito estreito: aplica-se a pequena fração de ocupantes de postos executivos, deixando de lado grande parte do processo decisório governamental, assim como todo o Congresso. No âmbito do estado do Rio de Janeiro surgiu, em 2011 (Decreto nº 43.057, 4-7-2011), uma versão local desse mesmo código de conduta. Um detalhe: o limite do que pode ser aceito como "presente" ofertado por agente privado a um burocrata estadual subiu dos R$ 100 (no código federal) para R$ 400 (no código do estado). A proposta do prefeito da cidade de Chicago, nos EUA, é mais precisa: o limite para tais "presentes" é fixado em US$ 100 *anuais*! (Emanuel wants $ 100 a year limit on lobbyist gifts to city employees, *Chicago Tribune*, 15 July 2011).

Não obstante o Código de Conduta, em maio de 2011 ocorreu o rumoroso "caso Palocci" (Caso Palocci reabre discussão sobre *lobby*, *O Globo*, 22 maio 2011, O País, p. 3; Além de Palocci, outros 5 ministros possuem empresas de consultoria, *O Globo*, 19 maio 2011, O País, p. 4). Para uma perspectiva mais objetiva ou menos sectária dessa ocorrência, ver "A falta que faz uma moldura analítica apropriada" (*Estratégia Macroeconômica*, v. 19, n. 455, 23 maio 2011).

Em 2008, a Controladoria-Geral da União já apresentara anteprojeto de lei regulando o conflito de interesses no Executivo e estendendo o prazo da quarentena de quatro para 12 meses, conforme o art. 6º, II, disponível em: <http://www.planalto.gov.br//ccivil_03/consulta_publica/conflito-interesse.htm>. Contudo, esse anteprojeto não teve seguimento (Governo engaveta regulamentação de *lobby*, *O Globo*, 14 mar. 2011, O País, p. 5). Na Câmara, tramita o Projeto de Resolução nº 14/11, que propõe tornar mais transparente a relação do Legislativo com o setor privado (entidades de classe e grupos de interesses). Contemporaneamente, uma qualificação relevante à regulação da porta giratória é representada pelo extensivo uso da internet, como tratado na seção "Dificuldades no disciplinamento do *lobbying*", no capítulo 4.

[21] Essa é uma vertente muito peculiar da presença da mídia como elemento da construção da estratégia dos participantes das escolhas públicas. Habitualmente, a ênfase é dada ao uso

da mídia como *sinalizador* da demanda preferencial do grupo de interesses. Nessa circunstância, tanto se pressiona o processo decisório público quanto se busca condicionar a opinião pública, com vistas a fazer com que ela pelo menos não reaja contrariamente a essa demanda.

Portanto, o Código de Conduta acaba por servir como *atenuante* nos casos em que, após os quatro meses regulamentares de quarentena (art. 15), o ex-burocrata reaparece *além da porta*, ocupando alto posto privado ou mesmo prestando serviços de consultoria no segmento de mercado em que antes atuava como regulador. Neste último caso, a viabilidade financeira da firma de consultoria pode muitas vezes resultar diretamente desse trânsito específico.

[22] Nos EUA, a Public Law 104-65 (Lobbying Disclosure Act), de 19-12-1995, é a base da iniciativa para restringir a atividade de *lobbying*. Atualizações dessa legislação foram introduzidas na PL 105, de 6-4-1998 (pequena correção técnica à PL 104-65), e na PL 110, de 14-9-2007 (42 páginas de novos enquadramentos institucionais ao tema da transparência nos processos legislativos). Um possível efeito positivo desse novo conjunto de regras foi a redução do número de registros de lobistas: 25% a menos em abril de 2010, comparativamente a 2007. Todavia, a crise de 2008-2010, assim como a atitude resoluta do governo Obama em combater o *lobbying*, é fator adicional que pode ajudar a explicar essa redução (Registered lobbyists decline in response to 2007 rules administration crackdown, *The Washington Post*, 12 July 2010).

A PL 104-65 tramitou no Congresso dos EUA por cerca de 10 anos e, assim, forneceu inspiração a antigo e pequeno conjunto de regras propostas pelo senador Marco Maciel em 1989, e que tem servido de base a propostas para disciplinar o *lobbying* no Congresso Nacional, especialmente quanto ao registro de lobistas (PL nº 203, de 1989).

[23] Vale observar que, mesmo com um período de quarentena três vezes mais longo do que o adotado no Brasil, a economia dos EUA é sujeita a igual tipo de ressalva.

[24] Ex-congressistas e seus assessores podem se estabelecer como consultores *ad hoc* junto às comissões legislativas nas quais atuaram anteriormente, ou mesmo deter postos em assessorias nos gabinetes parlamentares. Ver o exemplo muito didático da negociação final do texto da Lei de Reforma Financeira na economia norte-americana (Wall Street Reform and Consumer Protection Act): pelo menos 56 lobistas da indústria bancária, que têm papel destacado nessa negociação, já atuaram em assessorias pessoais de 45 senadores e deputados (A lobbying tempest engulfs financial overhaul, *The Washington Post*, 14 June 2010). Por outro lado, o House Office of Congressional Ethics propôs que se investigasse o comportamento de três deputados que, por ocasião da passagem legislativa das novas regras de regulação do sistema financeiro, participaram de reuniões de levantamento de fundos para suas campanhas eleitorais (House Panel recommends 3 for further investigations, *The Washington Post*, 31 Aug. 2010). Observe o leitor esse tipo de vinculação, que pode servir de base ao estabelecimento de regras que restrinjam o comportamento admissível dos políticos. Ver, a propósito, neste capítulo, a seção "Reagindo a práticas delituosas".

[25] A legislação dos EUA provê detalhada e objetiva definição do que seja um "contato de *lobbying*": "O termo 'contato de *lobbying*' significa qualquer comunicação oral ou escrita (inclusive comunicação eletrônica) dirigida a ocupantes de posto executivo ou legislativo, que é feita em nome de um cliente, relativamente à (i) formulação, modificação, ou adoção de legislação federal (inclusive projetos legislativos); (ii) formulação, modificação, ou adoção de regra federal, regulação, [decreto], ou qualquer outro programa, política, ou posição do governo dos EUA; (iii) administração ou execução de um programa ou política federal (inclusive negociação, concessão, ou administração de contrato, fundo, empréstimo, permissão, ou licença federal); ou (iv) nomeação ou confirmação de uma pessoa para [ocupar] posição [sujeita] à aceitação pelo Senado" (seção 3 da Public Law 104-65, de 19-12-1995).

[26] Pressupõe-se que haja expressivo investimento de recursos reais privados, que, canalizados para atividades de *lobbying* e de uso de espaço e conteúdo na mídia e financiamentos de campanhas eleitorais, têm o propósito essencial de: a) tornar os benefícios assim *extraídos* do processo político os mais amplos, mais duráveis e mais exclusivos possíveis; e b) criar uma habilidade em que lobistas — e seus clientes — tenham acesso e exerçam influência (indevida) sobre aqueles que detêm poder na formulação de políticas. Do ponto de vista do uso de *dinheiros privados* no processo político, evidências dos EUA mostram quão rapidamente pode ocorrer o redirecionamento desses recursos: estima-se que, entre janeiro e outubro de 2009, o Partido Democrata tenha recebido significativamente maiores doações de Wall Street, alcançando, em outubro de 2009, 70% de seu volume total; em junho de 2010 (portanto, ao final da tramitação legislativa das novas regras da regulação do sistema financeiro), os republicanos é que foram os destinatários de 68% dessas doações (Wall Street-related political contributions shift toward Republicans, OpenSecretsblog, 10-8-2010). Complementarmente a esse tema, ver a seção "A complexidade das regras na reforma", no capítulo 4.

[27] Considere o leitor o seguinte fato, que, a princípio, pode ser encarado como uma *boa causa*: legisladores são honrados com a atribuição de seus nomes a dotações financeiras para universidades localizadas em seus redutos eleitorais; os doadores são firmas que têm, ao mesmo tempo, pleitos perante o Congresso. Ou, mais especificamente: um programa de ensino e pesquisas da South Carolina State University recebe recursos que são patrocinados por um determinado deputado federal, membro de uma comissão legislativa que discute a legislação que autoriza a criação de novas usinas nucleares. A firma construtora dessas usinas é a mesma que distribui essas dotações ou honrarias: a Fluor and Duke Energy ("Corporate money aids centers linked to lawmakers, *The New York Times*, 5 Aug. 2010). Um desestímulo a esse tipo de mecanismo, pelo qual *dinheiros políticos* podem ser repassados a legisladores, é provido por uma regra do jogo que vede a um político ou a qualquer ocupante de posto na esfera pública ser destinatário desse tipo de honraria.

[28] Ver Krishnakumar (2007:12). Outra vez, eis um exemplo de quão limitada é a análise das escolhas públicas que se processa à margem do aparato de regras e procedimentos, sob

os quais operam os participantes do processo político. Tudo o mais constante, uma forma elementar de relacionar o atrativo de atuar como lobista com a passagem pregressa desse indivíduo por um posto público, relaciona os rendimentos que o lobista aufere ao número de *diferentes e ainda atuantes* políticos ou burocratas com os quais ele tenha se vinculado hierarquicamente, antes de passar pela porta giratória: tal vinculação é um *ativo que o lobista detém* e que atua em separado de seu capital humano e suas habilidades políticas (Vidal e outros, 2010).

[29] Muitas dessas frentes são interligadas, porém aqui elas aparecem singularizadas, com o propósito de tornar mais didática sua apresentação.

[30] O conceito de vinculação já foi referido brevemente na introdução; ver também a seção "A complexidade das regras na reforma", no capítulo 4.

[31] Exemplo desse tipo de ocorrência tem sido a promoção de mudanças no sistema tributário nacional, que originariamente tomariam a forma de uma proposta de emenda constitucional (a PEC nº 41-03, por exemplo); todavia, a MP nº 135 (30-10-2003) avança expressivamente nessa mesma direção, reforçando, ademais, o poder discricionário no uso de instrumentos de política econômica. O esquema a seguir ilustra essa estratégia de reforma: "fatiamento" da PEC nº 41-03 → menor custo de coordenação da mudança constitucional → menor estabilidade das regras do jogo de políticas → maior poder discricionário dos burocratas → maior flexibilidade na emissão de medidas provisórias (MP nº 135).

[32] De fato, um atributo do ambiente presidencialista tão peculiar que vigora na economia brasileira é a própria intensidade da emissão de medidas provisórias. Esse é um processo em que é crucial a participação de agentes de decisão que não passam por teste eleitoral para o exercício de um posto na hierarquia de governo. Tal qualificação é também relevante, dada a deformação que provoca na separação de poderes, quando um político transita de seu assento na legislatura para uma posição na hierarquia do Executivo, e vice-versa (Monteiro, 2007:68). Esse tipo de ocorrência é vedado no presidencialismo norte-americano. Diz o artigo I, seção 6 [2] da Constituição dos EUA: "Nenhum senador ou deputado — durante o tempo para o qual tiver sido eleito — será indicado para qualquer [...] posto [no Executivo Federal] [...]; nenhuma pessoa que detenha [qualquer posto no Executivo] será um membro de [qualquer uma das casas legislativas] durante sua [permanência nesse posto]". Portanto, caso seja do interesse do Executivo, da respectiva liderança partidária e de um dado legislador, há que renunciar ao mandato eletivo individual previamente ao ingresso do legislador na burocracia governamental. Mais recentemente, a PEC nº 21 (5-4--2011) propõe-se a disciplinar esse trânsito, ao alterar a alínea b do inciso I e a alínea b do inciso II do art. 54 da Constituição brasileira.

Observe-se ainda que o sistema de separação de poderes se traduz por vários níveis (Salzberger e Voigt, 2009): a) *separação de funções*: jogo constitucional e pós-constitucional; neste último ocorrem a feitura, a operacionalização e a adjudicação de regras; b) *separação de agências* (instância do Judiciário que zela pelas regras constitucionais, e legislatura, Executivo e Judiciário, que operam no jogo pós-constitucional); c) *separação de indivíduos*; e d) *estrutura de relações entre poderes* (separação estrita e pesos e contrapesos na tomada de decisões). É através dessa ótica de análise que melhor se entende a *tragédia* constitucional causada pelo uso de MPs. Para a exploração dessa fonte adicional de desestabilização da separação de poderes, representada pela transferência do legislador para um posto na hierarquia do Executivo, ver Monteiro (2010).

A evidência numérica a seguir sumaria o sempre expressivo desempenho do Executivo como poder originário de feitura de leis a limitar a autonomia decisória de deputados e senadores no processo legislativo.

Quantidade emitida de medidas provisórias no governo Lula (2003-2010)*

Variável	2003-2006 Valor médio	2007	2008	2009	2010
MPs*	58	70	40	27	40
MPs/Leis (%)**	41,0	51,8	21,3	10,4	24,7

* Há um estoque de 52 outras MPs que, emitidas sob o regime anterior à EC nº 32 (11-9-2001), ainda preservam seu status de medida provisória.

** Equivalência da produção de MPs em termos de leis aprovadas no Congresso Nacional, no respectivo período, descontadas as leis de conversão e os atos de revogação de MPs.

Sobrepondo-se a essa evidência, desde 11-9-2001 (EC nº 32) os burocratas podem lançar mão de estratégias que atrasam a produção de leis por parte da legislatura; de igual modo, os legisladores podem utilizar estratégia análoga, caso isso atenda às suas preferências. Indicação nesse sentido é revelada por um deputado federal: em 2006, mais de 60% das sessões do Congresso Nacional tiveram sua pauta legislativa *trancada* em consequência do regime de tramitação de MPs (deputado Carlos Souza, justificação da PEC nº 54/2007). No final de março de 2011, noticiou-se que a CCJ do Senado apreciava proposta de emenda constitucional (PEC nº 11/2011) que distribuía a vida útil de uma MP de 120 dias por dois períodos de tramitação de 55 dias, *em cada casa legislativa*, sobrando ainda algum tempo para as revisões necessárias (Sarney obtém apoio de Marco Maia a novo rito de MPs, Agência Senado, 15-6-2011).

A princípio, o fenômeno das MPs na economia brasileira pode ser relativizado, pois a separação de poderes é intrinsecamente desbalanceada, uma vez que Congresso e Executivo, por sua simples escala ou tamanho, detêm vantagem comparativa em relação ao Judiciário — esse é o argumento das "muitas mentes". Ademais, é na legislatura e na burocracia governamental que se encontra substancial diversidade de preferências, assim como é nesses departamentos de governo que há uma organização mais efetiva para a coleta e o processamento de informação — o que os habilita, reforçados pela escala e pela diversidade de visões do mundo, a lidar mais adequadamente com importantes questões de políticas públicas. Para um aprofundamento dessa linha de argumentação, especialmente em relação às regras constitucionais, ver Ferejohn (2010).

[33] Uma forma de tornar esses ganhos mais bem distribuídos por toda a sociedade é precisamente limitar o poder discricionário que a emissão de MPs oferece à alta gerência do Executivo. No centro de todas essas disfunções está a desativação do sistema constitucional da separação de poderes (Monteiro, 2007:211-218), que, todavia, não só é tema pouco frequente na discussão econômica, como tem sido mantido fora das propostas de "reforma política".

[34] A opinião dominante quanto a essa classe de ocorrências, no entanto, é a que vagamente atribui aos políticos ou, mais genericamente, ao governo a culpa por tais desempenhos. Outra vez, o mecanismo da emissão de MPs é fator central nesses fatos. No 1º semestre de 2007, por exemplo, a quantidade de medidas provisórias se equiparava ao montante de leis aprovadas por deputados e senadores, não incluídas as leis originadas, elas próprias, de MPs. Uma visão complementar a esse tipo de evidência, embora limitada à atividade legislativa da Câmara dos Deputados, é apresentada em "De cada 4 propostas que a Câmara vota, 3 têm origem no Executivo" (*O Estado de S. Paulo*, 10 jul. 2007, Nacional, p. A4).

[35] Uma "cascata de viabilização" é um processo de formação de crenças coletivas segundo o qual, uma vez expressada uma determinada percepção no jogo de escolhas públicas, produz-se uma reação em cadeia que torna tal percepção crescentemente plausível no discurso público. Por certo que há os que atuam como "empreendedores de viabilizações", quando o governo, grupos de interesses ou a mídia operam, manipulando o conteúdo desse discurso público, o que pode ter impacto positivo ou negativo no bem-estar geral.

A relação entre cascata de viabilização e comportamento irracional do agente econômico pode ser ilustrada com a seguinte argumentação (Vermeule, 2007a): ainda que esses agentes sejam racionais e atuem no jogo de escolhas públicas com base no que creem ser sua melhor percepção, tais agentes podem acabar imitando as percepções dos que atuaram anteriormente no jogo; com esse comportamento, uma sequência de indivíduos, que encampam percepções errôneas daqueles que atuaram antes no jogo, acabam optando, eles próprios, por percepções errôneas. Daí o resultado final do jogo ser coletivamente ruim, muito embora, individualmente, seja racional: cada qual seguiu a melhor estratégia, de seu ponto de vista, porém o resultado para todos é uma cascata que não produz o bem-estar geral.

[36] Ou, dito de outra forma, um grupo leva adiante novas demandas ou amplifica as que já estão em curso. O foco desse atendimento pode se dar sobre informação preferencial, em apoio a interpretações que sejam mais convenientes, desqualificando toda ação contrária daquele que questione os objetivos do grupo (Kuran e Sunstein, 1999:48).

[37] Essa alteração na TR tornou-se um redutor potencial dos ganhos em aplicações na caderneta de poupança e no FGTS (Caixa: pouco efeito para o mutuário, *O Globo*, 7 mar. 2007, Economia, p. 23; Mudança no cálculo do rendimento reduz ganho da poupança em 4,4%, *O Globo*, 25 jun. 2007, Economia, p. 18). O beneficiário preferencial dessa nova regra foi,

por certo, o setor financeiro, que adquiriu proteção quanto a um eventual reposicionamento em suas fontes de ganhos, antecipando uma muito provável trajetória de queda na taxa básica de juros (Selic). Na extensão em que esse tipo de decisão traz benefícios potenciais ao segmento regulado, por certo há incentivos para que tais grupos façam *lobbying* quanto a esse padrão contábil não só junto ao CMN, mas também a outros segmentos do processo decisório governamental. Afinal, essa regulação alcança o financiamento da casa própria.

[38] Os recursos de retórica são variados: "evitar o sucateamento da indústria nacional", "reação à concorrência externa predatória" etc. O debate nacional sobre a carga tributária é outro exemplo em que a *demanda de justificação* é aumentada. Beneficiários de inúmeras desonerações de impostos conseguidas no passado recente arguem contra a elevada carga de impostos, como se, em parte, o nível corrente desse ônus não refletisse as consequências de liberalidades tributárias passadas.

[39] Fundamentalmente refletindo resultados de pesquisa econômica.

[40] Uma inquietante coleção de fatos da atualidade relacionados a interesses que podem vir agregados às doações privadas a universidades é apresentada em "Economics for sale" (*The New York Times*, 16 May 2011, Economix).

[41] Tal como no "mercado de viabilizações", referido ao final da seção anterior.

[42] Uma variante dessa justificação questiona a efetividade do *tipo* de medidas que o Banco Central toma para sustentar a cotação do dólar (Dólar retoma trajetória de queda, *Gazeta Mercantil*, 12 jun. 2007, Finanças e Mercados, p. B-1).

[43] Ver "Tesouro vai ajudar órfãos do câmbio" (*O Estado de S. Paulo*, 13 jun. 2007, p. B1), "Fazenda aplica antidumping disfarçado a têxteis da China" (*Valor Econômico*, 13 jun. 2007, p. A1), "Governo abre linha de crédito de R$ 3 bi para setores afetados pelo dólar" (*Folha.com*, 12 jun. 2007). Nesse conjunto de medidas está a linha de crédito de R$ 3 bilhões (a juros subsidiados entre 43,4% e 53,4% da taxa Selic) para empresas que faturam até R$ 300 milhões anuais nos setores de calçados e artefatos de couro, têxtil e confecções e móveis. Há também uma renúncia fiscal que pode chegar a R$ 600 milhões, por via da incidência do PIS e da Cofins. Incidentalmente, eis um exemplo de *individualização* dos atendimentos de política, retomando observação feita na seção "Uma regulação e seus impactos", neste capítulo.

[44] Ver "Para setores beneficiados, medidas são tímidas" (*Valor Econômico*, 13 jun. 2007, Brasil, p. A5). Argui-se que as providências anunciadas podem ter a direção correta, mas erram na dosagem. Entre outras alegações, difunde-se: a) que os exportadores continuarão a se confrontar com suas dívidas fiscais; b) a queda de preço de seus produtos no mercado externo trazida pela competição chinesa; c) os elevados juros dos empréstimos já assumidos (e mesmo que vigorarão na nova linha de crédito anunciada pelo ministro da

Fazenda); d) os demais componentes do "custo Brasil" (incluído o trâmite burocrático para exportar); e e) o peso dos custos trabalhistas.

45 Ademais, cada político é condicionado por sua participação em uma complexa escolha majoritária que transcorre na legislatura, pela disciplina partidária e por demandas que têm origem naqueles que, ao fim e ao cabo, não lhe provêm votos, mas recursos de todo tipo, cruciais para sua campanha de reeleição.

46 Como ocorreu por mais de uma vez com a extinta CPMF.

47 Ver a seção "Mídia e *rent seeking*", no capítulo 4. Por essa razão, é relevante o conceito de "mercado de escusas": a relação (4) na figura 3 é um elo na formação da justificação em apoio a uma demanda preferencial. Na verdade, tal justificação pode em muito contribuir para a orientação e a intensidade da ação do cidadão-contribuinte-eleitor (6) no processo político.

48 Nesse ambiente, as instituições políticas materializam-se por complexa teia de regras que definem essas posições no jogo e estabelecem os incentivos sob os quais esses participantes constroem suas estratégias ao longo do jogo. Paradoxalmente, mesmo quando focaliza a necessidade de aperfeiçoamento das instituições políticas (*reformas*), o debate econômico acaba optando por uma abordagem pontual, com o que se perde de vista relações de causa e efeito entre as regras do jogo e um atributo essencial do resultado desse jogo — promover o interesse geral ou coletivo. Na seção seguinte, é apresentado interessante contraponto da experiência de delimitação de comportamentos éticos nesse jogo por via de legislação inovadora posta em vigor no estado do Alasca, EUA.

49 Reich (2007), em estudo sobre o caso brasileiro, explora a compatibilidade de estabilidade da Constituição brasileira com um sistema partidário instável ou, visto de outro modo, "como uma Assembleia [Constituinte] caracterizada por extrema fragmentação e volatilidade partidária produz coordenação institucional?" (p. 2). Nessa indagação, é central o que possa ser considerado regras *estáveis*; afinal, como já citado, incluindo as emendas revisionais de 1994, desde sua promulgação em 1988 as regras constitucionais na economia brasileira já foram formalmente alteradas inúmeras vezes (Monteiro, 2007:175). A deliberação de promover essas mudanças seria "um diligente comprometimento com [o próprio] processo constitucional de emendas" (Reich, 2007:19), o que, em si mesmo, é indutor de estabilidade.

50 Tal como a possibilidade de veto presidencial ou a deliberação legislativa bicameral, a revisão judicial opera como uma limitação aos excessos dos legisladores. Quando essas barreiras funcionam apropriadamente, a Constituição torna mais difícil que políticos violem direitos na economia.

51 Ver Barilleaux (2006:37). E mais: essa é uma trajetória de crescimento que não transparece tanto nos números dessa expansão de poder, mas na variedade e na sofisticação com

que tal estratégia se desdobrou ao longo dos últimos 10 a 12 anos. Uma evidência desse desenvolvimento é a emissão de medidas provisórias: numericamente, esse formato legislativo é, hoje, um contingente bem menos impressionante do que o observado no período 1994-2000 (Monteiro, 1997 e 2000); todavia, as restrições que as MPs exercem sobre o processo decisório de deputados e senadores são qualitativamente tão ou mais intensas e perversas do que aquelas do citado período. Esse poder presidencial é moldável, uma vez que, a cada administração federal, tem sido adaptado às preferências de políticas públicas da coalizão no poder.

[52] Ao leitor interessado nos detalhes desse escândalo político ártico, sugiro a consulta ao site do *Anchorage Daily News* — <www.adn.com> —, tendo por referência o ano de 2007. Nas notas do início deste capítulo são mencionadas algumas dessas reportagens publicadas no *ADN*.

[53] No Brasil, além das políticas públicas já em curso, em meados de 2007 pôde-se vislumbrar como atrativo alvo de *rent seeking* pelo menos três bilionários projetos de investimento, alguns ainda em fase de idealização: a retomada do programa de usinas nucleares, em Angra dos Reis; os *balões de ensaio* da construção de um novo aeroporto em São Paulo e da ligação ferroviária expressa (*trem-bala*) entre Rio de Janeiro e São Paulo. Adicione-se a isso a possível característica institucional de que essas iniciativas talvez inaugurem a prática de parcerias público-privadas, em si mesmas uma classe de legislação que já mostrou exercer enorme poder de atração na mobilização de grupos de interesses privados (Monteiro, 2006).

Outra grande mobilização de interesses preferenciais é a alteração do *status quo* do mercado de TV por assinatura. O PL nº 116/10 (aprovado na Câmara dos Deputados) abre a possibilidade de as companhias telefônicas proverem serviços nesse mercado. É didático observar a intensa mobilização junto aos senadores de associações de radiodifusão (Abra), de programadores de TV por assinatura (ABPTA), de emissoras de rádio e televisão (Abert), de produtores independentes de televisão (ABPI-TV), de produtoras de audiovisual (APBA) e do Sindicato da Indústria de Audiovisual do Estado de São Paulo (Siaesp). Ver "Mais um debate. E impasse segue na TV por assinatura" (*Jornal do Senado*, v. 16, n. 3.362, 8 dez. 2010, p. 4).

[54] HB 109, extensa lei (texto de 38 páginas) sancionada em 9 de julho de 2007.

[55] Uma variante da "ficha limpa" política que passou a ser adotada em relação a candidatos a postos eletivos, como estabelecido no Brasil pela Lei Complementar nº 135, de 4-6-2010.

[56] Nem sempre o valor que se atribui às regras de transparência tem muito fundamento. Isso porque os mecanismos que tentam monitorar e retratar esse atributo podem ser complexos e passíveis de ser contornados. Uma detalhada evidência disso, fartamente ilustrada pelos mecanismos da Lei Sarbanes-Oxley de 2002, na economia norte-americana,

que estabeleceu a obrigatoriedade de que toda firma com ações em bolsa se paute por um transparente código de ética encontra-se em Rodrigues e Stegemoller (2010).

[57] Na citada HB 109, há provisões bem peculiares, como a que proíbe legisladores e funcionários legislativos em geral a "utilizar o gabinete privado do legislador [na capital do estado] durante uma sessão legislativa, e pelos 10 dias imediatamente anteriores e 10 dias imediatamente posteriores a uma sessão legislativa, com propósitos não legislativos, caso a utilização não interfira com o desempenho de obrigações públicas e caso não haja custo para o estado pelo uso do espaço físico e equipamento [...]". Uma regra de teor semelhante, já mencionada na seção "Economia da porta giratória", neste capítulo: a participação de deputados federais do Congresso dos EUA em reuniões de arrecadação de fundos, por ocasião de voto, no Congresso, de uma nova regulação do mercado financeiro (House Panel recommends 3 for further investigations, *The Washington Post*, 31 Aug. 2010). Ainda nos EUA, a adição de regras legislativas detém-se em situações inusitadas: a Câmara dos Deputados aprovou em 2007 a proibição a que esposas de candidatos a eleições federais constem da folha de pagamento de campanhas eleitorais. Pudera: entre 2001 e 2006, estima-se que cerca de 60% dos deputados federais gastaram US$ 5,1 milhões de fundos de campanha com pagamentos a parentes, empresas ou empregados de parentes (House backs barring political spouses from pay campaign, *The New York Times*, 24 July 2007).

Mesmo aspectos triviais da transparência da presença de lobistas nos ambientes do poder público são cogitados em propostas que têm sido feitas para lidar com o *lobbying* no processo político brasileiro: em março de 2011, o então controlador-geral da União sugeriu que os lobistas que circulam nesses ambientes deviam ser identificados por crachás (Governo engaveta regulamentação de *lobby*, *O Globo*, 13 fev. 2011, O País, p. 5).

Em outra frente, no estado de Nova York, em 2011, introduziu-se uma regra pela qual os legisladores estaduais (que atuavam sem dedicação exclusiva a essa função) deviam revelar ao público quanto ganhavam em seus negócios privados, assim como identificar seus clientes, inclusive sua clientela que mantivesse algum negócio com o estado. Ao mesmo tempo, disponibilizou-se um banco de dados do qual constavam todas as firmas e indivíduos que mantinham negócios com o estado — um modo trivial de *cruzar informações* (Albany money flows to clients of firms employing legislators, *The New York Times*, 13 June 2011).

[58] Em paralelo, anteriormente à EC nº 32, o status legal de uma política pública no formato de MP podia ser prorrogado indefinidamente, com ou sem alterações no texto da MP; após 2001, a disfunção passou a ser o forte condicionamento que a emissão de MPs produz no andamento das deliberações de deputados e senadores: o processo decisório da legislatura pode ser bloqueado por longos períodos pela existência de uma ou mais MPs na agenda legislativa, em seu limite de validade, o que reforça, por outro lado, a baixa produção de leis aprovadas no Congresso. Comparativamente a 1999-2002 (quando vigorou em quase todo o período o regime original do art. 62), 2003-2006 (já integralmente sob as regras da EC nº 32) apresentou uma atividade legislativa do Congresso 18,7% menor.

[59] Ver Reich (2007:19). Somente 13 anos após sua promulgação o art. 62 da Constituição viria a ser modificado.

[60] Ver Barilleaux (2006). Até 2001, as regras do art. 62 da Constituição eram suficientemente ambíguas, para incentivar a capacidade de o presidente da República legislar diretamente, por emissão de MPs; contudo, mesmo sob o regime da EC nº 32 (11-9-2001), remanesce muita flexibilidade quanto aos efetivos limites dessa capacidade e de suas consequências sobre a agenda do Congresso. Nesse ambiente, o presidente pressupõe que os demais agentes de decisão, especialmente legisladores (na coalizão e fora da coalizão majoritária) e o STF, aceitarão as políticas estabelecidas pelo Executivo, ou pelo menos aquiescerão a elas.

Um contraponto relevante a essa constatação na realidade brasileira dos anos 1990 diz respeito ao fato de que, na crise de 2008 na economia dos EUA, as operações de salvamento de firmas financeiras "essencialmente deixaram os tribunais fora da análise [...] não havendo nem uma única decisão judicial digna de nota" (Davidoff e Zaring, 2009:534).

[61] Essa regra tomou a forma da MP nº 207 (13-8-2004) e, mais adiante, da Lei nº 11.036 (22-12-2004).

[62] Em muitas dessas iniciativas, o entendimento de um privilégio do Executivo abre ou amplia um contencioso com o Congresso e o Judiciário (ver, em 2007, o caso da Agência Nacional de Aviação Civil [Anac], e, em junho de 2003, a disputa sobre reajuste tarifário que contrapôs o Ministério das Comunicações e a Agência Nacional de Telecomunicações [Anatel].

[63] Além da emissão de MPs, outro exemplo, que não é típico apenas do presidencialismo brasileiro (Kelley, 2006), é o processo orçamentário público, quando se torna substancial a flexibilidade com que o presidente da República reconfigura a lei orçamentária votada na legislatura e, assim, uma variedade de políticas públicas, em *timing*, conteúdo e intensidade.

Na atualidade, a ocorrência de crises induz a um sentido de urgência que, por seu turno, leva o presidente a fazer concessões a um leque mais amplo de políticos do que a sua estrita coalizão eleitoral. Por consequência, apesar de o Executivo ter melhor condição de acelerar a trajetória de mudança nas políticas públicas, os legisladores podem elevar seu poder de barganha junto ao presidente (Posner e Vermeule, 2011:13). Uma resultante nessa barganha se define pela ampliação da delegação de autoridade ao presidente.

No Brasil, um caso típico desse exercício de autoridade decisória é a negociação em torno da fixação do salário mínimo (Lei nº 12.382, 25-2-2011), no nível em que acabou sendo referendado pelo Congresso e, talvez mais importante ainda, pela aceitação quase pacífica de que, em 2012-2015, essa classe de regulação econômica seguirá uma fórmula de indexação que dispensa a consulta prévia ao Congresso, dando ao presidente o poder de emitir um decreto para formalizar o nível do salário-mínimo nesse período.

A propósito, uma conjectura que se delineia quanto a isso é que tal indexação poderá se tornar imprópria a valer a trajetória de elevação da taxa de inflação que se projeta em maio de 2011. Portanto, não se descarta a possibilidade de que o governo venha a neutralizar o impacto inflacionário dessa regra de atualização do salário-mínimo por alguma outra via menos transparente. O cancelamento puro e simples dessa regra de atualização enfrentaria o período vindouro de eleições municipais, o que pode acautelar a coalizão no poder quanto ao impacto negativo que isso possa ter na reação sindical e do eleitorado em geral.

[64] Afinal, os membros do STF formam um pequeno grupo de 11 pessoas, com *expertise* legal, mas sem capacidade institucional ou representatividade eleitoral para avaliar as consequências de política pública de suas decisões.

[65] São as ações das partes envolvidas que contam, e não a retórica do enfrentamento.

[66] Na verdade, a trajetória da crise contemporânea reconfigura a simplicidade com que muitas vezes se tem abordado a funcionalidade do sistema constitucional da separação de poderes. Afinal, esse sistema é um *substituto* da disciplina eleitoral a que governo e políticos em geral se submetem quando essa disciplina se mostra inadequada? Tal sistema atua de modo *complementar* à responsabilização por via eleitoral, ao ajudar a restringir a "folga" com que os políticos atuam? O cidadão-eleitor fica mais bem atendido quando um ou mais mecanismos institucionais operam articuladamente, ou quando há a *opção* de que departamentos de governo ajam em conjunto ou unilateralmente, como tanto se tem observado ao longo de 2008-2011? Essa nova linha de análise é desenvolvida em Posner e Vermeule (2011), Nzelibe e Stephenson (2010) e Davidoff e Zaring (2009).

[67] As decisões em jurisdições de comissões legislativas passam a ser comprometidas pela dimensão "judicial" de comissões de investigação e comissões de ética.

[68] Esse ônus institucional é tanto mais alarmante quando se considera o elevado grau de concentração verificado no mercado de mídia no Brasil. Incidentalmente, vale mencionar a delicada questão apresentada na proposta da Comissão de Valores Mobiliários (CVM), na fase de consulta pública, com o Edital de Audiência Pública nº 09-2007: em seu artigo 2º-A, a proposta regula "a atividade jornalística que envolve divulgação de opiniões ou recomendações gerais sobre evolução e tendências de mercado [de valores mobiliários] [...]". A seção "Mídia e *rent seeking*", no capítulo 4, retoma a discussão da participação da mídia nas escolhas públicas. Quanto à interferência da mídia na competição eleitoral, ver "Manifestações eleitorais do STF e do TSE" (*Estratégia Macroeconômica*, v. 18, n. 444, 25 out. 2010). Já quanto a propriedades do mecanismo de audiências ou consultas públicas, que vem tendo uso crescente na discussão de regulações setoriais, ver Prado, Silva e Yamaguchi (2011).

[69] Nesse aspecto, é peculiar a posição assumida pela Fiesp relativamente à renovação da validade da CPMF: esse grupo de interesses se pronuncia formal e intensamente contrário à vigência desse imposto; todavia, deixa em aberto sua posição quanto às possíveis decor-

rências de a União vir a perder uma receita anual de cerca de R$ 40 bilhões. Por certo, em tal circunstância, várias desonerações tributárias — que têm como beneficiária a indústria nacional — poderiam ser canceladas, de modo a restabelecer o ajuste fiscal.

[70] Isso ocorre com o mecanismo da MP: mesmo após a redefinição de suas regras de emissão, novos precedentes quanto ao seu uso vão sendo estabelecidos ao longo da prática legislativa. Essa linha de raciocínio conduz à conclusão de que a tendência do constitucionalismo de risco é de que assumir riscos implica assumir riscos *adicionais*, ou seja, a extensão da fronteira dos poderes presidenciais gera novos poderes presidenciais. É por essa ótica que se pode também pensar a significativa expansão do contingente do funcionalismo público, anunciada na apresentação da Proposta Orçamentária da União de 2008 (Orçamento do ano que vem prevê criação de quase 29 mil cargos, *O Estado de S. Paulo*, 4 set. 2007, Nacional, p. A4). Essa decisão expande diretamente a máquina do governo federal e *amacia* os demais departamentos de governo, uma vez que parte dessa provisão atende a interesses do Legislativo e do Judiciário. Mesmo o PAC, lançado em janeiro de 2007, uma política econômica de grande complexidade, dispensou negociação prévia com o Congresso: outra vez, pela forma legal adotada (MPs e decretos) e pela magnitude da iniciativa, o PAC levou o Congresso a também assumir uma posição reativa.

[71] Ao longo da execução do Plano Real, muito se arguiu contrariamente ao uso indiscriminado e crescente de MPs na instrumentação da estabilização de preços. Todavia, somente em 2001 é que efetivamente foram impostas restrições a esse peculiar poder legislativo.

[72] Em sessão do plenário do Senado, na madrugada de 13 de dezembro de 2007. O retorno da cobrança da CPMF voltou a ser ventilado na mídia ao término da eleição de 2010.

[73] Ruhl e Salzman (2003). Uma implicação dessa classe de questionamento pode ser notada no raciocínio inverso: por exemplo, a extinção da CPMF, como observado no longo impasse no Senado quando da tramitação da PEC nº 89-07. A supressão de regras tributárias altera a qualidade do próprio conjunto de regras do jogo de políticas? Não se trata apenas da causalidade de um maior (ou menor) número de regras sobre os custos mais (menos) elevados de obtenção de informações e implementação dessas regras. Há que considerar em que medida a inclusão (supressão) de um bloco de regras perturba o funcionamento de todo o conjunto de regras do jogo (Ruhl e Salzman, 2003:759). Haveria uma sincronia nesse conjunto, de tal sorte que cada regra é apropriada para operar dentro de determinada *configuração* de regras. Retomando o caso da CPMF: sua incidência guarda sincronia com outros segmentos da política fiscal, como as desonerações tributárias que beneficiam setores como o industrial e o exportador; desonerações essas que muitas vezes têm sido acolhidas no âmbito de outros impostos.

[74] Vez por outra essa questão vem à tona quando são apresentadas comparações internacionais, por exemplo, sobre o número de exigências feitas para se abrir ou fechar uma firma, o que, por seu turno, se reflete no tempo necessário para ter um ou outro resultado.

[75] Pelo menos desde meados de 2005, os escândalos políticos em Brasília têm estimulado o aparecimento de toda sorte de sugestões para tornar os políticos mais responsáveis em sua relação com o eleitorado. Uma atitude nesse sentido é a contemplada na LC nº 135 (4-6-2010), rotulada de "ficha limpa". Trata-se de estabelecer uma triagem prévia dos candidatos a postos eletivos, com o que se infere sua melhor vocação moral e ética em ser representante eleito. Contudo, a operacionalização dessa lei complementar acabou tendo consequências eleitorais surpreendentes. Apurados os votos do primeiro turno das eleições de 2010, ficou indefinida a sorte da preferência manifestada por milhões de eleitores, uma vez que seus candidatos eleitos puderam se apresentar para concorrer aos postos, porém poderão vir a ser impedidos de tomar posse, porque, *a posteriori*, podem ser considerados inelegíveis, segundo a interpretação final que seja dada às regras da ficha limpa. Assim, como fica a manifestação expressa dos eleitores que votaram a favor desses candidatos e a dos que, pelo excedente de votação, foram igualmente dados por eleitos? O que há de prevalecer: o ativismo político da mídia (que pretexta refletir a *opinião pública*) ou a vontade dessa fatia do eleitorado, ainda que apoiada em desinformação quanto ao sentido das regras eleitorais? A atitude inconclusiva do STF até antes da realização do primeiro turno das eleições de 2010 atuou como uma "luz verde psicológica", ao levantar impedimentos mais imediatos e incisivos para não se votar em determinados candidatos na urna de votação. Mesmo na deliberação de 27-10-2010 (aplicação da lei a quem tenha renunciado a cargo eletivo para evitar a inelegibilidade), o STF realizou uma reunião confusa, com três votações distintas, para concluir pela inelegibilidade de um candidato eleito para o Senado em 3 de outubro daquele ano. Porém, mais 12 recursos aguardavam deliberação formal análoga (Supremo segue TSE e decide que Ficha Limpa vale para quem renunciou, *Valor Econômico*, 28 out. 2010, Política, p. A10).

Por fim, em 23-3-2011, já com seu plenário integrado por seus 11 membros, o STF decidiu, com o voto de desempate do ministro estreante (Luiz Fux), que as regras da Lei da Ficha Limpa não se aplicavam às eleições de 2010 (Ficha Limpa será exigida para candidato só em 2012, *O Dia*, 24 mar. 2011, País, p. 28; Deputados já vivem clima de despedida na Câmara à espera de "fichas sujas", 24-3-2011, disponível em: <http://noticias.uol.com.br/politica/2011/03/24>).

[76] Mesmo em políticas produzidas por manifestações diretas da sociedade (referendo), pode-se notar essa mobilização diferenciada de grupos privados (Monteiro, 2007:114-115).

[77] Kydland e Prescott (1977) são um exemplo dessa revolução metodológica; em 2004, esses autores recebem o prêmio Nobel de Economia. Barro (1985) consolida essa visão analítica.

[78] Em certas políticas públicas (setor elétrico, mercado de títulos, vigilância sanitária), há o recurso às audiências ou consultas públicas que teriam por motivações (Prado, Silva e Yamaguchi, 2011:6): a) obter informações sobre o que pensa a sociedade quanto ao tema da política em questão; b) informar à sociedade da regulação pretendida; c) acolher "ideias

novas" e, assim, aperfeiçoar a escolha pública; d) atuar como frente de convencimento da sociedade; e) protelar decisões demandadas pela sociedade, que todavia não têm prioridade nas preferências dos *policy makers*; e f) aumentar o apoio em torno das ações sob consulta.

[79] A crise pôs em relevo uma instância da reforma na hierarquia de regras: os reguladores buscam estabelecer regras relativas ao capital dos bancos que tenham *validade mundial*. O Comitê de Supervisão Bancária, na Basileia, Suíça, coordena a introdução dessas novas instituições. Uma dessas regras é o aumento dos requisitos mínimos de capital e reservas líquidas dos bancos — triplica a quantidade de capital que os bancos devem manter em reserva (Regulators back new bank rules to avert crisis, *The New York Times*, 12 Sept. 2010).

Ao mesmo tempo, essa hierarquização de regras pode ser parte integrante da própria estratégia dos legisladores, quando estes decidem, primeiro, uma *moldura de regras* que, depois, deve ser harmonizada com as regras adicionais que eles próprios estabelecerão, ou que venham a ser criadas, por delegação, pelos burocratas. Um caso notório dessa possibilidade foi a reforma financeira (Wall Street Reform and Consumer Protection Act) aprovada em 15-7-2010 pelo Congresso dos EUA (e sancionada em 21-7-2010 pelo presidente Obama): a partir de uma lei que, na versão votada no Congresso, ocupa 2.300 páginas, a Câmara de Comércio dos EUA estima que devem surgir 70 novas regulações federais de proteção financeira ao consumidor, 11 novas regulações de seguro de depósitos, 30 outras no âmbito do Banco Central e 205 novas regulações, na alçada do órgão de valores mobiliários. Por igual, 533 novos *conjuntos* de regras devem incidir sobre indivíduos e pequenos negócios (Congress passes Financial Regulation Bill, *The New York Times*, 15 July 2010). Ver, a propósito, "Inferências sobre dois casos de *lobbying*", no capítulo 4.

Há que notar o entendimento especializado que muitas vezes se requer para que uma regra seja efetivamente operacionalizada: "as regras que governam o capital são secas e técnicas, um assunto que mesmo os banqueiros deixam para os especialistas, porém elas se tornaram a ferramenta mais importante que os governos [nacionais] utilizam para restringir e preservar as [organizações] financeiras" (Regulators seek global capital rule, *The New York Times*, 25 May 2010). Para um exemplo específico de hierarquia de regras, ver a figura 9, em "Uma implicação constitucional", no capítulo 2. Por outro lado, o ambiente institucional em que serão estabelecidos os desdobramentos operacionais, de elevado conteúdo técnico, da Lei de Reforma Financeira aprovada em 2010, projeta uma nova realidade de forças políticas em 2011, com os republicanos tendo forte expressão no Congresso dos EUA. É provável que muitas das regras dessa reforma acabem atenuadas, comparativamente ao sentido original com que se deu a aprovação da reforma (How to derail financial reform, *The New York Times*, 26 Dec. 2010, Editorial).

De todo modo, *em termos gerais*, a reforma financeira é uma classe de resposta que busca limitar a frequência e o tamanho de crises, acoplada a regras que permitam *bons acordos* nas operações de saneamento (Krugman, 2011).

Ainda relativamente ao caso dessa reforma, chamo a atenção do leitor para outra classe de considerações que sublinham a complexidade com que uma deliberação legal aprovada pode estar longe de se tornar um conjunto de regras que sejam efetivadas e passem a condicionar comportamentos dos agentes privados, como nas preferências expressas na legislação. No início de junho de 2011, portanto um ano após o Congresso dos EUA ter aprovado a nova regulação financeira, mais de 24 de suas regras ainda não foram implementadas. Tal atraso decorre tanto da extensão do período de consultas públicas aberto pelos órgãos reguladores quanto da própria resistência demonstrada por Wall Street e no Congresso. E mais: as novas salvaguardas podem ficar para depois da realização das próximas eleições, e assim os novos eleitos poderão deixar de lado tal implementação. Chocante, não? (Financial overhaul is mired in detail and dissent, *The New York Times*, 6 June 2011).

[80] Dado um conjunto de regras, o *timing* de sua implementação pode ser extremamente complexo, na medida em que haja diferentes desdobramentos de regras. Outra vez, tome-se a reforma financeira na economia dos EUA e os desdobramentos que se aplicarão a diferentes produtos financeiros, e os ainda por surgir nas variadas instâncias da burocracia. De igual modo, veja o leitor o cronograma das novas regras estabelecidas em 26-7-2010 pelo Comitê da Basileia, e que passam a reger o sistema financeiro global: algumas dessas provisões estendem-se de 2011 a 2017. Um exercício muito didático é a leitura do documento em que essas regras são sumariadas, disponível em: <http://www.bis.org/press/p100726/annex.pdf>.

No *timing* de uma regra inclui-se o *período de transição da regra*, espaço de tempo que permite observar, em condições reais, o funcionamento de procedimentos contidos na regra adotada, expondo os riscos e incertezas daí decorrentes. Uma ilustração desse argumento é apresentada em "Covering new ground in health system shift" (*The New York Times*, 2 Aug. 2010).

[81] Ver na seção "Um importante caso de mudança de regra do jogo", no capítulo 4, um didático exemplo em que uma mesma regra do jogo (financiamento público de campanha eleitoral no estado do Arizona, EUA) pode ser avaliada por critérios *antagônicos* por políticos e por juízes, o que, de fato, levou à posterior revogação dessa regra eleitoral.

[82] Uma perspectiva muito especial dessa estabilidade das regras decorre de pelo menos quatro atributos (Eskridge e Ferejohn, 2001:1216): a) a extensão em que a regra estabelece uma moldura normativa para as políticas públicas; b) ao longo do tempo, a integração da regra à escala de *valores* públicos; c) a promoção, pela regra, de relevantes condicionamentos e efeitos sobre a formação de outras regras e políticas; d) no longo prazo, o fato de a regra se revelar como norma ou solução de um problema social ou econômico originariamente tido por renitente. Um exemplo é o conjunto de regras da Lei de Responsabilidade Fiscal (LC nº 101, de 4-5-2000).

Uma variante desse atributo diz respeito à presteza com que a política passa a ser executada, por ter disponíveis *policy makers* qualificados em postos da hierarquia governamental em que essa política é sequenciada. Para um contraexemplo, ver as dificuldades encontradas na operacionalização da reforma financeira nos EUA, como mencionado ao final da seção "Inferências sobre dois casos de *lobbying*", no capítulo 4.

[83] Tal atributo pode fazer toda a diferença na efetividade de uma política. Sejam os dois seguintes casos: a) o esforço de investimento do PAC (2007-2010) — em que medida esse enorme volume de recursos é adequado para sustentar, por vários anos consecutivos, uma taxa de crescimento do PIB brasileiro acima de 5%?; b) no caso do Troubled Asset Relief Program (Tarp), nos EUA (3-10-2008), o valor e os procedimentos desse esforço de cerca de US$ 700 bilhões para o salvamento de setores-chave terão dimensão suficiente para promover a recuperação da economia nos próximos cinco a seis anos? E mais extraordinariamente: tal sustentação não poderia ocorrer, ainda que mantidas as regras do *status quo*, vale dizer, de todo, sem a adoção do conjunto de regras do Tarp? (Krugman, 2010; Lizza, 2009).

Nesses dois exemplos — e em toda política pública de grande envergadura — percebe-se como podem ser críticas as questões estratégicas de serem as novas regras *suficientes* e as mais apropriadas, comparativamente à manutenção do *status quo*, como já mencionado na introdução. Para uma *sintonia fina* desse atributo de uma regra do jogo, a seção "Relevância das instituições legislativas", no capítulo 2, menciona a extensão da nova regulação ao tema da proteção financeira do consumidor, em sua relação com os bancos.

[84] "Transparência *versus* sigilo", no capítulo 3, desenvolve esse atributo, relativamente a regras instrumentadas por medidas provisórias. Na seção "Porosidade das regras", no capítulo 2, é discutida a propriedade de *disclosure* de doações a campanhas eleitorais.

[85] Observa-se que, na crise de 2008-2010, as mudanças institucionais se processaram em *ondas*, com a adoção de novas regras, que iam sendo sucedidas por outras, que chegavam mais perto do objetivo final de retomar o crescimento econômico. Na economia norte-americana, em sequência à etapa de *socorro* (Tarp totalizando US$ 700 bilhões) ocorreram: no início de 2009, uma *primeira* etapa de estímulo, combinando programas de gasto público e desonerações de impostos, totalizando US$ 862 bilhões; um *segundo* estímulo, com a compra de títulos do Tesouro pelo FED (dezembro de 2010 a junho de 2011) no montante de US$ 600 bilhões e, uma *terceira* etapa de estímulo, com o pacote de corte de impostos, a vigorar em 2011-2012, totalizando US$ 801 bilhões (adicionado de US$ 57 bilhões da ampliação da vigência do seguro-desemprego por mais 13 meses). Uma contagem mais ramificada desses estímulos pode incluir cerca de US$ 500 bilhões em diversas operações menores e pontuais não discriminadas acima. Tal inclusão eleva o valor global do esforço para reerguer a economia dos EUA para US$ 3,4 trilhões (Stimulus price tag: $ 2,8 trillion: a trillion here, a trillion there, *CNNMoney.com*, 20-12-2010). A reportagem da CNNMoney não relaciona os já mencionados US$ 600 bilhões da compra de títulos do Tesouro.

No Brasil, o *socorro* acabou *confundido* com o primeiro estágio do estímulo (desonerações de impostos, expansão de financiamentos pelo BNDES, contenções da alta dos juros e da valorização do real). Levando-se adiante a perplexidade que a crise de 2008 causou nos meios acadêmicos e governamentais (ver introdução), essa sequência não é necessariamente intencional. Essa sequência diz algo de *ruim* sobre o processo político e não algo de *bom*: revela que se opera "sem uma clara teoria do que está errado na economia, ou de como repará-lo" (Klein, 2010).

[86] Esse é o ambiente em que se pode notar o "cipoal" legislativo que caracteriza a economia contemporânea. Em certas ocasiões, um único ato legal introduz considerável número de novas regras. Tome-se, por exemplo, a regulação financeira aprovada em 20-5-2010 pelo Senado dos EUA como um documento de 1.500 páginas (Senate passes Financial Regulation Bill, *The Washington Post*, 21 May 2010) e que, quando de sua aprovação final, chegou a 2.300 páginas — um "monstro legislativo", segundo um líder do Partido Republicano (Congress passes Financial Regulation Bill, *The New York Times*, 15 July 2010). A reforçar a elevada heterogeneidade das regras nessa reforma, ver, no capítulo 4, a seção "A complexidade das regras na reforma" e, complementarmente, a seção "Porosidade das regras", no capítulo 2.

A quantidade de regras de política econômica pode ser ampliada, uma vez que se considerem princípios, normas e posicionamentos que expressem preferências quanto a comportamentos desejáveis da parte dos *policy makers* — essas são "regras superficiais" (*soft rules*) que, não obstante, têm consequências políticas (Gersen e Posner, 2008).

Um interessante exercício didático é contrapor o tema aqui apresentado com o teor empírico (porém destituído de referência analítica) de "Justiça inócua: a cada dia, 18 novas leis no país" (*O Globo*, 19 jun. 2011, p. 3-4) e de "Justiça lotada, direito mais longo" (*O Globo*, 20 jun. 2011, p. 3).

[87] Por certo que as regras podem ainda ser diferenciadas por sua complexidade. Em termos empíricos, contraponha o leitor à regulação especificada na Resolução nº 3.446, do CMN, como tratado na seção "Uma regulação e seus impactos", no começo deste capítulo, com a que se estabeleceu nos EUA para controlar a concessão de bônus, em 2009, aos executivos das firmas norte-americanas, de modo a trazer esses bônus para os níveis praticados em 2007 (Federal report faults banks on huge bonuses, *The New York Times*, 22 July 2010). O *critério de sucesso* de uma e outra regulação envolve aferições mais — ou menos — elementares.

A propósito, considere o leitor a relevante (e largamente ignorada) questão da falta de lisura no comportamento de grandes firmas do mercado financeiro dos EUA ao longo da crise: até que ponto houve um esforço sistemático por parte de reguladores e procuradores do governo para apurar e punir comportamentos impróprios e ilegais dessas firmas? O leitor ficará surpreso de constatar evidências de que pode ter prevalecido o objetivo de "acalmar os mercados — o que poderia ser complicado por uma atuação muito firme da procuradoria-geral". Tais evidências são apreciadas na extensa e didática matéria "In financial crisis, no prosecutions of top figures" (*The New York Times*, 14 Apr. 2011). O Senado dos EUA liberou, em 13-4-2011, um relatório de 650 páginas, "Wall Street and the financial crisis: anatomy of a financial collapse", em que apresenta evidências de firmas e agências que "enganaram seus clientes e [o público em geral, no que foram] ajudados e encorajados por obsequiosos reguladores e agências de *rating* de crédito que tinham conflito de interesses" (Naming culprits in the financial crisis, *The New York Times*, 13 Apr. 2011).

Como contraponto, questões similares podem ser levantadas no Brasil quanto à reforma promovida pela MP nº 1.179, de 3-11-1995 (Programa de Estímulo à Reestruturação e ao Sistema Financeiro Nacional — Proer), e às privatizações dos anos 1990.

[88] Ver Shapiro (2009), Jordan (2000), Seidenfeld (1997) e McGarity (1992). A ossificação é associada a ineficiências de políticas que decorrem de obstáculos administrativos e legais a serem contornados, a fim de que as novas regras sejam implementadas. A ossificação do processo de produção de regras ocorre, por um lado, em razão da revisão judicial mais exigente de regulações emitidas pelos burocratas e, por outro, da preponderância de requisitos analíticos impostos às agências que emitem as regras. Em outros termos, é o tempo que decorre entre a proposta de um conjunto de regras e sua finalização: esse é o período de promulgação de uma regra. Em consequência, as unidades decisórias governamentais acabam por se restringir em sua capacidade de produzir regras, uma vez que o custo dessa produção se eleve e a quantidade dessa produção decline. Com a ossificação, o processo de produção de regras demonstra pouca efetividade e baixa eficiência.

A ossificação pode estar relacionada a exigências de licenciamento ambiental e a condições estabelecidas por tribunais de contas e que devem ser observadas mediante investimentos públicos (construção de aeroportos, hidrelétricas e estradas, extração de petróleo da camada pré-sal). A abertura de consultas públicas (notificação e comentários) para novas regulações do mercado financeiro pode também retardar a adoção de um conjunto de regras. Outro exemplo foi a alteração, em 2008, da emissão de MPs pelo STF, que tornou inconstitucional certa instrumentação da abertura de crédito extraordinário na execução orçamentária da União. Desse modo, comparativamente a 2007, o número de MPs dessa abertura de crédito se reduziu em três quartos ao final de 2008, e o total de MPs emitidas caiu 57%. Ver "Regras constitucionais pressionadas", no capítulo 3.

Uma consequência perversa da ossificação é que, em tempos de crise, as agências governamentais acabam revelando baixa produção e reduzida velocidade na feitura de regras.

[89] O governo Obama dispõe de uma unidade decisória específica para estruturar essa estratégia: o White House Office of Information and Regulatory Affairs (Obama to scale back regulations in effort to spur economic growth, *The Washington Post*, 26 May 2011). Uma expectativa quanto ao grau de *inovação* com que essa tarefa vem sendo cumprida está ligada ao fato de essa unidade ser chefiada por Cass Sunstein, um dos autores da "teoria do *nudge*" (Thaler e Sunstein, 2008). Detalhes sobre essa teoria aparecem no capítulo 4, em torno da figura 20.

[90] Ou: toda nova regra é um passo na direção de outra nova regra (Levmore, 2009:31).

[91] Ver Ruhl e Salzman (2003:783). Este último desdobramento é reconhecido na literatura de *public choice*: a conjectura é que, num ambiente de multiplicação de regras do jogo, os "especialistas" tornam-se indispensáveis, a ponto de terem preferências próprias quanto a essas regras e, em consequência, se converterem, eles mesmos, em um grupo de interesses, com atuação junto ao processo político, de modo a que essas regras assumam a melhor configuração relativamente a tais preferências.

[92] A política tributária traduzida por uma variedade de extensas medidas provisórias serve de exemplo dessa interação (Trivial variado, *Estratégia Macroeconômica*, v. 14, n. 358, 18 dez. 2006; A MP 232 e seu contexto institucional, *Estratégia Macroeconômica*, v. 13, n. 308, 17 jan. 2005; Ainda a nova política de desoneração tributária, *Estratégia Macroeconômica*, v. 13, n. 329, 7 nov. 2005).

[93] O peso legislativo do Executivo nas decisões do Congresso é inferido do volume de MPs, tomado como proporção da quantidade de leis aprovadas no Congresso, descontado o número de leis convertidas e de revogações de MPs. Em 2007, esse indicador era de 51,8%, comparativamente à média de 41% no período 2003-2006 (Monteiro, 2009).

[94] A PEC nº 50-07 (na Câmara, PEC nº 89-07) acabou rejeitada, como já citado.

[95] "Lula revoga medidas provisórias para votar prorrogação da CPMF" (*O Estado de S. Paulo*, 19 set. 2007, Nacional, p. A4). Essa é uma forma extemporânea, não vinculada ao teor de política pública dessas leis de interferir na geração de regras e, por extensão, no sistema constitucional da separação de poderes. Já do ponto de vista de todo o conjunto de regras, com essa revogação, temas de política pública tratados nas citadas MPs voltaram a ser regidos por regras que essas mesmas MPs já haviam alterado!

[96] Ruhl e Salzman (2003:763). Portanto, diferentemente do que se argumenta no debate nacional, há que ter melhor percepção do impacto da variação de regras de política, especialmente em relação a *todo* o conjunto de regras. Por essa perspectiva, pode-se considerar uma variedade institucionalmente mais rica de reformas de política e regulação econômica.

Uma dimensão desse mesmo problema de efetividade da regulação econômica que presumidamente pode envolver grande quantidade de regras vem sendo posta em evidência com os padrões de segurança e ambientais na exploração *offshore* de petróleo no golfo do México. Deve-se levar em consideração a relação crítica entre essa quantidade de regras e procedimentos regulatórios e o número de supervisores da respectiva agência de regulação. Com a evolução tecnológica, as firmas petroleiras puderam ampliar bastante sua atividade produtiva: o número de projetos em águas profundas, nos EUA, decuplicou entre 1988 e 2008. No entanto, o número de inspetores federais da Minerals Management Service (agência reguladora) cresceu apenas 13%. Na área do golfo, o total desse *staff* de supervisão das plataformas é de 62 empregados: sete técnicos a mais do que em 1985 (Increase in inspectors hasn't kept pace with boom in offshore US oil rigs and projects, *The Washington Post*, 10 June 2010, p. A01). Não surpreende, assim, que tenha ocorrido o desastre ecológico de abril de 2010, com a explosão e o afundamento de uma plataforma da British Petroleum.

[97] "Década após década, elas se sobrepõem como sedimento em um porto, retendo o país em densa regulação, insustentável atendimento de saúde e elevados níveis de impostos e dívida pública" (To cut the deficit, get rid of our surplus of laws, *The Washington Post*, 10 Dec. 2010).

[98] Um exemplo controvertido quanto à reforma do sistema de saúde nos EUA (2010) foi a decisão subsequente de uma instância judicial distrital, como apresentado em "Dream a

little dream: why the Cuccinelli Health Care win in Virginia matters more than you think" (Slate.com, 13-12-2010). Mais adiante, a nova composição da Câmara dos Representantes, de maioria republicana, ainda que simbolicamente derrubou a reforma da saúde em 19-1-2011 (House votes for repeal of Health Law in symbolic act, *The New York Times*, 19 Jan. 2011). Perceba o leitor que essa é uma classe de *custos* que pode estar associada à trajetória de uma política pública, ainda que tenha o status de uma *reforma*. A liderança republicana anunciou, ao mesmo tempo, que ofereceria alternativas à lei rejeitada. Ver também o caso de uma regra eleitoral adotada no estado do Arizona, EUA, tal como tratado na seção "Um importante caso de mudança de regra do jogo", no capítulo 4.

[99] Pressupõe-se um eleitor capaz de discernir e deliberar quanto ao que é melhor para a coletividade, evidenciando sofisticada percepção técnica (econômica) e filosófica (política).

[100] Esse tem sido um vago pressuposto nas receitas de reforma política: haveria um contingente ocioso de bons políticos prontos a assumir o comando do governo, e uma maioria de eleitores capaz de coordenar sua reação em torno da eleição desse contingente.

[101] Outra vez, essa é uma capacidade de informação substancial, pois focaliza virtudes pessoais dos candidatos em uma eleição.

[102] Essas consultas têm seus próprios vícios, como evidenciado na experiência da democracia norte-americana (Monteiro, 2007:124-127). No Brasil, o referendo mais recente (outubro de 2005), sobre produção e comercialização de armas, é exemplo de que esse recurso pode não neutralizar inteiramente os defeitos notados na intermediação dos políticos.

[103] O eleitor talvez nem se esforce para vencer a barreira institucional que o separa dos políticos, isto é, vote a esmo ou até se abstenha de votar (levando em conta o tamanho da punição que a legislação eleitoral possa lhe impor por essa abstenção). É nesse sentido — possivelmente muito restrito — que a análise do papel desempenhado pela ignorância política se sustenta.

[104] Ver Monteiro (2007:99-101); Somin (2004). Originariamente, o dilema contramajoritário pressupõe que a revisão judicial seja uma instância decisória de membros não eleitos (juízes) que se sobrepõe à vontade de uma maioria de representantes eleitos. Para uma evidência factual, ver "Rolling back a law born of Enron" (*The New York Times*, 26 June 2010). Considere o leitor uma sutil ilustração, *na direção oposta*, isto é, de sustentação da independência do Judiciário e do sistema de separação de poderes. Durante a arguição de uma indicada para integrar a Suprema Corte dos EUA, um senador propôs à candidata: "O que ocorreria se o Congresso votasse uma lei [estabelecendo que os cidadãos devessem] comer três vegetais e três frutas por dia?" A futura juíza respondeu: "Parece ser uma lei estúpida, [porém] penso que [o Judiciário] estaria errado se barrasse leis que sejam tidas pelos juízes como sem sentido apenas porque são sem sentido" (Kagan reminds senators: legislation is your job, *The New York Times*, 1 July 2010). Contraponha-se a reação contrária da mídia brasileira e mesmo de alguns juristas quando, em meados de 2010, diante da decisão do STF que livrou (primeiramente por liminar) alguns políticos condenados em

órgão colegiado dos rigores da chamada Lei da Ficha Limpa, LC nº 135, de 4-6-2010 (Vai "pegar"?, *Folha de S.Paulo*, 8 jul. 2010, Editoriais, p. A2; Ficha Limpa maculada, *O Dia*, 3 jul. 2010, Editorial, p. 14). Afinal, se a lei tem brechas inaceitáveis, a responsabilidade por essa característica da lei é do próprio Congresso. Em 17-8-2010, no entanto, o STF reafirmou que as regras da LC nº 135 seriam aplicadas, pelo menos em caráter liminar, já em 2010. Todavia, em 23-3-2011, o plenário do STF já completo com seus 11 membros deliberou, por seis a cinco, que as regras eleitorais da ficha limpa só serão aplicadas a partir das eleições de 2012 (Ficha Limpa será exigida para candidato só em 2012, *O Dia*, 24 mar. 2011, País, p. 28; Deputados já vivem clima de despedida na Câmara à espera de "fichas sujas", 24-3-2011, disponível em: <http://noticias.uol.com.br/politica/2011/03/24>).

[105] Somin (2004:1291). No caso brasileiro, o dilema contramajoritário encontra exemplo expressivo na capacidade legislativa alocada formalmente ao presidente da República, e se estende à alta gerência do Executivo.

[106] As regras constitucionais ficam mais bem-conceituadas como produção de muitas mentes, comparativamente a serem uma pura construção do nível mais elevado do Judiciário. A *mudança* dessas regras passa a não ser focalizada nas interpretações do STF, mas na deliberação dos representantes eleitos e, por implicação, dos próprios cidadãos (Ferejohn, 2010).

[107] Ver Yandle et al. (2007:18). O Executivo dificilmente recuaria em sua intenção de renovar a vigência da CPMF, uma vez que a Proposta Orçamentária da União para 2008 já havia sido apresentada ao Congresso. Por seu turno, o Congresso — no caso, os senadores — viu-se diante da decisão de reformular, ou não, substancialmente a previsão de receitas da União, o condicionamento da despesa pública e potenciais efeitos da decisão do cancelamento da CPMF sobre a transferência de receita tributária da União para estados e municípios. Esta última decorrência explica a cautelosa retórica partidária usada por estados e municípios, uma vez que mesmo a possibilidade de compensar a redução da alíquota de 0,38% da CPMF pela retenção mais elevada de receitas da União contrariava preferências orçamentárias de governadores e prefeitos.

[108] Ver a coleta de assinaturas (2007) em apoio a essa extinção, promovida pela entidade.

[109] E, assim, são bem mais flexíveis quanto à destinação dos recursos da CPMF. Os burocratas teriam uma "visão tubular" (Spence e Cross, 2000), no sentido de que focalizam sua própria agenda operacional, com a exclusão de outros objetivos de política.

[110] O envolvimento da mídia é explorado na seção "Mídia e *rent seeking*", no capítulo 4.

[111] Essa falta de convicção estável não impede que a mídia adicione um elemento-chave ao jogo: suas habilidades *empreendedoras* para atingir seus objetivos, que, em geral, faltam àqueles que professam ideais de liberalismo no que diz respeito à condenação da CPMF.

2

Sinalização institucional

Perda do poder de tributar e privacidade do cidadão

Passadas duas etapas do confronto entre a legislatura e o Executivo em torno da PEC nº 89-07 — a rejeição (13-12-2007) da renovação da cobrança da CPMF e a revalidação da DRU (Desvinculação das Receitas da União, EC nº 56, de 20-12-2007) —, havia muitas interpretações desse episódio, sendo a mais superficial a de tratar-se de um confronto ao qual se seguiria a cooperação ou a retaliação.

Concentradas em detalhes específicos e fatos avulsos, as análises sobre a extinção da cobrança de um imposto do porte da CPMF[1] deixaram de focalizar o *processo* que essa decisão do Senado Federal desencadeara. Poucas vezes houve ocasião de observar concretamente o que significa o *cancelamento* de uma política tão relevante no conjunto das escolhas públicas. Diante da decisão de uma maioria de três quintos de senadores, que optou pela rejeição da PEC nº 89-07, e da resolução do Executivo de sustentar o ajuste fiscal, a *política de reparação de danos* adotada tomou a forma de:

- aumento de outros impostos, substancialmente do Imposto sobre Operações Financeiras (IOF) para operações de crédito e da Contribuição Social sobre o Lucro Líquido (CSLL) incidente sobre o setor financeiro;
- cortes na despesa pública (de imediato, grandemente indeterminados).[2]

Quando uma supermaioria faz diferença

Coube à oposição no Senado focalizar a PEC nº 89-07 no que ela aparentemente era: um desdobramento da política tributária, ao retomar a bandeira normativa da alta carga de impostos na economia brasileira; porém, a retórica usada buscou obter ganhos eleitorais em 2008 e, por certo, em 2010. O governo soube usar a sintonia fina de tudo fazer para não abrir mão de um volume de receita tão expressivo, ao mesmo tempo que pretendeu passar a ideia de que, na essência, a nova política de investimentos (Programa de Aceleração do Crescimento, PAC) não seria prejudicada com a perda dessa receita.[3]

O episódio da rejeição da PEC nº 89-07 ilustra, sobretudo, como pode funcionar uma barreira constitucional de maioria qualificada; no caso, a regra de maioria de três quintos aplicada em quatro votações, duas em um processo decisório que reuniu 513 deputados e duas outras, com 81 senadores. Os primeiros, eleitos com horizonte de planejamento de quatro anos, por voto proporcional e representando redutos eleitorais relativamente compactos e, assim, mais homogêneos; já os senadores atuando sob a perspectiva de oito anos de mandato, obtido em eleições majoritárias, com menor acesso de concorrentes e com eleitorado pelo menos tão homogêneo quanto o dos deputados, mas possivelmente bem mais heterogêneo, uma vez que o mandato de senador incorpora a representação formal de todo um estado da Federação.

As regras constitucionais servem essencialmente para delimitar que as escolhas públicas operem em prol do interesse geral.[4] Contudo, quando se leva em conta a presença fiscal do governo, tal afirmação parece sem sentido: não só a despesa pública tem crescido, como a receita tributária tem alcançado níveis absolutos extraordinariamente elevados, ambas em relação ao crescimento do PIB. E mais: esse desempenho tem sido comum a governos de diferentes ideologias políticas e econômicas.

A diferença ideológica pode ser aferida pela maior ou menor propensão em que a expansão de gastos "em bens [...] que o público deseja, porém [que] o mercado não pode prover adequadamente, esteja sendo [comprimida] pelo gasto em bens que [...] meramente transferem recursos de um grupo [de interesses preferenciais] para outro. Assim sendo, o governo acaba por despender ainda mais e se afasta da promoção do interesse [geral] em suas decisões de gasto".[5]

Toda essa reflexão permite construir a sequência mostrada na figura 5, em que o resultado final é o condicionamento do crescimento econômico.

Figura 5. Implicações da presença orçamentária do governo

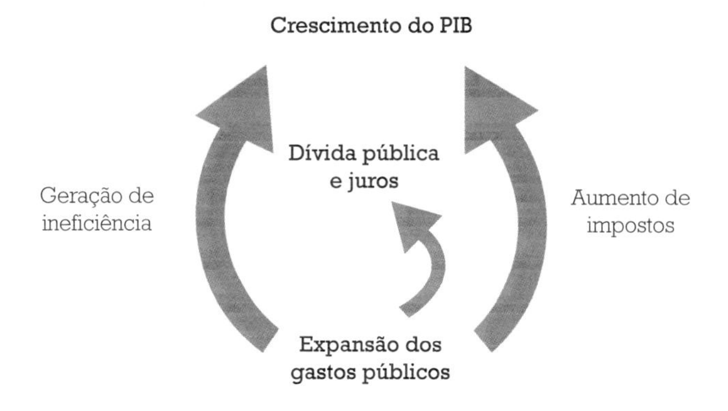

Reparação de danos e privacidade

Por outra perspectiva, a extinção da CPMF é um acontecimento institucional, no sentido de que não se refere tanto à realidade de *quem* decide, mas envolve substancialmente sobre o *que* se decide (Komesar, 1994:3). Muito mais do que uma decisão de indivíduos, trata-se de uma escolha complexa articulada no processo político, no mercado e no processo adjudicativo, em que a interação de múltiplos participantes molda o resultado final de política pública.[6]

Desde a rejeição da PEC nº 89-07, o ambiente em que essa escolha institucional transcorre pode ser ilustrado pela figura 6. A percepção desse evento, sob a moldura conceitual mostrada na figura, permite que melhor se avaliem as importantes e controversas decisões a que se expôs o governo ao estabelecer sua melhor estratégia para neutralizar a perda da receita da CPMF.

Tome-se o argumento de que a rejeição da proposta do governo teve a virtude de reduzir potencialmente a carga tributária que se elevou continuadamente ao longo dos últimos anos. Embora tal objetivo seja meritório e ingrediente de todo ajuste fiscal, isoladamente diz muito pouco sobre a decisão do Congresso e as possíveis repercussões no processo decisório mostrado na figura 6. O que acrescentou rigor a essa apreciação do novo ajuste fiscal foi precisamente a escolha a que esse ajuste veio associado: imersa em toda lei e política pública que materialize um objetivo macroeconômico está uma determinada instituição (Komesar, 1994:5). No caso em estudo, há que reconhecer se o processo adjudicativo do STF melhor atende ao interesse geral do que a decisão tomada no processo legislativo. A promoção do ajuste fiscal, pelo lado do corte da despesa pública, traz à cena a questão de ser o mercado (privatização, parcerias público-privadas) ou a regulação governamental o caminho mais apropriado para a promoção desse ajuste, comparativamente ao processo adjudicativo.[7]

Figura 6. O cancelamento da CPMF

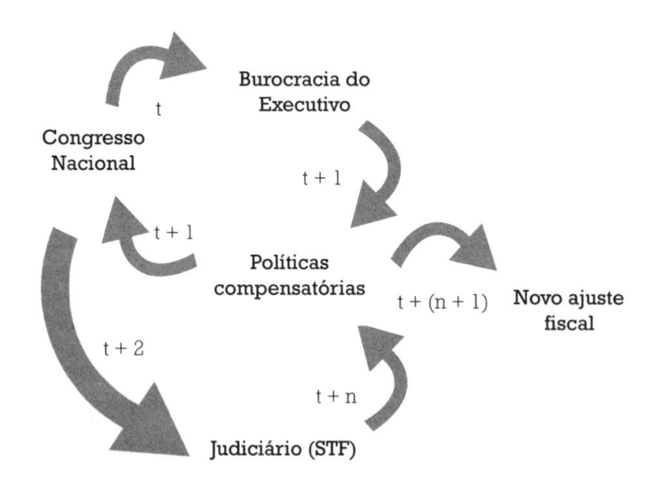

Essa argumentação enfatiza o cancelamento da cobrança da CPMF com o propósito de conter a carga tributária. No entanto, a CPMF sempre foi considerada pela perspectiva complementar de permitir à autoridade fiscal monitorar a intimidade financeira dos contribuintes.[8] Estes são tempos de grande e crescente intrusão governamental na vida do cidadão, de modo que muito provavelmente o governo, em uma segunda etapa, se dedicará a repor a janela que a CPMF lhe proporcionava para monitorar o contribuinte. De imediato, parece que toda a estratégia macroeconômica se resume a como o governo pode compensar a significativa perda de arrecadação.

Menciona-se também um possível atributo das regras das escolhas públicas: que elas podem invadir demasiadamente a privacidade do cidadão, permitindo que, por decisão política ou burocrática, o Estado regule discricionariamente o comportamento do cidadão, ainda que, para tanto, a retórica oficial enfatize valores de ampla aceitação coletiva.[9]

Os exemplos mais imediatos e recentes nas economias contemporâneas são a limitação ao livre trânsito dos cidadãos, por necessidades de segurança pública; a exposição de transações financeiras individuais, sob o argumento de detectar lavagem de dinheiro (arguido no caso da CPMF); e o monitoramento e a difusão de informações sobre doenças infectocontagiosas.[10] Com isso, o poder discricionário policial e fiscal dos governos é hoje incomparavelmente mais intenso e abrangente do que se observava há uma década. Nesse sentido, o fenômeno da intrusão governamental fica mais bem dimensionado quando se considera a variedade de novas frentes em que esse poder discricionário tem se manifestado.

Os três exemplos a seguir, trazidos da economia norte-americana, são bastante peculiares (e alarmantes) quanto aos rumos dessa intrusão:

- em 15-1-2008, um noticiário da televisão dos EUA mencionou uma questão de regulação que estaria em estudo: deveriam as companhias de eletricidade ser autorizadas a ajustar, segundo seus próprios critérios, os termostatos das residências dos cidadãos? A California Energy Commission propunha que se adotasse uma nova tecnologia que permitiria às empresas de eletricidade alterar a temperatura interna de uma residência ou edifício, por controle remoto, de modo a poupar energia, em prol do interesse geral;
- quanto ao controle das condições de saúde da população, vem sendo aperfeiçoado o Registro Obrigatório de Diabetes (ROD), estabelecido em 2006 pelas autoridades da cidade de Nova York. O foco dessa política é esse sistema de notificação (Krent, 2008:6-10). A favor da iniciativa,[11] listam-se a facilidade que daria aos médicos de seguir o progresso dos pacientes (e, assim, desenvolver estratégias de tratamento mais aptas) e, ademais, sinalizar aos próprios pacientes a importância de gerenciar sua condição de saúde;[12]
- em 12-2-2008, apesar do controle do Congresso pelo Partido Democrata, foi aprovada, por ampla maioria no Senado, a extensão dos poderes discricionários do governo de espionar conversas telefônicas nos EUA, concedendo inclusive imunidade legal às companhias telefônicas que cooperassem com tais práticas. Tudo em nome da segurança nacional.[13]

Em resumo: o fim da CPMF envolve muito mais do que um realinhamento da política orçamentária pública, suscitando também o tema do grau de condicionamento que o Estado contemporâneo pode exercer sobre as escolhas privadas.

O comportamento dos burocratas

Por vezes, as políticas públicas ficam em estado de *suspensão*, caso, encerrado o ano fiscal, a proposta orçamentária da União para o ano subsequente não tenha sido aprovada. Isso voltou a ocorrer em 2007 relativamente ao Orçamento de 2008.[14] Um aspecto relevante nesse fato foi a reação dos burocratas à prevista redefinição dessa proposta, da qual eles próprios foram os principais artífices.

Complementarmente às perdas privadas que os burocratas possam sofrer em razão dos inevitáveis cortes e contingenciamentos em políticas e verbas públicas, um segmento específico dessa burocracia (autoridade fiscal) está igualmente interessado em recuperar a peculiar capacidade que se perdeu com a extinção da CPMF: o poder de monitorar, em sintonia fina, a movimentação financeira dos contribuintes.

Tentando compensar parcialmente essa perda, a Secretaria da Receita Federal optou (IN nº 802, 27-12-2007) por disciplinar um mecanismo já existente (art. 5º da LC nº 105, 10-1-2001), mas que até então não tinha grande significado operacional, diante do automatismo das informações geradas pela cobrança da CPMF. A opção efetivada por via da citada instrução normativa da SRF foi qualitativamente distinta daquela estabelecida com a CPMF: a quebra de sigilo na movimentação financeira do contribuinte tinha por *guarda-chuva* uma regra constitucional; já o detalhamento que o *novo* mecanismo de quebra de sigilo habilita é definido por regras decorrentes do exercício do poder discricionário da própria gerência fiscal, mesmo dando sequência a outro tipo de deliberação do Congresso, a LC nº 105. No curto prazo, essa é uma janela de acesso seletivo, porém os burocratas saberão torná-la muito mais abrangente se assim preferirem.

Tão relevante quanto entender a adaptação do comportamento dos legisladores à nova realidade do sistema tributário sem a CPMF, é projetar a reação dos que operam a máquina governamental, uma vez que políticas e programas serão afetados em sua execução, assim como fica afetado o ganho privado que esses agentes públicos obtêm por sua singular posição no jogo de políticas. Singular no sentido de que, diferentemente dos políticos, os burocratas não passam por teste eleitoral e, por consequência, estão distanciados das cobranças dos cidadãos-eleitores.[15]

A decisão orçamentária do burocrata (*agente*) fica mais bem qualificada quando se entende que, da totalidade de recursos que ele consegue sancionar junto ao seu *patrocinador* (a classe política), sua capacidade discricionária desdobra-se em (Dunleavy, 2005):

- recursos orçamentários globais que efetivamente são alocados a uma determinada burocracia (ministério, secretaria, agência etc.);
- a parcela desses recursos que é apropriada pela burocracia receptora para uso próprio (custeio, por exemplo);[16]
- a parcela de recursos que o burocrata deve transferir a terceiros (outros segmentos da economia pública, ou mesmo consórcios privados).

Em pelo menos duas vertentes essas transferências podem assumir grande significado na construção da estratégia do burocrata. Primeiro, dependendo do tamanho e da visibilidade pública desse fluxo de transferências a terceiros, é provável que essa parcela de recursos orçamentários desempenhe papel muito significativo nas preferências do burocrata. Tome-se o caso do atendimento da Previdência Social: o segmento alcançado por essas transferências é de milhões de indivíduos, e os bons ou maus resultados obtidos nessa frente têm grande articulação com as demais políticas públicas a cargo de outros burocratas (no ajuste fiscal, por exemplo). Aí se formam estratégias de cooperação entre esses segmentos da organização pública que revertem para o bem-estar privado dos burocratas envolvidos. Por via indireta, portanto, essa parcela do orçamento da burocracia pode condicionar a primeira classe de decisões, na tipologia Dunleavy. Segundo, é por essa perspectiva que se pode entender como se estabelece a conexão dos burocratas com grupos preferenciais: afinal, as transferências operadas pela burocracia podem alcançar grupos privados suficientemente homogêneos em suas demandas e compactos em tamanho, de tal sorte que o mecanismo do *rent seeking* seja acionado.[17]

Ambiente da governabilidade

Na antevéspera da eclosão da crise em 2008, o debate nacional focalizava tópicos avulsos da trajetória da economia, como a valorização do real, o patamar da taxa de juros, o volume de investimentos do PAC, as deliberações mensais do Copom e a quantidade de emissão de medidas provisórias.[18] Nessa atitude há um efeito perverso que distrai a atenção para longe de duas características fundamentais dessa trajetória:

- os impasses gerados por regras do jogo que são, ao mesmo tempo, imprecisas e voláteis; e[19]
- a cultura institucional que tem na Constituição não o conjunto mais estável de regras do jogo de escolhas públicas, porém uma instância a mais, em que se pode sancionar ou não maiores poderes para o governo.[20]

Em outra vertente, a governabilidade tem sido relacionada à promoção de políticas de largo espectro ou reformas. Por seu alcance institucional e suas repercussões operacionais, uma reforma deriva sua racionalidade de um modelo de governo representativo. Afinal, são escolhas públicas que se formarão sob um conjunto de novas regras constitucionais e infraconstitucionais, condicionando extensamente as estratégias dos indivíduos em suas diferentes capacidades (contribuintes, consumidores, produtores, investidores etc.).

Tal é o caso do projeto de reforma tributária: a Exposição de Motivos nº 16/MF (26-2-2008), apresentada pelo ministro da Fazenda no encaminhamento da PEC nº 233-08 (reforma do sistema tributário nacional), arrola como objetivos da PEC a *simplificação* desse sistema, o *avanço* da política de desonerações tributárias, a eliminação de distorções causadas pelos impostos que possam prejudicar o crescimento da economia, seja por perda de competitividade nos mercados, seja pela indisciplina das relações tributárias na Federação (guerra fiscal).

Por fim, considere o leitor que o dia a dia de uma economia contemporânea mostra inúmeros exemplos de mobilização organizada de interesses preferenciais, ora tentando evitar que uma regulação governamental seja adotada, quando esta é adversa a tais interesses, ora na direção oposta, buscando viabilizar propósitos privados.[21]

Preservando as instituições representativas

A perspectiva da proteção do cidadão ante um Estado tão poderoso pode ser considerada avulsamente como o caso de esse cidadão ser o destinatário de uma política tributária que teoricamente lhe imponha menor carga efetiva de impostos. No entanto, na revogação da vigência da CPMF, pouca atenção foi dada à capacidade de o governo se compensar dessa perda de receita pelo corte equivalente de benefícios viabilizados pelo lado da despesa pública, ou pelo reforço de outras formas de arrecadação. Essa é uma qualificação relevante à interpretação de que a decisão do Senado Federal de não renovar a validade da CPMF teria sido "uma vitória da sociedade".[22] Muito pelo contrário, o efeito líquido da extinção da CPMF pode acabar sendo um aumento menos transparente da carga de impostos, com incidência líquida ainda mais danosa em sua distribuição por faixas de rendimento.

A consequência inevitável do efeito perverso mencionado é que ficam desabilitados arranjos institucionais que conferem legitimidade ao modo pelo qual as escolhas coletivas são estabelecidas. A principal ocorrência é a fragilidade da operação do sistema de separação de poderes. A governabilidade está associada à distribuição do poder decisório, primeiramente entre agentes públicos e, por consequência, afetando os processos decisórios privados. E mais: governabilidade diz respeito ao exercício do poder público de modo a viabilizar os principais resultados macroeconômicos *em um dado ambiente institucional*. No exemplo da PEC nº 511-06, esse sentido é bastante restrito; trata-se do disciplinamento de um poder já existente e que habilita o presidente da República a legislar intensa e frequentemente.[23]

Mas e quanto à preservação das instituições de governo representativo?

Tal perspectiva propicia a moldura para que se entenda o desregramento institucional que acompanha a trajetória da economia brasileira de longa data. A economia opera sob dois ambientes institucionais (Issacharoff, 2007:1):

- o governo representativo oferece a perspectiva de atender às preferências dos cidadãos-eleitores. As instituições viabilizam *prospectivamente* o acesso dos interesses das minorias, ao assegurar representação a todos os segmentos da sociedade;
- ao mesmo tempo, as instituições representativas são tomadas por sua habilidade em implementar a responsabilização (*accountability*), via cobrança

do governante por suas ações que venham a contrariar o interesse geral. Agora, *retrospectivamente*, tem-se a capacidade de as maiorias se configurarem e, desse modo, obrigarem o governo a antecipar e respeitar mudanças de aspirações políticas da sociedade.

A figura 7 (Monteiro, 2007:40) formaliza a distinção apresentada. Os resultados finais da política econômica (C) são produzidos por dois condutos: diretamente, pelas escolhas públicas processadas na interação do Executivo com o Congresso, dadas as regras ou instituições políticas (poderes que cabem a essas duas instâncias exercer). Esse é o jogo de política econômica propriamente dita (B), do qual resultam os indicadores macroeconômicos pela via (2). Complementarmente, em uma reforma ou política constitucional (A), as regras fundamentais que valem para a formulação da política econômica são, elas mesmas, variáveis e sujeitas a mudanças.[24]

Figura 7. Uma diferença de categoria nas escolhas públicas[25]

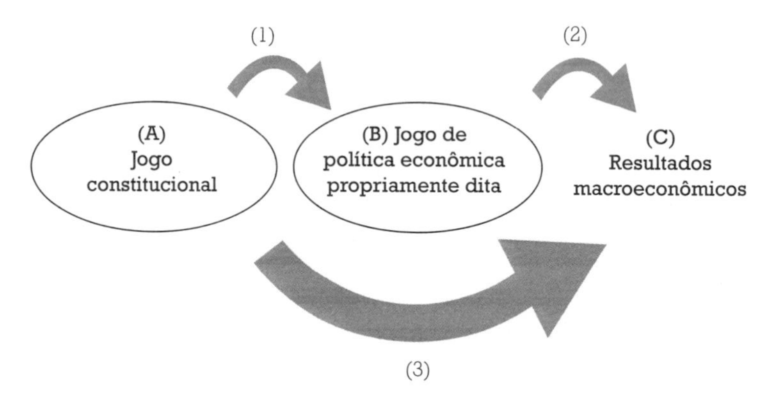

Tomemos a proposta de reforma tributária (PEC nº 233, 26-2-2008). O surgimento dessa política ocorre pelos condutos (1) e (2). Esse extenso conjunto de alterações no sistema tributário nacional altera regras constitucionais e, por essa via, recondiciona a política de ajuste fiscal operada em (B); ao mesmo tempo, parte dessas mudanças constitucionais gera, diretamente por (3), efeitos macroeconômicos, como o relacionamento fiscal entre os estados da Federação.

Já o caso das MPs, embora por vezes envolva alterações mais amplas no texto da Constituição (art. 62), como ocorreu em 2001, na discussão em curso em 2008 no Congresso dizia respeito a alterações na tramitação das MPs *internamente*, no Congresso. Esse é um condicionamento de governabilidade que se dá nos blocos (A) e (B) da figura 7. A instabilidade das regras do jogo (B) é agravada pelo fato de que mesmo o fluxo de mudanças de regras (1) mostra-se muito frequente e abrangente (Monteiro, 2007:176).

Na trajetória da economia brasileira, a emissão de MPs é o tema institucional mais recorrente. Entre 1990 e 2001, o crescente e sempre criativo uso desse recurso de feitura de leis alimentou farto debate político que, todavia, ficou restrito ao campo da retórica das forças de oposição nos governos Collor e Itamar Franco, e em boa parte do governo Fernando Henrique Cardoso.

As iniciativas dessas forças oposicionistas são, então, inconsequentes por duas razões:

- nenhuma proposta articulava o mecanismo das MPs com a totalidade do conjunto de regras constitucionais, muito especialmente com o sistema de separação de poderes; e[26]
- estratégica ou oportunisticamente, as oposições almejavam deter o mando do governo e, portanto, operar, elas próprias, o mecanismo de MPs.[27]

No começo de 2008, o tema das MPs retornou ao centro das atenções da classe política.[28] Dessa vez, o aspecto pontual que atraiu as atenções reformistas foi o efeito da emissão de MPs sobre o andamento dos trabalhos legislativos da Câmara dos Deputados e do Senado Federal.[29]

Progressivamente, as forças políticas perceberam que a estratégia de bloqueio aos trabalhos da legislatura podia ser utilizada em proveito próprio. As deliberações do Congresso passaram a ser intencionalmente postas sob tal condicionamento, em razão da quantidade e da oportunidade em que as MPs eram emitidas. Como o uso dessa classe de estratégias é do interesse de todas as forças na legislatura, as opções sob consideração envolvem não apenas a eliminação do trancamento de agenda, mas a *atenuação* desse trancamento, que passaria a valer por um período de tempo mais curto, ou mesmo ser não cumulativo, de vez que, pelas regras ainda válidas em 2010, ao trancamento da agenda dos deputados segue-se o trancamento da agenda dos senadores.

O contexto de uma reforma tributária

O sistema tributário tem sido tratado como bloco isolado de regras, pouco importando se o governo articula tal poder de tributar com outras formas de poder, tais como regular a economia e dispor de substancial arbítrio na feitura de leis.[30] A iniciativa, como em outras ocasiões (por exemplo, a EC nº 32, 11-9-2001), apoia-se em uma concepção inespecífica das capacidades exercidas pelo governo em todo o sistema econômico: no caso da PEC nº 233-08, da capacidade do governo de se apropriar de renda e patrimônio de agentes privados.

Contrariamente, o governo pode ser considerado uma fonte estabelecida para exercer demandas sobre todos os fluxos de caixa na economia nacional: tal poder aloca ao governo um peculiar conjunto de direitos sobre todos os fluxos de caixa de todas as entidades geradoras de renda, poder esse não compartilhado por suas contrapartes do setor privado.

Em sua atividade de coletar impostos, o governo se assemelha a um investidor (Macey, 2006): investe em todas as atividades desempenhadas por indivíduos e firmas e, assim, obtém suas receitas. Diferentemente do investidor privado, no entanto, o governo não aporta formalmente capital (sentido habitual em que se pensa um investidor), sob a forma de dívida ou de ações, a essas atividades das quais extrai suas receitas. O governo não só retira riqueza da economia privada (por meio de tributação e regulação), como também pode contribuir para o crescimento das atividades privadas, sustentando a implementação de contratos e criando um ambiente institucional estável.

É nessa moldura analítica que se oferece uma ambientação alternativa à reforma tributária, ou seja, em uma democracia representativa, como se desenvolve a habilidade dos cidadãos de controlar a expansão do governo e da economia pública em geral?

Há que estabelecer condicionantes à política tributária, sendo isso (Macey, 2006:34):

- consistente com a concepção contratual-constitucional de Estado, em que o poder governamental é compatível com os direitos individuais e mesmo expande os interesses dos cidadãos;
- e legítimo, ao limitar o poder de tributar, bem como a habilidade de o governo promover mudanças extemporâneas nessa sua capacidade de exercer demandas residuais.

Nessa perspectiva, percebe-se que uma reforma tributária fundamenta-se na questão de *como* estabelecer novas regras constitucionais que restrinjam a habilidade — aparentemente ilimitada — de tornar o poder de tributar um poder predatório (Macey, 2006:34), ou seja, a extensão em que o governo confisca renda privada, devendo ser a ele negado ter conduta vedada aos demais investidores. Por exemplo, alterar as regras de acordos em vigor, quando a atividade contratada já está em curso. No caso de impostos, tal estabilidade de regras é essencial à proteção das liberdades econômicas dos cidadãos. Por via de consequência, "reconhecer o Estado como um investidor apresenta um desafio fundamental para a democracia" (Macey, 2006:3).

Ao mesmo tempo, a visão de governo-investidor se aplica apenas se a natureza das demandas do governo sobre os ganhos dos cidadãos for tida como razoavelmente precisa e específica. Essa demanda residual — tal como as de um acionista — tem a correspondência de maior arrecadação quando os ganhos dos contribuintes são mais elevados, e menor arrecadação quando esses ganhos declinam e, ainda, nenhuma arrecadação quando tais ganhos caem a zero. De igual modo, diferentemente das demandas de acionistas, as demandas do governo são recorrentes: nada há de similar à troca de distribuição de dividendos por reinvestimento de lucros; o governo não permite tal discricionarismo aos contribuintes.

Pontos de acesso de *lobbying*

O tema de grupos de interesses é pouco frequente no debate econômico no Brasil. Quando muito, aparece como subproduto de considerações mais amplas sobre corrupção política ou padrões de conduta ética no serviço público e, muito superficialmente, na adoção de regras eleitorais.[31] Portanto, é necessário dispor de um enquadramento conceitual e analítico mais rigoroso desse fenômeno. O estudo comparativo do que se tem feito em termos de legislação restritiva da ação de grupos privados, especialmente na economia dos EUA, oferece bom aprendizado.[32]

Nos últimos anos, a teoria econômica tem avançado no estudo da decisão de organizações privadas, em suas atuações junto ao processo político e aos burocratas do Executivo, na intenção de melhor acomodar seus interesses preferenciais. Preliminarmente, o problema de decisão do grupo de interesses se desdobra em duas etapas ("modelo de troca de recursos"):

- determinar o valor do investimento global do grupo, de modo a viabilizar que o objetivo do grupo seja atendido pela política governamental em curso ou a ser adotada; e
- alocar esse investimento segundo diferentes mecanismos institucionais (*lobbying*, financiamento de campanhas eleitorais, apoio político em geral e uso de espaço na mídia).[33]

Há que entender uma variedade de questões subsidiárias, como: por que o grupo de interesses opta por fazer *lobbying* junto aos políticos e não junto aos burocratas (e, eventualmente, junto ao Judiciário)? Ou, ainda, como se dá a combinação desses caminhos institucionais? Como as estratégias adotadas por outros grupos (concorrentes ou aliados) determinam essa escolha do caminho institucional?

Com a segmentação decisória trazida pelas agências nacionais de regulação, é de supor que o *lobbying* tenha se redirecionado substancialmente para essa esfera de ação do governo, pois é por meio do processo decisório da agência específica que se definem regras e procedimentos que alcançam os agentes privados em um dado mercado. De todo modo, a forma pela qual opera o sistema de separação de poderes e a descentralização decisória de políticas públicas oferece inúmeros pontos de acesso ao grupo de interesses no encaminhamento de suas demandas.[34] Uma visão simplista da mobilização de interesses organizados é que os grupos privados fazem *lobbying* junto às instâncias a que tenham melhor acesso. Contudo, essa escolha é mais complexa: a competitividade entre grupos também molda as expectativas de ganhos e perdas em um dado caminho institucional e, portanto, a decisão de *onde* fazer o *lobbying* deve ser considerada com maior atenção. Nessa ordem de considerações, pode-se acrescentar ao problema de decisão do grupo de interesses, como tratado anteriormente (modelo de troca de recursos), outro estágio (Holyoke, 2003; Naoi e Krauss, 2007): por qual desses pontos de acesso (caminhos institucionais) o grupo decide empreender sua atividade de *lobbying* e por que critérios e com que intensidade o grupo opta por combinar ou intercambiar esses caminhos em sua estratégia no jogo de políticas públicas? Essa vertente permite entender como os grupos de interesses — em formato organizacional e tamanho — definem substancialmente estratégias de *lobbying*, de vez que estas aparecem associadas a diferentes habilidades de monitoramento e operacionalização de contratos com os agentes públicos (legisladores e burocratas), e de eventual punição, caso esses agentes falhem nesse atendimento. O esforço de *lobbying* dos demais grupos voltados para o mesmo tema de política leva a que um dado grupo de interesses selecione mais atentamente o caminho institucional. O grupo pode evitar caminhos em que outros grupos já sejam fortes e passar a se engajar em táticas de *lobbying* de baixo custo, em caminhos em que as pressões por parte de seus integrantes e de legisladores demandem que se faça *lobbying*, porém as perspectivas de sucesso sejam pequenas.[35]

O que é relevante nessa extensão da análise da interação de interesses e governo é o enquadramento do *lobbying* como troca e implementação de contrato entre grupos de interesses e formuladores de políticas públicas. O fato de tais grupos serem descentralizados ou centralizados afeta a escolha do encaminhamento das demandas do grupo junto aos legisladores ou aos burocratas, porque isso está associado a diferentes habilidades do grupo em monitorar e implementar a troca de benefícios de políticas públicas por apoio político.[36]

De modo geral, entende-se o *lobbying* como trivialmente atuante em temas de políticas específicas (agricultura, comunicação, planos de saúde etc.). O *lobbying* também está associado às próprias características organizacionais dos grupos de interesses, vale dizer, à extensão em que esses grupos são mais ou menos compactos ou centralizados. Por essa perspectiva, um estudo empírico referente à economia japonesa aponta que essa é uma variável relevante na resposta a que variante de *lobbying* será escolhida pelo grupo: atuar diretamente junto ao processo político (legisladores) ou junto ao processo gerencial público (burocratas). Sistemas eleitorais que representam interesses locais induziriam a um padrão de *lobbying* descentralizado, enquanto uma representação eleitoral mais ampla encorajaria ações centralizadas por parte desses grupos (Naoi e Krauss, 2007:30). Portanto, a escolha de estratégias do grupo de interesses incorpora o ambiente institucional, ou seja, a decisão de *lobbying* reflete o sistema político-eleitoral. Pura constatação acadêmica? Por certo que não.[37]

Mudanças e equívocos

O 2º semestre de 2008 — quando eclodiu a crise econômica mundial — teve início com importantes desdobramentos na economia brasileira: uma possível alteração nas regras constitucionais que tratavam da inelegibilidade do governante em final de segundo mandato, a formalização de uma ampla política industrial e a declaração de inconstitucionalidade de uma medida provisória que liberava créditos extraordinários ao Orçamento da União.[38] Ao mesmo tempo, observou-se quanto era difícil caracterizar o fenômeno da governabilidade democrática nas complexas economias contemporâneas. Isso, primeiramente, pelas dificuldades inerentes à delimitação da formação e à operacionalização de políticas públicas, e também pela cobrança de responsabilidades que pode ser exercitada pelo eleitor, uma vez detectados desvios significativos na provisão de políticas relativamente ao interesse geral. A emissão de MPs apresenta características muito singulares, que geram sérias disfunções, especialmente pelos condicionamentos impostos à separação de poderes. As disfunções causadas por esse mecanismo de emissão de leis às instituições representativas podem ser observadas mais detalhadamente com base em uma recente *teoria de ameaças legislativas*.[39]

Três escolhas públicas

Obedecendo à ordem cronológica de sua entrada no debate nacional, as escolhas públicas já mencionadas podem ser assim analisadas:

- ainda que em fase de *balão de ensaio*, prosperava a ideia de que, a depender do resultado das eleições municipais, uma "PEC do terceiro mandato" poderia ser formalmente apresentada no Congresso;[40]
- em um comprometimento formal que envolvia um *bloco* de escolhas que combinavam atendimentos preferenciais variados, o governo apresentou[41] a definição e a operacionalização de uma "nova política industrial" ou, mais estranhamente, de uma "política de desenvolvimento produtivo", segundo a terminologia oficial. Com tal configuração, não surpreendeu a grande receptividade demonstrada pelos segmentos mais relevantes da indústria brasileira, pois os benefícios associados a essa política totalizariam cerca de R$ 250 bilhões em três anos;[42]

- em decisão de 14-5-2008, o Supremo Tribunal Federal limitou adicionalmente o uso do mecanismo de emissão de medidas provisórias: à margem da consideração de uma ação de inconstitucionalidade (ADI nº 4.048) quanto à MP nº 405 (18-12-2007), convertida na Lei nº 11.658 (18-4-2008), ficou estabelecido que o governo não poderia mais emitir, com tanta flexibilidade, MP que abrisse crédito extraordinário ao Orçamento da União.[43]

Para tanto, a deliberação do STF impôs a estrita observância do caráter de imprevisibilidade e urgência do gasto público, como estabelecido na regra constitucional (art. 167, §3º). Em outras palavras, a abertura de crédito extraordinário só seria admitida para atender a despesas decorrentes de guerra, comoção interna ou calamidade pública. A decisão do STF deferindo medida liminar não foi tão tranquila: a votação foi de seis votos a favor e cinco contrários. Mesmo o atraso da aprovação da proposta orçamentária da União foi arrolado como atenuante para justificar a emissão de MP para liberar créditos extraordinários. Porém, o fato é que a decisão do STF tem importante significado para a execução de políticas públicas.

Contudo, a decisão do STF não é senão um *remendo* constitucional, uma vez que o processo orçamentário da União tem sido, de longa data, um conjunto de procedimentos constitucionais continuadamente viciados. O que tem ficado oculto sob o eufemismo do debate "orçamento indicativo *versus* orçamento impositivo" é, na verdade, o fracasso da classe política em fazer valer a escolha orçamentária do Congresso Nacional. Embora defensável de um ponto de vista administrativo-gerencial, a ocorrência de um orçamento público implementado na melhor conveniência das preferências conjunturais dos burocratas do Executivo é um fator de desagregação constitucional.[44]

Economia e instituições

Diante da intermediação que se interpõe entre um segmento definido no conjunto de cidadãos-eleitores-contribuintes (*patrocinador*) e o detentor do mandato eletivo (*agente*):

- é uma quimera pensar-se que mesmo o mais hábil eleitor possa detectar desvios em relação a promessas eleitorais, bem como sinalizar com precisão seu descontentamento com determinado político ou partido político;

- há um incentivo a que os representantes eleitos atuem sofisticada ou estrategicamente, criando uma *cortina de fumaça* entre eles e suas bases eleitorais e, assim, distorcendo ainda mais a percepção do efetivo comportamento do político.

Em outras palavras: há dificuldades para determinar "*de que modo, quem* deve e *por que motivo* ser responsabilizado *perante quem*", e mesmo o reconhecimento dessas quatro dimensões deixa intocada a questão do que significa, para um indivíduo ou uma instância decisória, "ter responsabilização" (Philp, 2008:1).

Uma possibilidade para explorar o real significado da governabilidade democrática em uma economia do mundo real é definir a responsabilização separadamente do arranjo institucional, uma vez que, embora a responsabilização possa ser virtuosa para os valores democráticos, isso não precisa necessariamente se dar.

Uma contribuição recente nesse sentido considera que um político P é passível de responsabilização relativamente à ação de política pública A quando algum eleitor E pode exigir que P o informe (ou justifique) sobre sua conduta no processo decisório público relativamente a A (Philp, 2008:5). No entanto, essas ações de política pública podem ter significados distintos para diferentes eleitores, mesmo porque quase sempre tais políticas são providas *em bloco*. Uma parte desse bloco pode atender às preferências de um segmento do eleitorado, enquanto outra, não; portanto, não se pode ter um tipo de atendimento sem ter de aceitar, ao mesmo tempo, o outro. Ademais, a origem dessas políticas pode não ser tão facilmente identificada na economia pública:

- com a extensão em que se opera o mecanismo de parcerias público-privadas, por exemplo, muitas das ações concretas de política pública resultam de processos decisórios *privados*, como consórcios que operem uma rodovia, um projeto de irrigação ou um complexo hospitalar;[45]
- outro condicionamento à habitual extensão da teoria agente-patrocinador no entendimento da governabilidade e da responsabilização decorre da hipertrofia do sistema de separação de poderes.

A economia brasileira é o mais notável caso desse fenômeno.[46] Ainda que os legisladores se envolvam na aprovação de MPs — na etapa final de sua tramitação no Congresso —, isso ocorre sob limitada autonomia decisória. Eles podem chegar a reivindicar parte do sucesso de uma MP ou da política pública a ela associada, quando na verdade podem ter tido um papel passivo no processo. Qualitativamente, a iniciativa presidencial de emitir MPs pode ser ainda mais perversa para o desempenho do agente (o legislador) perante seu patrocinador (seu reduto eleitoral): a MP, quando aprovada, ocorre sob a circunstância de um processo legislativo que pode apresentar longas lacunas decisórias, uma vez que, pelas regras atuais (pós-setembro de 2001) do art. 62 da Constituição, o mecanismo de emissão de MPs pode bloquear a agenda decisória da legislatura por semanas a fio.

Conteúdo de ameaça legislativa na medida provisória

Contrariamente ao conhecimento convencional, pode-se argumentar que a *ameaça* do Executivo de legislar — muito mais do que a emissão da MP em si mesma — pode exercer papel extraordinariamente importante no controle do comportamento não só da legislatura, mas também dos agentes privados.

A tipologia Halfteck (2008) abrange três categorias de ameaças legislativas:

- *explícitas*. Essa categoria envolve a comunicação formal de uma ameaça sem qualquer ambiguidade: diante da tramitação de um projeto de lei que esteja em desacordo com as preferências da alta gerência econômica do Executivo, o presidente da República ou algum de seus porta-vozes pode, por exemplo, anunciar a intenção de atalhar essa tramitação com a emissão de uma MP.[47] A consolidação de um mecanismo pelo qual essa ameaça se materializa *ex post* também constitui uma ameaça explícita à qual o Congresso deve se adequar: as MPs de liberação de créditos extraordinários ao Orçamento da União — recurso recém-atenuado por decisão do STF[48] — fornecem um desses exemplos de ameaça legislativa que as MPs viabilizam no jogo de escolhas públicas. Há nessa ameaça certas peculiaridades: o presidente da República e, portanto, os burocratas sinalizam com informação substancial e objetiva, revelando seu interesse em controlar a trajetória do fenômeno em questão (alocação orçamentária, por exemplo), assim como o desempenho em termos de interesse geral que será prejudicado caso o comportamento desejado não seja alcançado;[49]

- *implícitas*. Diferentemente da categoria anterior, uma MP pode não ser de todo emitida, mas ainda assim promover efeitos relevantes.[50] Aqui, o grau de comprometimento público com determinada preferência é bem mais fluido. No caso citado, a ameaça era vinculada tão somente ao rápido desempenho da legislatura e ao sentido social que se teria com a ativação de projetos de investimentos com consórcios privados. Em consequência, há uma margem de incerteza sobre como o Congresso pode se alinhar com as preferências do Executivo. De todo modo, a ameaça implícita pode ser contraproducente por condicionar a reputação do Executivo em levar adiante sua resolução de editar a MP.[51] Na longa trajetória das MPs, tem-se usado a ameaça implícita de modo a evitar as repercussões políticas que uma ameaça explícita pode promover, mesmo junto às forças governistas no Congresso, ao reforçar o argumento de que há um uso excessivo de MPs. Levando em consideração todas essas qualificações, é razoável supor que, na atualidade, as ameaças implícitas se incorporam mais facilmente à estratégia de uso de MPs, comparativamente às ameaças explícitas;
- *antecipatórias*. Uma das consequências da longa operação do mecanismo da MP, e da variedade de circunstâncias em que dele os burocratas têm lançado mão, é que ainda que não haja *ameaças* quanto à emissão de MPs, sempre há a possibilidade de que as MPs sejam consideradas um recurso na instrumentação das escolhas públicas futuras. Tais ameaças "surgem como antecipação probabilística de que [o governo] venha a fazer uma ameaça, em algum ponto do futuro. Analiticamente, esse risco inclui tanto ameaças potenciais quanto legislação adversa potencial que venha a ser acionada sem o recurso [formal] a ameaças" (Halfteck, 2008). O risco é tanto maior quando se observa a facilidade com que o Executivo tem tido sucesso em paralisar deliberações legislativas pura e simplesmente manobrando com a cronologia da emissão de MPs: as lideranças no Congresso podem aquiescer aos objetivos do Executivo por considerar ser necessário manter ativada a votação de projetos autonomamente surgidos na legislatura ou a ela encaminhados pelo Executivo.

Disfunções de processo

Tomemos as duas seguintes dimensões de escolhas públicas:

- o design institucional, que pode contribuir para dar sustentação à política pública. O exemplo mais citado é o de uma agência reguladora que, sob regime de independência decisória, pode ser mantida isolada do poder político para os efeitos mais importantes da definição e da execução de suas estratégias no jogo de escolhas públicas. Contudo, é igualmente conhecido o contra-argumento de que esse *insulamento*, relativamente aos agentes (atuais e futuros) que detenham mandato eletivo, pode abrir oportunidades para que interesses privados organizados obtenham vantagens em condicionar o processo decisório da agência independente.[52]
- a forte interferência governamental nos mercados de bens e serviços, um dos elementos mais notáveis da trajetória de muitas economias contemporâneas.[53] Essa interferência parece não se abater, muito pelo contrário, se reforça a cada momento. Isso é perceptível não só nos *resultados* finais alcançados nas economias nacionais (como tamanho da dívida pública e carga de impostos), mas especialmente nos *processos* em que se sustentam tais resultados macroeconômicos. Igualmente, toda a questão do *âmbito* do Executivo é de grande atualidade, mesmo nas economias do Primeiro Mundo.[54]

Autonomia decisória

Um exemplo da interação de instituições e autonomia decisória dos *policy makers* é a regulação de tarifas bancárias, e também a manutenção de altas taxas de juros, que atendem às preferências dos bancos comerciais privados e de seu cartel político, a Febraban. A interação de grupos privados com a agência reguladora do segmento de atividades revela-se socialmente perversa, de vez que o design institucional filtra interesses preferenciais, viabilizando as demandas dos *politicamente fortes*.

A figura 8 ilustra essa causação (Reenock e Gerber, 2007:416), com os sinais (+) e (−) indicando, respectivamente, maior e menor influência.

Figura 8. O modelo Reenock-Gerber: insulamento político do burocrata

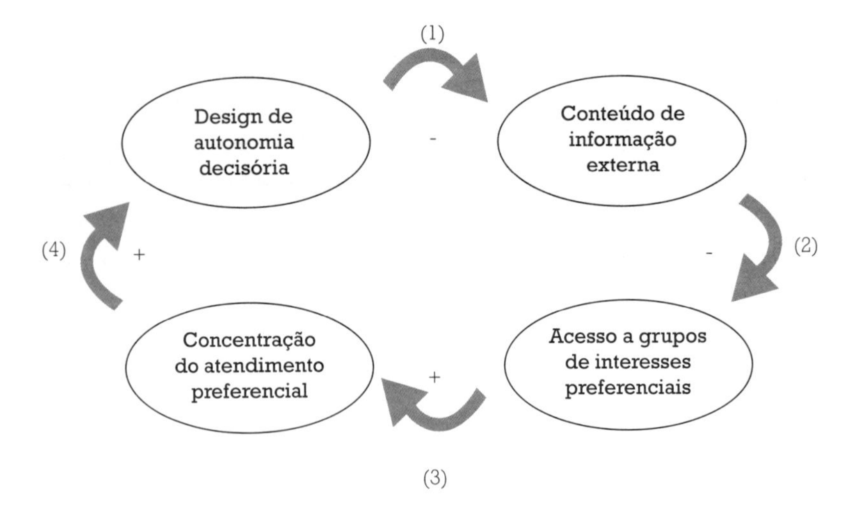

Mas há aspectos virtuosos na conexão de unidades decisórias públicas e grupos privados: os agentes privados são uma fonte potencial de informações técnicas de alta qualidade providas aos reguladores, além do que esses agentes podem disparar "sinais de alarme", caso o monitoramento das políticas por parte da agência governamental seja deficiente, o que pode concorrer para aumentar a efetividade e a credibilidade das políticas operadas pela agência.

Esse é o *paradoxo da autonomia* (ou do insulamento): a tentativa de minimizar ou eliminar influências que comprometam a autonomia decisória dos agentes reguladores pode acabar restringindo o conjunto de informações em que se baseia o processo decisório dos reguladores (implícito na causação (1) da figura 8), e assim gerar escolhas públicas pouco efetivas.

É relevante indagar como o arranjo da independência de uma unidade decisória, em especial do Banco Central, que se mantém distante do poder político, afeta ao mesmo tempo o acesso de grupos de interesses privados aos burocratas reguladores (Reenock e Gerber, 2007). A credibilidade da política econômica também é promovida pelo fato de as decisões legislativas a serem implementadas por delegação a unidades independentes poderem sinalizar aos agentes privados um comprometimento de política durável: em certo sentido, arranjos que proveem insulamento à política econômica permitem aos políticos "trocar" benefícios de política, quando estão *fora* do poder, por benefícios, caso estejam *no* poder.[55]

Tal conjectura apresenta três desdobramentos (Figueiredo, 2002:321):

- a incerteza do resultado eleitoral induz a que uma dada coalizão política tente neutralizar ou mesmo torpedear as políticas patrocinadas pela facção política contrária;
- essa possibilidade leva a que o design institucional da estrutura de regulação incorpore características que insulem as unidades decisórias governamentais de *futuras* pressões de grupos de oposição;
- a estratégia de insulamento tem a consequência potencial de tornar pouco efetivas as escolhas públicas.

Na interação de legisladores e burocratas, estes últimos detêm vantagem estratégica em razão de disporem de mais e melhores informações sobre a realidade em que as decisões legislativas são operacionalizadas. Os políticos perdem o controle sobre os custos da implementação de políticas públicas e sobre a incidência dos benefícios líquidos dessas políticas. Ou, dito de outro modo, por força da delegação de funções, poderes e recursos decorrente da deliberação legislativa, os burocratas operam num insulamento que os pode levar a fazer escolhas públicas que se afastem daquelas que seriam mais próximas das preferências da maioria dos legisladores que aprovaram a lei.[56] Nesse sentido, duas ocorrências na conjuntura nacional, em meados de 2008, merecem ser singularizadas: o efeito imediato da interpretação constitucional do STF quanto ao uso de MPs na execução orçamentária da União (ADI nº 4.048, 14-5-2008)[57] e o rumoroso caso da regulamentação da aquisição da Brasil Telecom pela Oi (ex-Telemar).[58] Para parte significativa das escolhas públicas, a atuação de grupos de interesses transcorre em uma fase legislativa peculiar (a escolha da MP como formato da lei), assim como na fase subsequente de atos das unidades decisórias encarregadas de implementar as políticas derivadas da MP.[59] Evidencia-se a necessidade de adicionar ao jogo de escolhas públicas um bloco de regras que delimitem o *lobbying* e, de um modo geral, disciplinem o mecanismo da busca por transferências de renda e riqueza agenciadas junto ao processo político, e que favoreçam interesses organizados da economia privada.[60] A regulação das telecomunicações, sob a qual transcorreu a aprovação da citada fusão da Brasil Telecom e da Oi, envolveu primariamente uma questão operacional: a alteração de uma regulação instituída em 1998 (Plano Geral de Outorgas, Decreto nº 2.534, 2-4-1998), que dependia diretamente da predisposição da Anatel de encampar a pretensão do grupo privado de acionistas que propunha a fusão.[61]

O sentido habitual da independência de uma unidade de política ou regulação econômica é muito limitativo para que se promova o atendimento do interesse geral, contrariamente às pressões de grupos organizados. Em contraposição, deve-se estender essa preocupação a determinados elementos do design dessa unidade decisória ou agência independente.[62]

Extensão do Poder Executivo

Seja na frente orçamentária, seja na frente regulatória, amplia-se e aprofunda-se a presença do Executivo na economia nacional. Tal extensão pode ser considerada por uma variedade de atributos (Sloane, 2008):

- *origem*: como surge determinado poder exercido pelo Executivo?[63]
- *âmbito*: de que consiste esse poder e até onde se estende?[64]
- *derivação*: esse poder constitui-se em fonte independente de poder presidencial, à margem das regras constitucionais?[65]
- *dinâmica*: esse poder se expande e se contrai (em ocasiões de crises econômicas, por exemplo), tirando vantagem da superposição com os poderes pertinentes ao Congresso, ou ocorre por manifestação expressa deste? Subsidiariamente: quem decide se uma conjuntura é de "crise", e quando tal crise começa e termina?[66]
- *normativa*: qual deve ser a amplitude desse poder?

A valer as experiências brasileira e norte-americana, tem sido apenas por motivos ideológicos e de marcação de posição eleitoral que essa hipertrofia de poder nos regimes presidencialistas recebe maior destaque. Os políticos não parecem estar tão decididamente comprometidos com uma reforma que tenha por grande objetivo o enquadramento do crescimento do governo; seu interesse acaba sendo o de exercitar essa hipertrofia, uma vez que passe a deter o mando.

Na economia brasileira, toda a questão da amplitude do Executivo está especialmente relacionada com o permanente contencioso entre Executivo e Congresso quanto ao uso do mecanismo de emissão de MPs. Esse uso ora é tido por indevido e operado à margem do que as regras constitucionais estritamente permitem, ora é aceito como pertinente, desde que transparente e transitório.[67] Portanto, o fenômeno da expansão e da sustentação do poder do Executivo aumenta de significado, na medida em que possa ocorrer de forma menos transparente, à margem do sistema constitucional de separação de poderes ou, dito de outra maneira, seguindo um formato que se pode rotular de "Executivo unificado". Embora seja possível localizar esse rótulo nos escritos de um dos fundadores da democracia norte-americana, Alexander Hamilton (Carey e McClellan, 2001), por certo a aberração do arranjo constitucional brasileiro está nesse comprometimento da separação de poderes, o que pode ocorrer ainda que o Executivo não "usurpe" poderes dos demais departamentos de governo.[68]

Porosidade das regras

Em 13-8-2008, a Câmara dos Deputados promoveu mais um dos recorrentes "esforços concentrados", de modo a avançar sua agenda decisória. E por que isso? Basicamente porque durante semanas, ao longo de 2008, tal agenda esteve paralisada em razão das regras de tramitação de MPs no Congresso, o que é agravado pela aproximação da data eleitoral, quando ocorre baixo quórum de parlamentares nas votações legislativas. Por outro lado, nesse tipo de procedimento, a legislatura demonstra que, sob pressão, pode aprovar o que antes protelava, e o faz em lotes de uma dezena de projetos de lei. Em poucas horas a agenda decisória avança e importantes decisões são votadas, como a tipificação de crime de extermínio (PL nº 370-07), novas regras de adoção de crianças (PL nº 6.222-05), crimes de responsabilidade para agentes públicos (PL nº 931-07) e a ampliação dos benefícios do regime especial de tributação do Sistema Integrado de Pagamento de Impostos e Contribuições das Microempresas e das Empresas de Pequeno Porte, ou Simples (PLP nº 02-07).[69]

Tais características são inquietantes por viabilizarem um processo decisório legislativo:

- de baixa qualidade, em que o relevante passa a ser *limpar a pauta*, tornando-se secundário o debate amplo e transparente das políticas públicas nela envolvidas;[70]
- de maior influência de grupos de interesses, pois o ritmo acelerado das deliberações serve para encobrir o *lobbying* empreendido junto aos legisladores;[71]

- de conexões explícitas com o cronograma eleitoral: a aparente presteza no atendimento de demandas articuladas por esses interesses organizados acaba se transferindo para apoios de todo tipo que tais grupos privados emprestam a partidos e políticos individualmente, assim como ao próprio Executivo.[72]

Seguindo uma recente linha de indagação, pode-se melhor entender a amplitude de poder que as MPs propiciam à governabilidade. Trata-se da questão da deliberada *porosidade* das regras. A porosidade é o fato de certos agentes (públicos ou privados) terem maiores chances de *quebrar* a regra do que os demais, e de haver alguma probabilidade de que certas conjunturas se tornem mais refratárias às regras do jogo do que outras. Ou ainda de o benefício de se evadir uma regra poder ser maior para alguns desses agentes ou em algumas conjunturas.

A porosidade assume um formato previsível e, portanto, integra-se ao cálculo de estratégia desses agentes. Por implicação, regras individuais e mesmo mecanismos decisórios do jogo de política pública podem ser usados *seletivamente* na correção de disfunções. Comportamentos que transgridam determinados pressupostos são rejeitados ou tolerados em função do critério de correção encampado nas regras de decisão. Uma regra pode ser vista como afetando comportamentos adversos, implementando imperfeitamente os pressupostos de certas regulações, ou impondo custos de transgressão que sejam tidos como aceitáveis em razão dos benefícios decorrentes dessa transgressão.[73]

É também interessante notar como a emissão de MPs se enquadra nesse atributo das regras do jogo. O apego disfarçado dos legisladores em manter atuante o mecanismo das MPs, apesar de todos os percalços reconhecidos, pode estar relacionado ao grau de porosidade que tal mecanismo propicia ao funcionamento das instituições políticas, e do qual decorreriam vantagens político-eleitorais. O sistema de separação de poderes torna-se poroso quando, ao sabor das preferências de políticos e burocratas, esse conjunto de regras é atenuado.[74] Com isso, os cidadãos-contribuintes-eleitores veem burlados seus direitos de patrocinador, uma vez que são os representantes eleitos, atuando como agentes da sociedade, que ditam como um sistema essencial das instituições representativas deve funcionar, *sem que para tanto tenha sido necessário aprovar qualquer emenda formal à Constituição, ou consultar diretamente os cidadãos sobre esse* modus operandi *da estrutura de governo.*

Essa ocorrência pode ser tratada como uma alteração das relações de poder na ordem constitucional vigente, ou ainda como uma "fusão" entre o Executivo e o Congresso. Levando-se em consideração a longa tolerância dos políticos para com os estragos a que tem sido submetido o sistema da separação de poderes, pode-se conjecturar ser essa uma prática deliberada das lideranças políticas, ao transformarem uma ordem constitucional em outra, modificada ou totalmente nova. Não seria, portanto, incompatível observar episódios de depreciação constitucional no andamento da política em seu sentido ordinário (Balkin, 2008a).

Um padrão de política pública

Em março de 2008, um evento (até então tido como avulso) revelou a falta de liquidez de fundos do quinto maior banco de investimentos dos EUA;[75] na sequência, a conjuntura mostrou fortes sinais de uma crise, que logo alcançaria vários outros segmentos do mercado financeiro, levando a uma proposta de operação de salvamento de US$ 700 bilhões e a sua subsequente rejeição pela Câmara de Representantes dos EUA em 29-9-2008.[76] Mais do que examinar essas ocorrências isoladamente, a análise que se segue retoma a perspectiva de processo ou regime subjacente a esse tão significativo avanço regulatório, no que sempre foi considerado um relevante campo da atividade privada.

A propagação da crise alcançou o Brasil, não tanto pelo impacto negativo causado nos principais indicadores macroeconômicos, mas na similaridade de processos que acabam sendo acionados pelos *policy makers* para porem em prática políticas compensatórias.[77]

É nessa perspectiva que se torna didático observar o que se passa em outras economias nacionais e a instrumentação das políticas anticrise nelas adotadas. Vale ressaltar a convergência de esforços das forças políticas, o que nos EUA e no Brasil tem permitido perceber uma virtuosa manifestação do sistema de separação de poderes, que, em ambos os casos (porém, por motivos diversos), usualmente tem operado de modo deficiente.

Primeiras lições

Uma ocorrência trivial nas democracias contemporâneas é que a regulação econômica afete interesses e direitos do cidadão, sem incorporar os benefícios do processo legislativo ou judicial. As escolhas são amplamente arquitetadas e operacionalizadas por deliberação de burocratas.[78] Tomemos o caso dos EUA, em que a dinâmica frenética da crise levou a que unidades de decisão fora da esfera do Legislativo (substancialmente o Tesouro e o FED) superintendessem toda a cadeia de decisões anticrise. De início, o Congresso pareceu ser mero espectador (homologando tardia e inapelavelmente essas escolhas[79]), ainda que o vulto das operações encampadas por essa política alcançasse centenas de bilhões de dólares e o que estivesse em causa fosse o dramático comprometimento com uma dada trajetória da economia nacional por um longo período de tempo: com o "poder de tomar decisões momentosas ficando concentrado em pouquíssimas mãos".[80] A proeminência do Tesouro e do Banco Central nessa estratégia pode estar ligada, ademais, ao fato de o governo ter levado a intervenção ao limite da autoridade permissível, e essas duas unidades decisórias públicas serem as que habitualmente operam sob um menor conjunto de restrições legais (Davidoff e Zaring, 2009:466).

Embora as decisões de política se abriguem no arranjo constitucional vigente, há espaço para que se distanciem dos fundamentos dessa moldura, não se podendo garantir, portanto, que a formulação de políticas siga o processo institucional apropriado.[81]

Não é possível afirmar que isso decorra apenas da urgência com que os *policy makers* são chamados a atuar, ou que esse seja um padrão decisório que caracterize uma usurpação de poder por parte do departamento executivo de governo. É fato que (Wenig, 2004):

- muitas leis aprovadas na legislatura tornam-se, deliberadamente ou não, amplos *guarda-chuvas* que acomodam muita flexibilidade, para que se estabeleça não só o *conteúdo* de uma política pública, mas também o *ambiente* em que tal política possa ser definida, assim como a *instrumentação* e o *timing* de sua operacionalização;
- há poucos mecanismos legislativos efetivos na *responsabilização* dos burocratas por suas escolhas de políticas, e são fracas as justificativas para que os legisladores se detenham mais atentamente na consideração do

ambiente em que essas políticas são estabelecidas, especialmente em uma conjuntura de crise.

O mais flagrante exemplo dessas propriedades no ambiente brasileiro é a política orçamentária da União, a começar pelo habitual *faz de conta* da aprovação da Lei de Diretrizes Orçamentárias e da Proposta Orçamentária da União. Porém, há também ocorrências que, embora virtuosas por seu processo de formulação, acabam tendo sua operacionalização fortemente ditada por escolhas discricionárias dos burocratas do Executivo.[82]

Uma implicação constitucional

Percebe-se que medidas anticrise postas em prática em 2008 nos EUA decorreram da autoridade do FED, e que tais decisões foram tomadas sem a concordância prévia do presidente dos EUA ou dos legisladores; tratou-se de um exercício de autoridade unilateral, até de um poder *quase ditatorial* (Balkin, 2008). Mesmo porque, ninguém esperaria que o presidente tomasse esse tipo de iniciativa, nem presumivelmente desejar-se-ia que isso se desse, uma vez que as regras do jogo estariam sendo violadas. Todavia, nessa mesma perspectiva, há outras implicações desse tipo de atuação compensatória:

- ao longo de 2008-2010, a condição da independência da autoridade monetária (AMI) acabou sendo fortemente reconfigurada em todo esse episódio. As consequências disso se fizeram sentir em outras áreas substantivas de política[83] e no próprio arranjo institucional do Banco Central e da política monetária que tem vigorado no mundo, especialmente no Brasil.[84] O engajamento direto do ministro da Fazenda em defesa da subida do câmbio, em 2010, de modo a conter a valorização do real, colocou o Banco Central em posição pouco autônoma para operar políticas que promovessem esse resultado final;[85]
- a política de *salvamento* delineada no documento de trabalho apresentado em 28-9-2008 nos EUA[86] teve um alcance muito amplo (a ponto de sua versão escrita se estender por mais de 100 páginas), ao prover "autoridade ao governo federal para comprar e segurar certos tipos de ativos problemáticos, com o propósito de dar estabilidade, prevenir o desregramento

na economia e no sistema financeiro, e proteger os contribuintes", como afirmou o preâmbulo desse documento;

- essa classe de política pública, apesar de ser um comprometimento de grande porte de um governo incumbente, será executada, em grande parte, em seus desembolsos e detalhamentos operacionais, pelo *governo subsequente e mesmo com o apoio de uma coalizão majoritária distinta da que deliberou tal comprometimento;*[87]
- redefiniu-se, em extensão e intensidade, o poder de intervenção governamental,[88] independentemente de o mercado apresentar ou não sinais de desestabilização. Como a classe política passou a ter participação mais ativa na definição dessas emergências, aqui se conectou todo o arranjo de *rent seeking* junto ao processo político.

A própria escala em que toda a operação foi definida sugere a importância do *lobbying* para a acolhida de fontes potenciais de empréstimos problemáticos no sistema financeiro decorrentes de débitos de firmas (outras que não as do mercado imobiliário), cartões de crédito e empréstimos educacionais (*student loans*).

As escolhas de política para enfrentar a crise deixaram à vista que uma de suas consequências foi a demolição de velhas crenças macroeconômicas. Com isso, podem-se antecipar reformulações (Monteiro, 2004:207-210) nos segmentos B, C e D, como mostrado na figura 9.[89] Em especial, uma reformulação virá do relativo insulamento das regras fundamentais do arranjo monetário (segmento B) em relação às regras da Constituição (segmento A). O exemplo mais relevante disso pode ser o arranjo de AMI definido em B.[90]

Diante da evidência de que a classe política percebe que a intervenção governamental nos mercados financeiros deve ser sustentada em patamar muito mais elevado do que aquele que já vinha sendo praticado, e das implicações negativas que a delegação de autoridade, funções e recursos à AMI podem trazer para o interesse geral, projetou-se:

- um *espessamento* da fronteira entre os segmentos A e B, se não de todo a transferência de atribuições operadas em B para A, na figura 9;[91]
- a correspondência formal dessa transferência, por meio do reforço do processo decisório de comissões legislativas associado eventualmente a unidades do Executivo, porém sob supervisão mais estrita do Congresso.

Figura 9. Hierarquia das escolhas monetárias

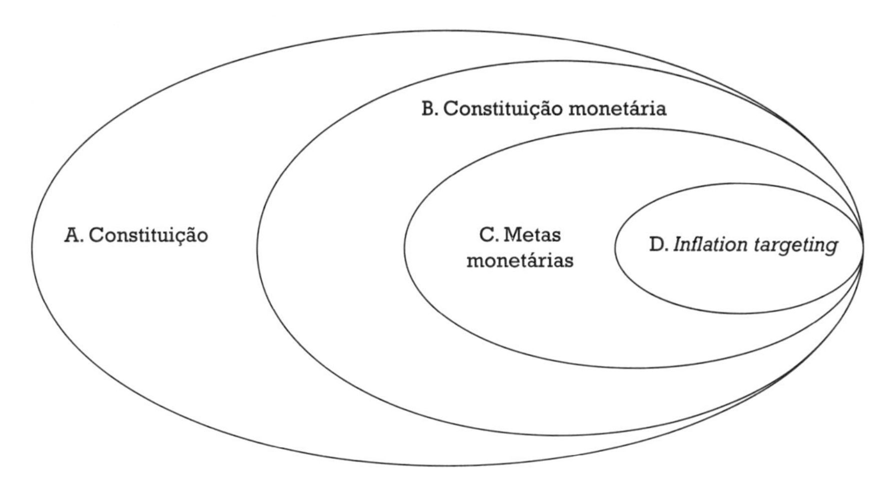

Nota: Esta figura aparece em Monteiro (2004:209).

O efeito líquido desse avanço regulatório pode ser a recuperação do sistema constitucional da separação de poderes, tão abalado na democracia dos EUA e do Brasil.

Ao final de 2010 se delineou em ambas as economias a necessidade de acelerar o ajuste fiscal nas discussões orçamentárias para 2011/2012. Tal ajuste é *sui generis*, pois deve combinar, de algum modo, a premência de sustentar e promover o crescimento econômico e restabelecer o equilíbrio das contas públicas. A economia dos EUA exibe o mais elevado grau de complexidade política na busca por esse objetivo. Diante da elevada probabilidade de um "duplo mergulho",[92] o presidente Obama e o Congresso negociam um emaranhado de cortes de impostos que injete US$ 300 bilhões na economia em 2011, trazendo a taxa de desemprego de 9,8%, em 2010, para 8,5%, em 2011.[93]

Relevância das instituições legislativas

Os economistas estão cientes de que as instituições legislativas tomam forma em resposta a incentivos, *a priori*, pelo *universalismo*; isto é, temendo serem excluídos da coalizão vencedora mínima, os políticos preferem integrar maiorias mais abrangentes. Os legisladores atuam sob incentivos que acomodem acordos de grande abrangência. Tal preferência se mantém ainda que o resultado final seja a aprovação de legislação ineficiente, que promova o atendimento preferencial de grupos privados.[94] Esse foi o padrão de reação observado nos EUA, na aprovação em 2008/2009 da legislação financeira, mas que acabou recheada de atendimentos avulsos, pouco relacionados com o foco das medidas emergenciais.[95] De início, pensou-se que a crise estivesse controlada com a aprovação do socorro de mais de US$ 700 bilhões; logo se reaprendeu uma lição do final dos anos 1970: para ser bem-sucedida, a política deve construir *reputação* em torno de si.[96] A pouca efetividade dessa megaoperação está associada ao fato de seus beneficiários já terem antecipado que o salvamento viria, de uma forma ou de outra, e de todos os agentes sofisticados também já terem previsto que qualquer volume de socorro logo ficaria desatualizado, havendo a necessidade de mais recursos e regulações nesses mercados.[97]

Em decorrência, os agentes privados reconfiguram suas estratégias, uma vez que suas avaliações de risco tornam-se desatualizadas (com a operação de salvamento em curso, a fronteira entre o setor público e o setor privado acabou redefinida); e o nível de expectativas quanto ao que o governo pode decidir em termos regulatórios assume novas características e intensidades.

Uma decorrência perversa é que o *lobbying* passa a ser orientado para extrair benefícios líquidos novos e mais substanciais. Em uma segunda instância, tal característica aconselha os *policy makers* a terem um *plano de saída*; a anteciparem como se pode levantar o estado de exceção da maioria dessas políticas tão logo a crise abrande. Do contrário, todo esse esforço regulador marca um novo patamar da presença estatal na economia.[98]

O prolongamento da crise tanto pode fazer com que os políticos se mobilizem mais ativamente em torno da adoção de novas regulações quanto se acomodem no patamar de intervenção já alcançado. Com isso, fica ainda mais incerto diferenciar entre a extensão em que se está dando tempo para o acerto das medidas empreendidas e a necessidade de inovar no diagnóstico da crise e, portanto, pôr em prática novos recursos regulatórios dos mercados privados, em diferentes intensidades.

Nesta última perspectiva, a reunião de lideranças mundiais em Washington ao final de 2010 sinalizou a circunstância de que as iniciativas já adotadas não passaram de paliativos:

- vastas somas em dinheiro foram injetadas no sistema financeiro, especialmente nos EUA e na UE, sob o argumento de que tais recursos retornariam no futuro aos cofres do governo, e portanto teriam tido um custo muito pequeno para o contribuinte.[99] Uma análise acurada do funcionamento de uma economia contemporânea indica que os grupos privados beneficiados encontrarão espaço para se apropriarem em definitivo desses recursos públicos, para o que o mecanismo do *rent seeking* é acionado;[100]

- essa será a ocasião em que novos padrões de regulação do mercado mundial estarão sendo discutidos (tal como ocorreu em Bretton Woods no pós-guerra).[101]

São inúmeras as possibilidades de que a injeção desses recursos públicos na economia privada seja irrecuperável do ponto de vista dos contribuintes. Muito sutilmente há a circunstância de que tais recursos acabem por se constituir em um fundo de regulação de mercados que venham a dar sinais de instabilidade, sendo as firmas financeiras hoje beneficiadas levadas a subscrever uma cota-parte desse fundo. O *lobbying* desses segmentos sempre foi expressivo, de modo que é pouco provável que a conta a ser paga se concentre *exclusivamente* nos atuais beneficiários da gigantesca operação de socorro que se pôs em marcha na economia mundial em 2008-2011.[102]

Notas

[1] Fonte de renda anual de cerca de R$ 40 bilhões para o Tesouro Nacional, e *janela* pela qual a intrusão governamental invadia a privacidade financeira do cidadão.

[2] A expectativa era que, pela via do aumento de alíquotas de impostos remanescentes, se arrecadasse o equivalente a um quarto da receita que seria extraída pela CPMF; portanto, o grande ajuste se daria pela redução do gasto público. Também havia uma vaga referência ao aumento de arrecadação por força do crescimento do PIB (Monteiro, 1990:46-48), o que foi estimado em um aporte de outro um quarto dos recursos que não mais viriam da cobrança da CPMF. Essa não foi uma atitude típica da burocracia fiscal brasileira: o governo não costuma apostar que, em uma conjuntura de crescimento, a base de contribuição automaticamente se eleve, e mais se arrecade pela via tributária; o que se tem observado é que, quando isso acontece, tudo bem, o governo se apropria de tal excedente.

[3] Mais cedo ou mais tarde, no entanto, compensações variadas surgiriam por via de diversos instrumentos de política tributária: alíquotas, prazos de recolhimento, redefinição

da base tributada, atenuação ou não renovação de desonerações, entre outros. Afinal, a interação de Executivo e legislatura é uma ocorrência *continuada* e, desse modo, acordos acabam por ser definidos em novos termos.

[4] Uma percepção suplementar das regras constitucionais diz respeito a seus propósitos fundamentais. Uma visão muito difundida é que elas atuam como um seguro contra futuros retrocessos, ou seja, os direitos estabelecidos por essas regras devem receber proteção especial em relação a revisionismos. Todavia, há duas qualificações importantes em relação a esse tipo de propósito: certas regras a) podem ter sido estabelecidas como resultado de um entendimento final quanto à mudança de *status quo* (independentemente de tratarem de um valor fundamental do ponto de vista da sociedade); e b) expressam *aspirações* quanto ao futuro da sociedade, mais propriamente do que garantias contra revisionismos. Tais pontos de vista associam as regras constitucionais com elementos de "preservação" e, ao mesmo tempo, com elementos de "transformação" (Dorf, 2009; Sunstein, 2002). Visto por outro ângulo, esse é o pressuposto de que a deliberação quanto às regras constitucionais tende a ocorrer sob um "véu de incerteza", de tal modo que, nessa circunstância, é muito difícil ou de todo impossível aos que se envolvem nessa fase constitucional do jogo (figura 7, neste capítulo) antecipar o impacto da escolha de regras em uma data futura, quando o jogo já estiver em andamento. Sob essa incerteza, a escolha constitucional opta pelo design de regras imparciais, ou seja, regras que contemplem servir ao interesse coletivo.

As regras constitucionais têm ainda outra peculiaridade: muito frequentemente sua alteração é feita por partes, sem que todo o seu conjunto deixe de vigorar. Uma apta metáfora (Elster, 1998) associa o design constitucional à reconstrução de um navio em meio a seu curso no mar: as mudanças nessas regras resultam de um conserto aqui, um remendo acolá, pressupondo-se que a maior parte da estrutura do navio atue como uma condicionante, enquanto são tentadas melhorias em pequena escala, quando viáveis (Vermeule, 2007b:245).

[5] McGinnis e Rappaport (1999:368). Um exemplo inquietante da provisão dessa segunda classe de bens que contemplam o atendimento de interesses mais exclusivos ou "privados" é a incontrolável transferência de recursos públicos via previdência social.

[6] As leis e políticas públicas combinam diferentes misturas dessas estruturas decisórias. A escolha por uma dessas misturas é rotulada de *escolha institucional*. Tal característica requer um aparato analítico bem mais sofisticado para que se tenha total entendimento do que significa "a cobrança da CPMF terminou", sendo, pois, muito limitadas constatações do tipo "vitória da oposição", "haverá um peso extra no bolso do contribuinte" ou "não há razão para o aumento da carga tributária", tomando por ilustração apenas a retórica da mídia.

[7] Perceba o leitor quanto seria vantajoso para a nova estratégia governamental reformular o ajuste fiscal, lançando mão de parcerias público-privadas (PPP), mecanismo cujo aparato formal já foi estabelecido (Lei nº 11.079, de 30-12-2004), mas que, por várias razões, nunca foi operacionalizado na escala em que se imagina que uma política de PPP deva operar

(Monteiro, 2006). Essa dimensão do custo social está implícita em certas políticas públicas, em razão de sua entrada em vigor na ocasião equivocada. Tivessem as PPP sido lançadas com intensidade e variedade em 2005-2006, como se antecipava originariamente, e a implementação do PAC, a partir de 2007, talvez se tornasse menos dependente de recursos públicos, e menos traumáticos seriam os cortes no Orçamento da União que se fizeram necessários em 2008-2011.

[8] Essa é uma perspectiva virtuosa, pois, desse modo, seria possível detectar movimentações financeiras ilícitas — argumento muito difundido quando da introdução desse imposto. A moldura de escolha institucional ilustrada na figura 6 também pode ser repassada ao caso desse outro objetivo da política de ajuste fiscal.

[9] O argumento dos burocratas em prol da atenuação de garantias de privacidade do cidadão-contribuinte tem lastro no chamado "paradoxo Swire" (Swire, 1999:461): no curto prazo, o cidadão-contribuinte aceita esse ônus que a política pública possa lhe causar, porém, no longo prazo, oferece maior resistência a esse tipo de intrusão governamental.

[10] Esse é possivelmente o exemplo mais antigo e socialmente aceito de invasão de privacidade individual.

[11] Agora estendida ao caso de uma doença não infectocontagiosa.

[12] Esse registro pode não permanecer estritamente protegido de vazamentos (para as empresas de plano de saúde, por exemplo) e, por certo, toda a extensão do monitoramento onera adicionalmente médicos, laboratórios, planos de saúde e outros níveis intervenientes no sistema do ROD — e, ao final, o próprio cidadão. Em 2010, o governo Obama deu atenção a novas regras que tratam da relação entre privacidade dos relatórios médicos e proteção dos direitos dos pacientes (Tighter medical privacy rules sought, *The New York Times*, 22 Aug. 2010).

[13] "Senate votes for expansion of spy powers" (*The New York Times*, 13 Feb. 2008).

[14] O caso mais extraordinário dessa classe de ocorrência, que por certo viola regra constitucional, foi o do Orçamento da União de 1994, só votado no Congresso em outubro do mesmo ano (Monteiro, 1997:120). A correspondente Lei nº 8.933 é datada de 9-11-1994!

[15] Os burocratas têm interesse crítico no orçamento público, e não apenas porque as burocracias (ministérios, agências reguladoras, entre outras ramificações) são, elas mesmas, "unidades orçamentárias". Em alguns modelos analíticos, a racionalidade desses agentes de decisão se resume à maximização do volume de recursos orçamentários que o burocrata pode ter sob seu controle. Tal linha de argumentação associa o poder discricionário que o burocrata possa exercer nas escolhas públicas à busca de maior influência, poder, prestígio e oportunidade de ascensão na hierarquia governamental. Ver a seção "Autonomia decisória", mais adiante.

[16] Essa (muito mais que a anterior) é a fatia de recursos que está diretamente relacionada à promoção do bem-estar do burocrata: talvez seja esse o sentido mais direto com que se aplica a suposição de que o burocrata define a *escala* de operações de sua unidade, sob a consideração de maximizar o tamanho do orçamento.

[17] Por mais intuitiva que seja a teoria econômica do comportamento do burocrata, como sumariada nesta seção, sua adequação à economia brasileira fica, por certo, substancialmente restringida. Há duas qualificações importantes a serem consideradas quando se pretende determinar o poder do burocrata como participante no jogo de políticas públicas. Primeiro, a ocupação de postos na alta gerência do Executivo é feita por critérios decorrentes do rateio dessas posições por afiliação aos partidos políticos que integram a base de apoio legislativo ao governo, quando não se aloca o posto diretamente a um representante eleito, e que nem por isso perde em definitivo seu mandato de legislador. Mais do que uma peculiaridade da administração pública, esse tipo de ocorrência redefine as bases em que Executivo e legislatura interagem, minando o próprio funcionamento do sistema constitucional da separação de poderes. Segundo, embora não detenha formalmente poder de emitir leis, com *status* de medidas provisórias, essa faculdade exercida pelo presidente da República amplia, de fato, o poder discricionário do burocrata, uma vez que uma proposta de política pública a ser formalizada como MP tem sua origem nas preferências e iniciativas dos burocratas. A quantidade média de MPs emitidas entre 2003 e 2007, por exemplo, pode ser estimada em um volume que se equipara a 43,2% da produção de leis aprovadas pelo Congresso, descontado o número de leis de conversão, ou seja, aquelas aprovadas pela legislatura, mas que se originaram de MPs. Portanto, esse é um indicador sintético do poder de propor exercitado pelos burocratas nas escolhas públicas nesse período. Ademais, com o alcance desse instrumento de feitura de leis, os burocratas são destinatários privilegiados das ações de grupos de interesses. Uma questão muito atual na análise econômica, já aludida no capítulo 1, merece ser aqui retomada: em que extensão essa hipertrofia decisória afeta a intensidade e o tamanho do *lobbying* empreendido por tais grupos (Redoano, 2010).

A propósito, nesse ambiente institucional tão *sui generis*, considere o leitor a afirmação de ser "[...] a ação legislativa mais propensa a violar direitos fundamentais do que a inação legislativa" (Fallon, 2008:1710). No mundo do presidencialismo que vigora na economia brasileira, o contraponto dessa observação é a arguição de inconstitucionalidade de que, ao longo do tempo, têm sido alvo muitas MPs. A questão crucial não é ter no Judiciário, na legislatura ou no Executivo emissor de MPs a instância menos propensa a decidir erroneamente, mas que tipos de erros serão mais importantes de evitar: os que levam a direitos superprotegidos ou os que infringem direitos.

[18] Quanto a este último tema, em 24-3-2008, o presidente da República reagiu às tentativas do Congresso de alterar as regras do mecanismo de emissão de MPs, argumentando que tais mudanças não deveriam afetar a *governabilidade* que esse recurso legislativo traz para a economia.

[19] Tais impasses assumem status de estratégia no relacionamento entre Executivo e Congresso, com destaque para a criação de comissões especiais de inquérito, bloqueio de agenda via gerenciamento do cronograma da tramitação legislativa de MPs, e recusa dos partidos de oposição em se comprometerem com uma agenda mínima de políticas públicas que simultaneamente atendam ao interesse geral e ao governo.

[20] O encaminhamento no Congresso da PEC nº 511-06, que disciplina o mecanismo das MPs (art. 62 da Constituição), e a extinção da cobrança da CPMF (rejeição da PEC nº 89-07, em 13-12-2007) são exemplos didáticos dessa cultura. Em ambos os casos, análises e discussões acabaram centradas na questão de se o governo *deve ou não* deter determinados poderes.

[21] Uma rápida observação da cena brasileira mostra ocorrências claras desse tipo em mercados como os de telefonia celular, seguro de saúde e televisão a cabo. De modo mais velado, uma política do porte do PAC gera oportunidades de negócios que podem totalizar quase R$ 100 bilhões, o que, por certo, é atrativo o bastante para que firmas e consórcios privados percorram os caminhos institucionais que possam levá-los a influir nas decisões estratégicas e gerenciais desse programa de investimentos. Igualmente, a extraordinária rentabilidade do setor bancário privado induz a que o interesse dessas organizações (canalizados pelo cartel político do segmento, a Febraban) busque manter a distância qualquer ação governamental que pretenda tributar adicionalmente os sempre elevados lucros obtidos no setor.

[22] Decisão foi vitória da sociedade, diz Skaf, *Gazeta Mercantil*, 10 abr. 2008, p. A4.

[23] Algo copiado (em 1988) da experiência parlamentarista vigente em diversas economias europeias.

[24] A distinção aqui apresentada pode, alternativamente, ser considerada a prática da política em sua dimensão constitucional e a política em seu sentido ordinário, ou ainda, em termos legais, entre lei constitucional e lei estatutária (Buchanan, 2003:148).

À margem da vinculação mostrada na figura 7, considere-se o paradoxo Tushnet (2009:212): dada a conexão entre regras do processo político (aí incluída a legislação de financiamento de campanha) e os resultados finais da política pública, por que seria mais fácil alterar essas regras do que mudar as políticas substantivas? Ou seja, se os cidadãos são capazes de mobilizar votos suficientes para convencer os legisladores — que entendem a vinculação mencionada — a modificar as regras do processo político, por que então eles não poderiam obter apoio suficiente para mudar diretamente os resultados finais dessas políticas?

[25] Esta figura reaparece em um contexto distinto no capítulo 4.

[26] As críticas e sugestões de mudanças no regime das MPs focalizavam o que, na ocasião, pudesse ser considerado uma disfunção: a oportunidade da emissão de uma dada MP, a elevada quantidade desses atos legislativos, ou a recorrência com que uma MP pudesse

manter seu *status* sem ser apreciada pelo Congresso. Havia muito mais o predomínio da visão operacional do que da ambientação constitucional do mecanismo de MPs.

[27] Nenhuma facção política considerava prudente manobrar para que, enfim, se restringisse tal mecanismo decisório ou, no limite, para que fosse retirado de todo do rol das regras constitucionais. Em menor escala, essa mesma perspectiva pode ser notada ainda hoje, uma vez que, por exemplo, nenhum grupo defende a pura e simples extinção do mecanismo de MPs.

[28] "Planalto trava queda de braço com relator para barrar mudança de MPs" (*O Estado de S. Paulo*, 19 mar. 2008, Governo, p. A4), "É humanamente impossível governar sem MP, diz Lula" (*O Estado de S. Paulo*, 19 mar. 2008, Nacional, p. A6), "Planalto aceita negociar mudanças no rito das MPs" (*Valor Econômico*, 18 mar. 2008, p. A7), "Oposição promete destrancar pauta com acordo sobre medidas" (*Valor Econômico*, 18 mar. 2008, p. A7).

[29] Em 24-3-2008, o presidente da Câmara alegou que as deliberações legislativas no órgão se encontravam paralisadas desde 11-2-2008 em razão desse tipo de bloqueio institucional. Em 19-3-2008, por exemplo, havia 12 MPs tramitando em regime de prorrogação de prazo de validade, por mais 60 dias, contados de sua data de publicação (art. 62, §7º): MPs nºs 404 a 398, nºs 396 a 394 e nºs 385 e 338. A propósito: a iniciativa de prorrogar o período de validade de uma MP ocorre por ato do presidente da Mesa do Congresso Nacional. De fato, após a EC nº 32 (11-9-2001), uma estratégia foi sendo habilitada pelo novo conjunto de regras constitucionais que essa EC criou: caso a MP não seja votada em 45 dias a contar da data de sua emissão, ela passa a bloquear a agenda de deliberações legislativas da Casa em que estiver tramitando, podendo sua validade máxima ser de 120 dias, restando, portanto, 75 dias para que, com sua agenda trancada, a Casa delibere quanto à conversão de tal MP.

[30] Em decorrência, a PEC nº 233-08 é tida (na mídia e mesmo em publicações de conteúdo mais técnico) como extenso repertório de regras operacionais sobre cobrança, arrecadação e repartição de receita tributária; prevalece, pois, a *visão de tesouraria*, e de governo, como unidade meramente orçamentária. Compare o leitor essa visão com as condicionantes exploradas no restante desta seção.

[31] Para um exemplo simultâneo de *moeda de troca* eleitoral e ocorrência de "escândalo político", ver "*Lobby* sem limites nos corredores de Brasília" (*O Globo*, 19 set. 2010, p. 10).

[32] Há duas grandes diferenças entre o *lobbying* nos EUA e na União Europeia: a) as regras do Lobbying Disclosure Act de 1995 (emendadas em 2007) levam a que os lobistas em Washington tenham que se registrar na Câmara dos Representantes e no Departamento de Estado. Já na UE, tanto a Comissão da UE quanto o Parlamento Europeu aceitam que tais registros sejam voluntários; b) dinheiro privado é um fator de menor relevância em Bruxelas, comparativamente ao que alimenta o sistema eleitoral dos EUA, tornando o *lobbying* muito mais ativo e complexo na economia norte-americana (EU vs. US lobbying, *Wall Street Journal*, 3 July 2010).

[33] Uma possível dimensão complementar do problema decisório do grupo de interesses diz respeito ao *mix* de *lobbying*, segundo variedades de atendimentos. Um caso real ilustra essa complexidade: a maior contratante privada da área militar na economia dos EUA, a Lockheed Martin, despendeu mais de US$ 6,5 milhões em *lobbying* em 2009. Esse investimento foi realizado em variadas frentes: a) no Congresso e no Departamento de Defesa, com os temas-alvo sendo verbas orçamentárias de programas de armamentos (helicópteros, aviões e navios); b) como a firma também opera na área de tecnologia de informação, sendo o foco o censo de 2010 e programas biométricos utilizados pelo FBI; c) junto a legisladores, quando da passagem da Lei de Reforma Financeira, uma vez que a firma opera com derivativos, no gerenciamento de riscos (Lockheed Martin spent $ 3.46 million lobbying in 1Q, *The New York Times*, 23 June 2010).

Ainda nessa mesma perspectiva de variedade de atendimentos, o *mix* de *lobbying* pode incluir a atuação do grupo de interesses junto a processos decisórios *externos* à economia nacional, como na instância de uma organização multilateral: a reação dos bancos à eventual deliberação do Basel Committee on Banking Supervision e do G-20 quanto a limitações a riscos adicionais que os bancos possam vir a assumir é um exemplo didático dessa frente de *lobbying* amplificado por parte das entidades financeiras (At summit, banks avoid new global regulations, *The New York Times*, 27 June 2010; Banks win battle for limits to Basel III, *Financial Times*, 24 June 2010). O Institute of International Finance — grupo de *lobbying* dos grandes bancos — argumenta que as novas regras criadas pelo Comitê da Basileia serão responsáveis por uma redução de 3,1% no PIB dos EUA, do Japão e da zona do euro por volta de 2015 (Meanwhile in Basel, *The New York Times*, 16 July 2010). É óbvio que exigências de que os bancos operem com um *colchão protetor* em termos de capital mais volumoso (mais capital) não são do interesse imediato de seus acionistas e inclusive de seus altos executivos, uma vez que, para eles, a alavancagem cria maiores rendimentos.

As novas regras do Basel Committee foram anunciadas em 26-7-2010 (Central bankers reach initial accord on global standards, *The New York Times*, 26 July 2010). Entre essas regras, há a definição de um período de transição que começou em 1-1-2011 e se estende até 2017. Essas novas regras do jogo do sistema financeiro global estão disponíveis em: <http://www.bis.org/press/p100726/annex.pdf>. Ver a seção "Políticas de reforma", no capítulo 4, em que se conjectura que a formação de estratégias do grupo de interesses pode ser qualificada pela sequência de votações no Congresso e, portanto, pelo nível de visibilidade pública que essas votações guardam entre si.

[34] No caso brasileiro, há ainda um determinante muito peculiar da opção pelo *lobbying* junto aos burocratas: parte significativa da feitura de leis toma o formato de medida provisória, que se origina em preferências e objetivos da alta gerência econômica do Executivo, embora a MP tenha que, posteriormente, ser convertida em lei do Congresso Nacional. No período 2003-2007, por exemplo, as MPs equivaleram, em média, a 43% do volume de leis aprovadas no Congresso. Já entre 1994-2000, ao longo da implantação do Plano Real,

o mecanismo de emissão de leis foi tão hipertrofiado no Executivo que o Congresso se tornou mero homologador de decisões dos burocratas (Monteiro, 2000).

[35] Holyoke (2003:334). Uma dimensão dessa propriedade da ação de grupos de interesses é exemplificada à margem do anúncio da redefinição de prioridades de gastos no orçamento do Pentágono para 2011. Ao longo de 2010, *induzidas por essa reconfiguração da política pública*, firmas privadas que mantinham contrato na área da defesa e segurança nacional se adaptaram previamente, promovendo fusões e aquisições, orientadas pelo que passaria a fazer sentido estratégico no longo prazo ("Defense contractors on offensive", *The Washington Post*, 26 Sept. 2010).

[36] Naoi e Krauss (2007:30). Para o ambiente institucional no qual o sentido da centralização está no processo decisório dos *policy makers*, ver Redoano (2010).

[37] Do ponto de vista normativo, entende-se que a reforma das regras de financiamento de campanhas eleitorais em curso no Congresso está acoplada à redefinição de regras mais amplas da realidade partidário-eleitoral, uma vez que, com regras descentralizadas, os grupos de interesses podem atuar mais sobre os políticos, individualmente, e menos sobre os partidos. Empiricamente, pouco se sabe sobre como os partidos brasileiros interagem com esses grupos de modo a que estes moldem suas estratégias. Porém, diante da longa e recorrente lista de ocorrências de corrupção no Brasil, pode-se presumir que tal vínculo seja muito forte. Para notícias avulsas em torno desse tema e à margem dos escândalos em destaque na imprensa brasileira em meados do 2º semestre de 2010 (um ano eleitoral), ver "Lobby sem limites nos corredores de Brasília" (*O Globo*, 19 set. 2010, p. 10).

Em outra frente, uma instância formal e mais transparente — a que se tem recorrido mais frequentemente na economia brasileira, e na qual se pode observar a interação de burocratas com grupos de interesses — é representada pelas audiências ou consultas públicas promovidas por agências de regulação econômica. Para um estudo de caso da regulação do setor elétrico, ver Prado, Silva e Yamaguchi (2011).

[38] Os três episódios aqui referidos demonstram bem como é essencial associar a trajetória dos resultados macroeconômicos aos mecanismos institucionais subjacentes. Em um ambiente em que o poder de mando se apresenta difuso e instável, como ocorre na economia brasileira, a moldura analítica da *public choice* é especialmente adequada para enquadrar casos como os tratados neste livro.

Lamentavelmente, porém, o debate econômico nacional apresenta ocorrências econômicas e institucionais separadamente. O reconhecimento de que certas políticas públicas são impróprias ou inadequadas é quase sempre associado ao *tipo* de agente de decisão (políticos e burocratas) nelas envolvido, e não às induções a que esses agentes estão sujeitos no jogo de escolhas públicas. Por outro lado, a visão idealizada de que é por via eleitoral que as preferências dos cidadãos se traduzem na provisão de políticas públicas é, de longa data, desacreditada (Mansbridge, 2003). Em geral, reconhece-se que a ignorância do eleitor e as assimetrias de informações do próprio eleitorado pervertem o sentido com o qual as eleições podem ser utilizadas para controlar os que detêm o mando. A própria noção de "preferência coletiva" é generalizadamente tida por incoerente ou inexistente. Como os políticos detêm informações e conhecimento especializado que escapam aos eleitores, é nítida a vantagem operacional que podem exercitar na relação com seus eleitores. O uso discricionário do poder pelos políticos passa a ser a regra e não a exceção.

[39] Halfteck (2008). Ver adiante, neste capítulo, a seção "Conteúdo de ameaça legislativa na medida provisória".

[40] Quanto a esse desdobramento, nada mais didático do que revisitar os acontecimentos da economia nacional do final de 1996 e meados de 1997, quando decisão equivalente foi encaminhada e aprovada no Congresso: a única diferença era que, então, se duplicava a extensão do mando da coalizão no poder. Todavia, mesmo com índices de avaliação expressivos, interna e externamente, uma conjuntura internacional favorável e sucessivas novas iniciativas de política pública que agregavam o apoio de importantes grupos de interesses especiais, o governo não repetiu a estratégia de prolongamento de mandato, como ocorrido em 1996-1997, o que, por certo, foi um sinal de vitalidade da democracia representativa brasileira em 2010.

[41] "Governo dobra prazo para quitar Finame" (*Gazeta Mercantil*, 13 maio 2008, p. A1).

[42] A Associação Brasileira da Indústria Elétrica e Eletrônica (Abinee), a Federação das Indústrias do Estado de São Paulo (Fiesp) e a Associação Nacional dos Transportadores Ferroviários (ANTF), entre outros grupos de interesses, mal esconderam sua satisfação por trás de vagas avaliações críticas quanto à iniciativa "ter suas deficiências", ou ainda que faltaria reduzir a carga tributária e a taxa de juros. Sobre isso, ver "Isenção para insumo doméstico em vigor" e "Setores ainda desconhecem as medidas específicas" (*Valor Econômico*, 14 maio 2008, Política Industrial, p. A3). A *embalagem* desse esquema generalizado de benefícios atendia a ambas as partes: ao governo, que não ficava tão exposto nesse atendimento diferenciado de vários segmentos da atividade econômica, e aos produtores e exportadores, por terem reconhecidos seus antigos pleitos como atendimentos em prol do interesse geral. Com essa instrumentação definida sob o *guarda-chuva* de uma política industrial, o custo político de vê-la implementada seria bem mais reduzido, comparativamente ao que se daria por meio de atendimentos pulverizados em diferentes pontos do tempo.

[43] Quanto a esta última ocorrência, um dos juízes do STF apresentou estatística de que, entre 1-1-2007 e 17-4-2008, esse tipo de uso de MP deu origem a 23 MPs, totalizando mais de R$ 60 bilhões, que, desconsiderado o montante da dívida pública, significariam cerca de 10% do Orçamento da União de 2007. Para um indicador da queda da relevância das MPs de crédito extraordinário após a decisão do STF, ver a seção "Autonomia decisória", mais adiante.

[44] Relembro ao leitor o episódio mais deplorável nesse sentido: em 1994, o Orçamento da União só foi dado por aprovado em outubro/novembro desse mesmo ano. O orçamento público é a vitrina mais transparente e objetiva do governo representativo. No entanto, a começar pelas negociações em torno do projeto de lei orçamentária e pelo limitado sentido atribuído à Lei de Diretrizes Orçamentárias, passando pelo inevitável decreto de contingenciamento de despesas públicas, todos os envolvidos no jogo orçamentário bem sabem que o que se vota no Congresso é uma lei sem qualquer comprometimento com sua plena execução. Em razão disso, o comportamento de deputados e senadores, quando da tramitação do projeto orçamentário, sofre forte indução para ser insensato e descolado de qualquer preocupação em atender ao interesse coletivo.

[45] Nem o próprio político se sente confortável com seu grau de percepção e responsabilização quando se trata da provisão dessas políticas público-privadas. De fato, toda a viabilidade de um amplo e bem-sucedido esquema de parcerias público-privadas depende de se criar uma cultura política, administrativa e gerencial que aceite essa nova realidade do *Estado oco*, vale dizer, de atividades nominalmente públicas ou governamentais, mas que, em sua essência, são deixadas à decisão autônoma de consórcios privados (Monteiro, 2006).

[46] Embora por motivos não econômicos, os EUA se destacam desde 2001 pela hegemonia do Executivo na formulação e operação de políticas de segurança interna e externa.

[47] Todavia, esse padrão pode ser menos ostensivo e combinar a sugestão de um cronograma ou conteúdo ideal para o projeto de lei em consideração.

[48] Fato já mencionado na seção "Três escolhas públicas".

[49] A MP ou a ameaça de editá-la expressa o sentido social das políticas que a MP se propõe a promover (Halfteck, 2008:25). A ameaça explícita também atende ao propósito de se tornar um comprometimento público do governo com uma dada linha de ação.

[50] Quando da tramitação do projeto de lei das parcerias público-privadas (PL nº 2.546, 19-11-2003), ao longo de 2004, o Executivo ameaçou mais de uma vez recorrer ao uso de MP caso o Congresso não promovesse a tramitação mais acelerada daquele projeto de lei (Monteiro, 2006). Afinal, esse PL resultou na Lei nº 11.079, de 30-12-2004.

[51] O poder de emitir MPs assemelha-se ao poder de veto executivo: seu significado mais estratégico decorre precisamente de que não venha de todo a ser efetivado.

[52] Ver Balla e Wright (2001) e Macey (1992). À margem da crise de 2008, e em eventos isolados como o do precário nível de segurança e de proteção ambiental constatado na atividade de plataformas de petróleo *offshore* (ver o acidente ocorrido em maio de 2010 no golfo do México), a independência decisória de agências reguladoras revela-se muito discutível, dado o ambiente institucional que até então prevalecia (Prosecutors ask if 8 banks duped rating agencies, *The New York Times*, 12 May 2010; Conflict of interest wor-

ries raised in spill tests, *The New York Times*, 20 May 2010). Esse tema reaparece na seção "Autonomia decisória". Todo o episódio da exploração de petróleo no golfo tem produzido ricas lições sobre política regulatória que vão além desse segmento produtivo específico. Podem ser relacionadas disfunções como: a) a atividade regulada pode acabar sendo governada tanto por exceções às regras quanto pelas próprias regras do jogo; b) a introdução de novos procedimentos e novas tecnologias no segmento produtivo sob supervisão pode passar por um processo de aprovação *ad hoc*, com o ajuste sendo feito não obstante todo o restante do conjunto de regras muitas vezes já se apresentar obsoleto (In gulf, it was unclear who was in charge of oil rig, *The New York Times*, 5 June 2010); c) o *timing* de uma regulação pode ser fortemente condicionado pelo calendário eleitoral (White House lifts ban on deepwater drilling, *The Washington Post*, 12 Oct. 2010).

[53] Esse tema reaparece na seção "Tamanho de governo", no capítulo 4.

[54] Na economia brasileira, a atividade regulatória é muito intensa e, ao longo dos anos, vem sendo sustentada por elevado fluxo de medidas provisórias, leis que instrumentam o poder de propor do presidente da República, no jogo de políticas públicas. Nos EUA, isso fica caracterizado pelos inúmeros caminhos tomados pelo Executivo para ampliar e sustentar (sobretudo em ocasiões de crise, como em 2008-2010) o enorme poder de iniciativa legislativa, assim como para contornar deliberações do Congresso, caracterizando o que tem sido rotulado de "presidência imperial". Em várias seções deste livro há evidências factuais quanto a esse ponto de vista.

Ademais, no caso da economia norte-americana, um importante contencioso está no uso dos *signing statements*. Essa prerrogativa vem sendo utilizada (especialmente os governos Reagan e Bush) quando um projeto de lei é aprovado pelo Congresso e o presidente dos EUA anuncia que interpreta alguma provisão dessa lei, por ocasião de sua promulgação, como inconstitucional e não implementável, ou interpreta a provisão de maneira inconsistente com o que seria a verdadeira manifestação da preferência dos legisladores (Lund, 2009). Assim como o mecanismo de emissão de MPs, no Brasil, os *signing statements* têm sido analisados da perspectiva da disfunção que promovem na separação de poderes.

De todo modo, tem sido frequente que os Executivos estendam seu poder de legislar quando os legisladores sinalizam com indiferença diante de ações (ou inações) que os burocratas gostariam de ver estabelecidas pelo Congresso. A inação é negligência quanto a uma obrigatoriedade, uma vez que o Executivo deveria levar fielmente adiante as leis (Krauthammer, 2010).

[55] Complementarmente, a credibilidade de uma política pode estar associada à suposição que os políticos fazem de que o risco incorrido na delegação de poderes, funções e recursos ao burocrata (unidade decisória do Executivo) é politicamente justificável, ou seja, os legisladores acreditam que os benefícios da delegação superam os riscos de que o Executivo venha a utilizar essa delegação discricionariamente (Posner e Vermeule, 2011:122).

Para um exemplo *sui generis* e polêmico de delegação de poder *legislativo* do Congresso a burocratas de um "conselho consultivo independente" que opera no âmbito do Executivo, ver "Government by the 'experts'" (*The Washington Post*, 10 June 2011).

[56] Essa conjectura tem várias sustentações, sendo a principal delas que a posição privilegiada da burocracia na obtenção de informações decorre do número e do tipo de grupos de interesses que interagem com as unidades decisórias do Executivo. O próprio design dessas unidades que regulam mercados induz a que certos grupos — os que são mais capazes de produzir informações valiosas sobre o produto, o serviço ou o mercado — tenham maior influência, sejam consultados para efeitos de formulação de políticas e, portanto, tenham acesso mais desenvolto ao processo deliberativo governamental (Reenock e Gerber, 2007:418).

A complexidade da formulação de políticas, aliada à acelerada mudança no ambiente em que a política econômica opera, tem custos muito elevados para uma legislatura *não especializada* e, além disso, pressionada por problemas de escolhas coletivas, de modo que os legisladores nem sequer tentam especificar todas as escolhas de política. Em outra frente, a instância judiciária é incapaz de se ater a uma posição contrária à *não delegação*. Em consequência, a delegação é um traço definidor do Estado administrativo, no qual o Executivo detém crescente e vasto poder (Posner e Vermeule, 2011).

O exemplo mais momentoso de delegação de autoridade na crise de 2008 é, sem dúvida, a legislação de salvamento financeiro do Tarp na economia dos EUA, em que o Congresso caracterizou o termo *troubled assets* (algo como "ativos problemáticos"). Figurativamente, "o Congresso encampou um acordo único relacionado ao mercado hipotecário, como proposto pelo secretário do Tesouro, e lhe deram em troca uma metralhadora disponível para múltiplos acordos" (Davidoff e Zaring, 2009:523).

[57] Já mencionado neste capítulo, na seção "Três escolhas públicas".

[58] Que evidenciaria intensa atividade de *lobbying* (*Lobby* de US$ 260 milhões, *O Globo*, 23 jul. 2008, Economia, p. 21) e, ao mesmo tempo, a ausência de regras que regulem essa atividade por parte de interesses preferenciais privados.

[59] Em razão da decisão do STF de condicionar o uso de MP à abertura de crédito extraordinário na execução orçamentária da União, tem-se que o volume de emissões de MPs, a partir de 2008, foi expressivamente reduzido. De fato, a emissão média em 2006-2007 era de 69 MPs, das quais 34,1% referentes à criação de créditos extraordinários. Esses números caíram para, respectivamente: 40 (12,5%) em 2008, e 27 (18,5%) em 2009. Os dados de 2010 são de 42 MPs, com 16,6% de participação de MPs de crédito extraordinário. Evidencia-se que a interpretação constitucional por parte do STF mostrou-se efetiva para disciplinar o mecanismo das MPs, como alternativa à mudança formal de regras constitucionais, por aprovação de proposta de emenda pelo Congresso.

[60] A articulação desses interesses organizados com legisladores também se manifesta pela necessidade de os legisladores terem acesso tanto a informação especializada quanto aos

efeitos potenciais de suas decisões de política em seus redutos eleitorais, especialmente no âmbito da passagem dos projetos de lei pelas comissões legislativas. Todavia, há o aporte de recursos às campanhas eleitorais ou "dinheiros políticos" (Monteiro, 2007:187) diretamente aos partidos políticos ou aos políticos individualmente, o que remunera uma representação desses interesses mais dedicada e intensa na legislatura (Denzau e Munger, 1986).

[61] Esse episódio pode ser associado à relevante questão analítica que abre uma nova perspectiva para o eventual disciplinamento do *lobbying* na economia brasileira: o acesso de grupos de interesses à decisão da burocracia seria uma função do formato organizacional de *agências*, que supostamente insula a deliberação regulatória (Reenock e Gerber, 2007).

O que sempre ressalta nos relatos sobre as atividades de *lobbying* (no Brasil e em outras economias) é o elevado volume de gastos supostamente direcionados a essa interferência no processo político e administrativo público: no caso aqui mencionado, o inquérito da Polícia Federal quantificou esses gastos em US$ 260 milhões (*Lobby* de US$ 260 milhões, *O Globo*, 23 jul. 2008, Economia, p. 21). Em decorrência, o retorno esperado da autorização da fusão entre Brasil Telecom e Oi, sob novas regras de regulação do mercado de telecomunicação, deve ser extraordinariamente alto, o que ilustra o que tem sido uma observação trivial na literatura de *rent seeking*: o que os políticos têm para "vender" é sempre muito atrativo.

[62] Esses seriam elementos "equalizadores", no sentido de que ao mesmo tempo protegem o interesse público difuso e limitam a influência tendenciosa de determinado grupo preferencial. Segundo Barkow (2010), essa equalização está relacionada a: a) perfil de financiamento da unidade decisória governamental; b) restrições ao pessoal que atua na unidade ou agência, tanto em termos de requisitos iniciais para sua admissão quanto da imposição de limites a sua atuação subsequente à sua passagem pela agência; c) relações na geração e na operacionalização de regras que se estabelecem entre a unidade e as demais agências, mesmo de outras jurisdições governamentais; d) ferramentas políticas que tornam mais notória a missão da agência em promover o interesse geral (por exemplo, minimizando patrocínios e pressões partidárias).

[63] Essa perspectiva aponta para a adoção das regras constitucionais em 1988, que atribuíram ao presidente da República novos poderes, parte dos quais não tão explicitamente nomeados nessas regras.

[64] Muito especialmente, o art. 62 da Constituição atribui ao presidente o poder autônomo de emitir leis emergenciais no formato de medidas provisórias. De início (e até meados de 2001), as condicionantes a que esse mecanismo de feitura de leis estava sujeito eram muito vagas, podendo-se supor que seu uso era, então, de alcance ilimitado.

[65] A expansão do poder presidencial e, por extensão, dos burocratas sempre foi amparada no formato genérico adotado em boa parte das regras constitucionais. Ao longo do tempo, apenas em circunstâncias muito localizadas, o STF tem aceitado a arguição de inconstitucionalidade quanto a atos do Executivo, especialmente no que se refere ao uso de MPs.

[66] A ocorrência de ciclos de desestabilização financeira internacional e suas repercussões nas economias nacionais têm sido o pano de fundo para que os governos passem a regular mais intensa e detalhadamente os mercados de bens e serviços. A componente de segurança interna foi adicionada a essa tendência após os ataques terroristas de 2001, especialmente nos EUA. No rastro da crise de 2008-2010, chegou-se a promover uma reforma da regulação do mercado financeiro norte-americano — um documento de 1.500 páginas, em sua versão aprovada no Senado daquele país (ampliada para 2.300 páginas na versão final votada no Congresso), no qual estão relacionadas seis subáreas desse mercado que são alvo da reforma (Financial regulatory reform, *The New York Times*, 24 May 2010, Time Topics; Senate Democrats yet to lock down votes for Financial Regulations Bill, *The Washington Post*, 10 July 2010, p. A08).

[67] Um exemplo disso? As propostas de emenda à Constituição que tratam desse tema são ambientadas em repercussões tópicas decorrentes do uso de MPs, deixando de lado um contexto mais amplo — e certamente mais profundo —, que leve em consideração o funcionamento do sistema da separação de poderes (Monteiro, 2000:294-296). Para uma qualificação analítica polêmica quanto à fragilidade do reforço da separação de poderes via leis, não considerando que a política e a opinião pública condicionam muito fortemente o modo de operar desse sistema, ver Posner e Vermeule (2011).

[68] Pelo menos desde o Plano Collor e ao longo das diversas fases do Plano Real, a trajetória de políticas públicas mostra que as regras constitucionais têm sido usadas como *guarda-chuva* de escolhas de política que teriam seu design estabelecido no limite das instituições de governo representativo, quando não são frontalmente inconstitucionais. Note o leitor que "se poderosos [agentes] políticos se sentem livres para, a qualquer momento, mudar o jogo, ao ignorar ou revisar qualquer regra que considerem desvantajosa, não [há] algo como o constitucionalismo" (Levinson, 2011:659).

[69] "Câmara aprova tributação menor para o Supersimples" (*Folha de S.Paulo*, 14 ago. 2008, Dinheiro, p. B6).

[70] Algumas das deliberações citadas tratam de temas de política pública de grande complexidade e significado para a sociedade, e que, não obstante já terem sido filtrados na passagem dos respectivos projetos de lei pela jurisdição de comissões, ainda poderiam requerer aprimoramento na apreciação em plenário. Mesmo porque, se for antecipado que esse padrão *stop and go* é recorrente no Congresso, é provável que isso condicione a própria etapa deliberativa nas comissões, ou seja, que tal padrão seja determinante do cálculo de estratégia dos parlamentares já na votação nas comissões especializadas.

[71] Essa constatação é especialmente válida no caso de políticas que têm perfil de ocorrência de benefícios líquidos elevados, incidindo tais benefícios de modo concentrado sobre poucos segmentos da atividade econômica e sendo os custos correspondentes pulverizados por toda a coletividade. Tal é o caso da ampliação do alcance do regime de re-

núncia fiscal do Simples (agora apelidado de Supersimples). Como em outra circunstância (LC nº 123, 14-12-2006), quando também se deu nova amplitude ao Simples, pode-se conjecturar que tal padrão deliberativo da legislatura (que tem se repetido nos últimos anos) exacerba o *rent seeking* junto aos políticos, tornando menos autônomo o processo decisório do Congresso.

Essa perda de autonomia pode se iniciar na representação de interesses privados preferenciais já na atuação do político em comissões legislativas. Para um caso didático a esse respeito, ver "Lobbyists court potential stars of House Panels" (*The New York Times*, 26 Oct. 2010).

[72] "Ano eleitoral e pagando para jogar" (*Estratégia Macroeconômica*, v. 14, n. 343, 22 maio 2006). Por episódios anteriores, como o da aprovação original do Simples e de suas extensões, pode-se inferir que tem sido intensa a atividade de *lobbying* empreendida pelas micro e pequenas empresas. Na etapa da aprovação na Câmara, foram adicionados ao rol das empresas de pequeno porte do Simples aquelas que atuam em representação comercial, publicidade, assessoria de imprensa, reparos e manutenção, análises clínicas, decoração e paisagismo, corretagem de seguros, tradução e fisioterapia. Uma agenda deliberativa em que se acomodam temas de política de largo espectro serve ao propósito de atrair pouca atenção para essa incidência de benefícios concentrados, que têm contrapartida na distribuição ampla do correspondente ônus fiscal. Em época eleitoral, essa estratégia é bem-vinda para os políticos, pois o eleitor-contribuinte se defronta com custos de informação elevados para o seu pleno entendimento do que, afinal, a legislatura está votando.

[73] Um exemplo de porosidade são os procedimentos de transparência decisória. Regras de *disclosure*, no âmbito da Lei Sarbanes-Oxley (2002), visam a impedir os abusos que levaram à rumorosa falência da Enron em 2001. Firmas com ações em bolsa passam a ser obrigadas a divulgar seu código de ética, bem como qualquer atenuação (*waiver*) que se faça às regras desse código relativamente a seus principais executivos. No entanto, sabe-se agora que comportamentos antagônicos a essas regras puderam ser habilitados, tornando, em certa extensão, inócuo esse tipo de regulação (Rodrigues e Stegemoller, 2010). Outro caso eventual de porosidade que também se aplica à reforma financeira instituída em 2010 nos EUA diz respeito à chamada *regra Volcker*, que impede os bancos que operam sob seguro federal de aplicarem recursos próprios em apostas em mercados especulativos. Alguns bancos (JPMorgan Chase e Goldman Sachs) estariam explorando ambiguidades implícitas na regra Volcker e promovendo esse tipo de aplicação, ainda que em nome de seus clientes (Despite reform, banks have room for risky deals, *The New York Times*, 25 Aug. 2010).

Para um exemplo da economia privada, em que o simples reconhecimento das virtudes do *disclosure* não implica necessariamente que este produza efeitos positivos, considere o leitor a ocorrência na área da intermediação de interesses de médicos com fornecedores de produtos farmacêuticos e da indústria médica em geral, na economia dos EUA, como narrado na seção "Regulação do comportamento ético", no capítulo 3. No atendimento preferencial de grupos de interesses, pode-se conjecturar que o requisito de maior responsabilização ou transparência do processo decisório público leva a que esses grupos tenham maior habilidade em exercer suas demandas, o que reduz a capacidade das agências reguladoras de proteger os segmentos politicamente fracos ou menos organizados da economia.

No financiamento de campanhas eleitorais, a regulação do *disclosure* é igualmente crítica, uma vez que é preciso equilibrar a privacidade de informação do doador com as vantagens coletivas de tornar tansparentes as doações. De todo modo, um apego exagerado ao *disclosure* pode ser perverso: "o *disclosure* intenso ameaça inundar todos nós em um mar de dados sem utilidade, enquanto potencialmente distrai a atenção dos grandes doadores, cujos fundos desempenham papel mais significativo para se entender [uma candidatura ou demanda preferencial] [...] Mirar o *disclosure* [seletivamente] nos maiores apoiadores torna mais focalizada a atenção do público" (Comentário de R. Briffault, disponível em: <http://electionlawblog.org/archives/o17358.html>).

[74] Apesar dos sérios estragos promovidos por esse mecanismo na ordem constitucional, somente em meados de 2001 a classe política, ainda que relutantemente, tomou providências para impor limites ao exercício desse poder de propor dos burocratas. No entanto, logo essa estratégia de "reparo de danos" mostraria ser uma fonte de novas disfunções no sistema que buscava sanar. Como já visto, o Congresso tornou-se refém do Executivo, na medida em que deliberadamente a alta gerência do Executivo pode programar a emissão de MPs de modo a bloquear transitoriamente o processo legislativo do Congresso. Com isso, a hipertrofia do governo assume uma nova face: a de condicionar o ritmo das atividades da Câmara e do Senado. Pior ainda: sendo do interesse estratégico das forças políticas no Congresso, deputados e senadores podem, eles próprios, promover a autoparalisação de suas casas legislativas (Monteiro, 2007, apêndice B).

[75] "Bear Stearns: crisis and 'rescue' for a major provider of mortgage-related products" (CRS report for Congress, 2008). A realidade do mercado norte-americano pós-novembro de 2001 — quando a Enron Corporation, um gigante do setor de energia, faliu — parece não ter ensinado qualquer lição de precaução relevante aos reguladores do governo dos EUA, aos analistas econômicos e mesmo aos economistas acadêmicos (Berman, 2008). Levando-se em conta esse ponto de vista, a crise de 2008 teria sua origem recuada para 2001. Nesse sentido, chamo a atenção do leitor para a questão correlata do grau de precisão com que o *nascimento* de uma crise econômica pode ser determinado. Ver na seção "Dilemas na crise", no capítulo 4, evidência factual do *lobbying* empreendido, ainda no começo de 2008, pelo próprio Bear Stearns.

No rastro dos ensinamentos sobre práticas financeiras e governança corporativa perniciosas, que viabilizaram o "escândalo Enron", em 2002, o Congresso norte-americano aprovou as novas e numerosas regras da Lei Sarbanes-Oxley. Passados oito anos, aspectos constitucionais dessas regras estavam sob exame da Suprema Corte, podendo-se ter um desfecho negativo: a declaração de que todas as regras dessa lei devam ser revogadas

(Rolling back a law born of Enron, *The New York Times*, 24 June 2010). Entende-se agora que as regras de *disclosure* adotadas nessa lei puderam ser contornadas pelas firmas reguladas e que, assim, essa regulação não impediu que o comportamento visado fosse suprimido (Rodrigues e Stegemoller, 2010).

[76] "Mixed markets reflect hope for bailout" (*The New York Times*, 30 Sept. 2008). Por fim, em 1-10-2008, o Senado norte-americano aprovou um plano de socorro ao mercado financeiro (Senate passes bailout, disponível em *CNNMoney.com*, 1-10-2008). Em várias seções dos capítulos seguintes, essa política é apresentada em seus desdobramentos operacionais, o que é uma fonte de relevantes reflexões sobre o ambiente institucional em que opera a economia brasileira.

[77] Ver, por exemplo, a MP nº 442, de 6-10-2008.

[78] Na verdade o termo "Executivo" é o coletivo de vários níveis e unidades de decisão que compõem uma gigantesca e heterogênea organização (Monteiro, 1983).

[79] Na sequência dos fatos, no entanto, a classe política nos EUA e na UE acabou por ocupar espaço no enquadramento da gerência de riscos implícito na regulação econômica, assim como na deliberação quanto a novas regras do jogo regulatório, quer para fins internos das economias nacionais, quer para a coordenação de políticas, no âmbito das organizações multilaterais (Taking hard new look at a Greenspan legacy, *The New York Times*, 9 Oct. 2008, The Reckoning). Por outro lado, é inequívoco que o novo padrão regulatório concentra poder de decisão no Departamento do Tesouro (Timothy Geithner's real grows with passage of financial regulatory reform, *The Washington Post*, 17 July 2010, p. A01).

[80] A economia dos EUA mostra três implicações do padrão de escolhas adotado nessas circunstâncias (Lawmakers left on the sidelines as FED, Treasury take swift action, *The Washington Post*, 18 Sept. 2008, p. A01): a) destacado membro republicano da Comissão de Orçamento da Câmara comentou: "Meus instintos e minhas entranhas me dizem que eles fizeram a jogada errada. Todavia, eu não disponho de toda a informação que eles detêm"; b) trivialmente, a própria racionalidade dos políticos pode ficar negativamente afetada pela decisão de promover determinada ação na economia: "Por quanto tempo pode-se esperar que o já encurralado contribuinte arque com todas as perdas e com todos os riscos?", argumentou outro deputado republicano; c) os efeitos distributivos de uma decisão dessas podem ser interpretados do ponto de vista de que os segmentos beneficiados se mostram mais efetivos, ao pressionarem o processo decisório público para atender a seus interesses preferenciais: "O Lehman Brothers deve ter o pior *lobbying* na cidade, uma vez que foram os únicos que parecem ter [ficado de fora] da mania de socorro financeiro", adicionou o mesmo deputado.

[81] Woolley (2008:154). É ampla a extensão em que uma dada política pública incorpora critérios de decisão informais que atendam às preferências dos burocratas sem que isso sequer seja notado ou mesmo arguido como legalmente impróprio: tais escolhas são ao

mesmo tempo um mecanismo de poder discricionário e, elas próprias, decisões discricionárias (Woolley, 2008:157).

[82] Tal é o exemplo da política de parcerias público-privadas (Lei nº 11.079, 30-12-2004), que tem sido operada com enorme parcimônia, mesmo no âmbito do PAC. A relevância atribuída pelo Congresso ao arranjo das PPPs no financiamento de investimentos em infraestrutura acaba minimizada, quando localizada no conjunto de escolhas dos burocratas. Em nenhum momento, nessa fase operacional, foi retomado o leque de questões estratégicas que tão bem ficaram evidenciadas na tramitação do projeto de lei das PPPs, especialmente na Comissão de Assuntos Econômicos do Senado, entre maio e novembro de 2004. Este último exemplo lembra que não chega a ser uma boa desculpa, para a concentração da tomada de decisões, arguir com o despreparo técnico da legislatura. Há instâncias especializadas da Câmara e do Senado que, por certo, podem ser consultadas ao longo do processo deliberativo de uma política pública. Afinal, é no papel de membro de uma comissão legislativa que o deputado ou senador opera como um *especialista*. Além disso, muitas dessas políticas têm contrapartida orçamentária, para a qual as regras constitucionais reservam importante papel a ser desempenhado pelos legisladores. Em 2010, o que houve de evidência de execução de PPPs no Brasil foram alguns projetos de investimento de governos estaduais (Após seis anos, PPP saem do papel, *O Globo*, 15 ago. 2010, Economia, p. 33).

[83] Seguros de depósitos, mercado de valores mobiliários, recapitalização do sistema bancário, alteração do poder de monopólio em diversos mercados, entre outras.

[84] Um desdobramento mais imediato dessa política é o redimensionamento a que está sujeita a regulação da competitividade, em razão do progressivo aumento do grau de concentração de vários mercados, provocado pela absorção e fusão de firmas (US forces nine major banks to accept partial nationalization, *WashingtonPost.com*, 13 Oct. 2008).

Cabe observar a fusão dos bancos Itaú e Unibanco (3-10-2008), o que por certo aumentou ainda mais a já elevada concentração no mercado bancário e financeiro brasileiro. Outro argumento serve para *qualificar* o novo status que possivelmente assumirá a AMI: na medida em que a própria ação do Banco Central pode ter contribuído para o surgimento da crise ou seu agravamento, a questão estratégica é se a independência da autoridade monetária deve ser mais restringida e não sustentada ou reforçada. Ver comentário feito, logo adiante, em torno da figura 9.

O poder decisório de uma agência de baixo grau de responsabilização, como é o caso do Banco Central, sendo reforçado e utilizado *ad hoc*, não é condizente com uma democracia representativa (Roberts, 2009:4). A cooperação entre Tesouro e Banco Central leva a que a política econômica transite por "território politicamente sensível", que um banqueiro central preferiria evitar. Uma vez que se antecipe que as economias nacionais tão cedo não retornem a um padrão de *normalidade*, é razoável que resulte alguma restrição aos poderes da AMI (Bean et al., 2010; Reinhart e Reinhart, 2010).

Um episódio curioso e que ilustra um novo atributo qualitativo da independência do FED é que o Banco Central dos EUA, que sempre cultivou "um sentido de estar acima da política", inaugurou em 27-4-2011 a prática de apresentar conferências públicas, "como muitos outros o fazem [...], na expectativa de melhorar sua imagem e construir apoio para suas políticas" (Bernanke defends FED's role in running economy, *The New York Times*, 27 Apr. 2011).

[85] Não obstante, o presidente do Banco Central teria questionado sua permanência à frente da condução da política monetária, caso não pudesse exercer sua função com "autonomia total [para reduzir a taxa de juros mais aceleradamente]" (Meirelles avisa que só fica no Banco Central se tiver autonomia total, *O Estado de S. Paulo*, 19 nov. 2010, Nacional, p. A4).

Nos EUA, sem poder contar com o apoio dos republicanos, após as eleições de 2010, para sustentar mais uma expansão do gasto público, o governo apelou para que o FED ampliasse a quantidade de moeda em circulação. O FED recomprou US$ 600 bilhões em títulos do Tesouro ao longo de seis meses, em uma atuação opaca já apelidada de "facilitação quantitativa" (Bernanke: FED's right on stimulus, China, disponível em CNNMoney.com, 19-11-2010).

Em ambos os casos citados, o contraponto é uma visão da autoridade monetária que tenta atuar como um quarto departamento de governo e que, como tal, pode vir a exercer um poder institucional *imperialista* (The trap of the Federal Reserve's dual mandate, *The Washington Post*, 18 Nov. 2010). A crise misturou a missão de manutenção da estabilidade de preços com o propósito de promover a atividade econômica e o emprego da mão de obra. Nesse "mandato dual" torna-se difícil para o Banco Central manter-se afastado das preferências reveladas por políticos e pelo governo em geral, o que compromete sua credibilidade como autoridade monetária, assim como sua independência operacional.

[86] "Bailout plan is only one step on a long road" (*The New York Times*, 28 Sept. 2008).

[87] Com a rejeição inicial da proposta de socorro financeiro e a possibilidade de o Partido Democrata vir a suceder o Partido Republicano na chefia do governo, essa política sustenta-se em complexo mecanismo de geração de credibilidade, o que pode condicionar substancialmente suas chances de sucesso.

[88] Ver a seção "Tamanho de governo", no capítulo 4.

[89] Quanto ao segmento D, na figura 9, "uma consequência da crise financeira [de 2008] a ser lembrada é que, na presença de múltiplas distorções econômicas, os bancos centrais se confrontam com *trade offs* mais complexos do que aqueles sugeridos pelos modelos habituais de *inflation targeting*" (Walsh, 2011:28). Consequentemente, em alguma extensão, também podem se reconfigurar as interações das instâncias A, B, C e D dessa mesma figura.

[90] Diante da complexa mudança institucional ocorrida ao longo de 2008-2011, é incerto o efeito líquido dessa mudança sobre a independência da autoridade monetária. Tome-se a

reforma financeira aprovada em 15-7-2010 pelo Congresso dos EUA. Esse enorme conjunto de novas regras regulatórias concentra poderes no Departamento do Tesouro, por exemplo, ao criar um conselho integrado pelo alto escalão do governo e chefiado pelo secretário do Tesouro para detectar e prevenir ameaças sistêmicas ao mercado financeiro, dando ao governo nova autoridade para assumir o controle e fechar instituições financeiras em estado precário, com a liquidação de ativos, e forçando acionistas e credores a assumirem as perdas (Congress passes Financial Regulation Bill, *The New York Times*, 15 July 2010). As regras colocam o secretário do Tesouro à frente de um novo órgão de defesa financeira dos consumidores (pelo menos até a confirmação de um nome para o cargo, mas que, de todo modo, dá ao secretário do Tesouro amplo espaço para organizar a nova frente de regulação econômica), cabendo a ele dar solução a diversos aspectos da reforma financeira (Wall Street Reform and Consumer Protection Act) que aguardam detalhamento, *como é o caso dos derivativos financeiros* (Timothy Geithner's realm grows with passage of Financial Regulatory Reform, *The Washington Post*, 17 July 2010, p. A01). Sob esse aspecto, as novas regras do jogo reconfiguram a relação consumidor/banco: a proteção do consumidor não se limita mais à lucratividade do banco, pois é estendida ao impacto das práticas bancárias sobre o bem-estar do consumidor (Congress passes financial reform, *The New York Times*, 15 July 2010; Obama signs overhaul of financial system, *The New York Times*, 21 July 2010). Incidentalmente, tem-se nesse exemplo um item a ser acrescentado ao rol de propriedades apresentado na seção "Atributos das regras do jogo", no capítulo 1.

De todo modo, a crise de 2008-2010 mostrou que um representante do Executivo (o secretário do Tesouro) detém um significativo grau de controle no arranjo decisório que passou a prevalecer sob as novas regras da regulação financeira adotadas na economia norte-americana. A inovação é que a relação de colaboração entre o secretário do Tesouro (autoridade política) e o FED (agência independente) saiu de seu status informal e ocasional para assumir característica formal. Isso garante que tal relacionamento irá durar além da estada de determinados ocupantes dos postos nas unidades decisórias envolvidas. Criou-se uma caracterização híbrida de unidades decisórias independentes e unidades decisórias do Executivo, originando uma nova variedade em que a agência independente atua (Bressman e Thompson, 2010:629-630). Essa é uma ocorrência que tem ensinamentos para a economia brasileira quanto à abrangência do status de independência da autoridade monetária.

Uma curiosidade de época eleitoral: certo de que o nome indicado para dirigir o novo Consumer Financial Protection Bureau enfrentaria forte resistência no Senado, o presidente Obama optou por nomear Elizabeth Warren como sua *assistente* para assuntos de proteção ao consumidor, e assim protelar os custos políticos da indicação no momento (Warren to unofficially lead Consumer Agency, *The New York Times*, 15 Sept. 2010).

[91] A reconfiguração da independência do FED ilustra essa possibilidade. O *espessamento* da fronteira entre A e B (figura 9) não decorre necessariamente de tentativas do Executivo de cercear a independência da autoridade monetária. Tome-se a crise de 2008-2011. O FED se defronta com a recorrente necessidade de ampliar sua autoridade e suas fontes de

recursos, que, na crise, certamente ficam aquém das demandas existentes; tal é a extensão da crise ao mercado de bancos não comerciais (Lehman Brothers) e seguradoras (AIG). Em razão da enorme soma de recursos exigida para esse socorro e do significado social da falência de firmas nesses mercados, o Tesouro foi alçado à posição de liderança nesse tipo de *colaboração* e *coordenação* com o FED (Bressman e Thompson, 2010:633-634).

[92] Um ciclo que inclui uma recessão seguida por alguns meses de crescimento econômico para, então, retomar outra recessão (Double dip, or just one big economic dive?, *The Washington Post*, 5 Aug. 2011).

[93] (Angry Democrats Rebel Against Obama's Tax-cut Deal with Republicans, *The Washington Post*, 8. Dec. 2010). Tal corte de impostos, negociado com a oposição republicana e que prorroga a vigência das reduções de impostos adotadas no governo Bush, mobiliza bilhões (Obama Signs Bill to Extend Bush-era Tax Cuts for Two More Years, *The Washington Post*, 17 Dec. 2010). Tal estratégia se superpõe à ação do FED de injetar outros US$ 600 bilhões (ver introdução), por meio da compra de títulos do Tesouro. Adotadas quase simultaneamente, não parece ser trivial compatibilizar a complexidade de operações dessa grandeza (FED Goes Ahead with Bond Plan, *The New York Times*, 14 Dec. 2010). Em março de 2011 o desemprego era de 8,8%, mas o número de desempregados há longo prazo (os que estão fora do mercado de trabalho por 27 semanas ou mais) mantém-se no elevado patamar de 6 milhões (U.S. Economy Added 21,000 Jobs in March; Rate at 8,8%, *The New York Times*, 1 Apr. 2011). Todavia, em julho e agosto de 2011, o desemprego permaneceu em 9,1% — o que se traduz em cerca de 14 milhões de desempregados (Somehow, the Unemployment Became Invisible, *The New York Times*, 10 July 2011; Zero Job Growth Latest Bleak Sign for U.S. Economy, *The New York Times*, 2 Sept. 11). Em recuperações de outras severas recessões, a economia dos EUA estaria adicionando 400 mil empregos mensais, enquanto em meados de 2011 geram-se pouco mais de 115 mil empregos. Em face de tanto desemprego e a um tênue crescimento do PIB, não é de espantar que o percentual de pobreza tenha se elevado de 14,4% (2009) para 15,1% em 2010, ou seja, 2,6 milhões de pessoas cruzaram a linha de pobreza em 2010 e, ademais, que os já pobres tenham ficado ainda mais pobres (Poverty Rate Rises in America, *CNNMoney*, 13 Sept. 2011). Uma autêntica bomba eleitoral.

[94] Ver Weingast, Shepsle e Johnsen (1981). Já abordado na seção "Cascatas de viabilização", no capítulo 1.

[95] Embora esse comportamento estratégico tenha ajudado a contornar o custo político de escolhas que não encontrariam abrigo em legislação específica, foi, paradoxalmente, um ingrediente que viabilizou a aprovação da escolha *central* (o salvamento do sistema financeiro), que se tornou "uma pílula econômica amarga e difícil de ser engolida" (Spoonful of pork may help bitter economic pill go down, *CNN.com*, 2-10-2008).

[96] Um exemplo ajuda a entender essa questão (Monteiro, 1994:130): um agricultor se desloca para uma área sabidamente de pouca incidência de chuvas. Mas a terra é barata e ele

tende a minimizar esse fato. Tempos depois, seu empreendimento torna-se insustentável. A escolha, todavia, baseou-se na expectativa, procedente, de que o governo proveria água para irrigação, a partir da construção de um açude na região. Como o governo não cumpriu a promessa, o fato de o agricultor ter, enfim, "quebrado", pode agora ser interpretado de modo diverso: a consistência e a previsibilidade da política pública desempenharam papel essencial nesse fato.

[97] Quase sempre há o reconhecimento implícito de que essa é a *dinâmica das crises*, quando se menciona que "leva algum tempo para que as medidas agora adotadas surtam o efeito esperado". Porém, se os agentes privados entendem que o governo não está disposto a intensificar esse socorro, todo o montante gasto simplesmente sanciona novo patamar para a continuação da crise. Esse risco é maior quando associado a "ansiedades" eleitorais. Considere-se o caso dos EUA: ao final de junho de 2010, o Congresso havia autorizado apenas um quarto do plano de estímulo complementar de US$ 266 bilhões proposto pelo presidente em fevereiro daquele ano. O risco da manutenção da elevada taxa de desemprego e de recessão aumentou. O que estava em causa na discussão dos legisladores? A repercussão junto ao eleitorado de que as contas públicas se tornariam ainda mais deficitárias (Election-year deficit fears stall Obama stimulus plan, *The Washington Post*, 19 June 2010). Quanto ao desemprego da mão de obra, pense o leitor no seguinte paradoxo: uma taxa de desemprego de 9,2% (junho de 2011) pode ser tão ou menos *visível* que os 90,8% de trabalhadores ativos, o que qualificaria o impacto eleitoral do desemprego! Ainda mais quando a questão do desemprego concorre com outro dilema: os US$ 14,3 trilhões de dívida pública.

Por outra perspectiva, a reação social-eleitoral ao desemprego pode mesmo andar fraca, em razão de que, hoje, há grande dispersão dos desempregados e um enfraquecimento das instituições anteriormente usadas para sua mobilização coletiva (Somehow, the unemployment became invisible, *The New York Times*, 9 July 2011).

[98] "US forces nine major banks to accept partial nationalization" (*The Washington Post*, 13 Oct. 2008). No Brasil, exemplo dessa ocorrência foi o abandono efetivo da política de câmbio livre, quando, repetidamente e com intervenções maciças, o Banco Central tem buscado estabilizar a cotação do dólar. Outra perspectiva dessa mesma questão foi a adoção pelo governo Obama de uma *estratégia de repagamento*, ou seja, quando as firmas receptoras de recursos públicos durante a crise voltarem a operar com lucro, elas deverão reembolsar o governo, integral ou parcialmente, do volume da ajuda recebida (ver a seção "Novas lições estratégicas", no capítulo 4). Quanto ao relatório sobre a extensão em que recursos do Tarp foram desvirtuados pelo pagamento de altos bônus executivos nas firmas privadas, ver "Federal report faults banks on huge bonuses" (*The New York Times*, 22 July 2010).

[99] Ver também a seção "Novas lições estratégicas", no capítulo 4.

[100] Essa possibilidade foi primeiramente apresentada em celebrado estudo da trajetória do gasto público no Reino Unido (Peacock e Wiseman, 1961): haveria um "efeito sustenta-

ção" do patamar de gasto público — ainda que cessada a crise ou o choque externo — em decorrência da mobilização de grupos que redirecionam essas mesmas rubricas orçamentárias para novas destinações. Ver a seção "Deslocamento e sustentação", no capítulo 3.

[101] "Regulators seek global capital rule" (*The New York Times*, 25 May 2010).

[102] Da perspectiva do cidadão-contribuinte-eleitor, o padrão de decisão de políticas aqui evidenciado caracteriza uma estratégia *ad hoc* que o alija da compreensão de que princípios mais amplos possam nortear as ações de governo, impedindo-o de aferir, seja diretamente ou por seus representantes eleitos, se de todo as medidas de política propostas atendem de todo ao interesse geral. Reforçando essa característica há a inexorável tentativa de expandir a apropriação privada dos ganhos que uma política pública assim instrumentada pode gerar. Um episódio típico dessa tentativa de capturar ganhos especiais (*rents*), à margem do esforço anticrise, é evidenciado em "US rejects GM's call for help in a merger" (*The New York Times*, 3 Nov. 2008). Essas são oportunidades em que tanto grupos privados quanto os políticos sentem-se mais livres para estender os potenciais benefícios de uma política pública a segmentos econômicos que, originariamente, talvez nem viessem a ser contemplados. Mais uma vez, vale observar o que se passou em 2008 na economia dos EUA: com a operação de salvamento inicialmente definida em função dos títulos *podres* dos negócios hipotecários, bancos de investimento tentaram, em seguida, alargar a cobertura desse salvamento para alcançar as instituições financeiras em geral (Big financiers start lobbying for wider aid, *The New York Times*, 22 Sept. 2008).

No caso brasileiro, o ambiente institucional é ainda mais perverso, em razão do recurso da emissão de medidas provisórias e da grande vulnerabilidade das regras das escolhas públicas a ações de grupos de interesses preferenciais. Essa emissão de MPs alcançou, em meados de 2008, um volume equiparável a um quarto do volume de leis aprovadas pela legislatura. Esse é um expressivo condicionamento do processo deliberativo dos legisladores, que, assim, devem reagir a fatos consumados: quanto mais expressivos forem esses fatos, tanto mais rara será a possibilidade de que a proposta de política apresentada pelo Executivo venha a ser modificada. Na verdade, no *Estado administrativo* dos tempos de crise o poder presidencial tem se expandido significativamente (Posner e Vermeule, 2011).

3

Padrão da intervenção governamental

Rent seeking em tempos de crise

O desdobramento dos fatos econômicos e da reação dos governos nacionais é aqui mapeado por três ângulos analíticos complementares:

- na sequência de políticas compensatórias à crise mundial, o governo emitiu as MPs nº 442, de 6-10-2008 (aumento de liquidez financeira na economia), e nº 443, de 21-8-2008 (ampliação da oferta de moeda estrangeira e expansão da liquidez no mercado interbancário). Logo adiante, o governo voltou-se para o socorro a segmentos da atividade produtiva que davam sinais de retração;[1]
- em outra frente, deve-se notar o terreno institucional sobre o qual vai sendo erguido o novo esforço regulatório em muitas economias nacionais;[2]
- a crise evidenciou que a intensa atividade de grupos de interesses induz a que se disciplinem mecanismos político-eleitorais.[3]

Um caso específico: a indústria automotiva

Pelo menos desde meados da crise de 1995 (Monteiro, 1997, cap. 5), as firmas montadoras têm conseguido obter sucessivos benefícios agenciados por seu cartel político, a Associação Nacional dos Fabricantes de Veículos Automotores (Anfavea). Ao final de 2008, anunciou-se que os bancos ligados às montadoras receberiam R$ 4 bilhões do Banco do Brasil para manterem seus programas de financiamento de carros novos e usados, a baixas taxas de juros e prazos de crediário mais longos.[4]

Uma possibilidade para o entendimento dessa ocorrência é que a indústria automotiva tem capacidade para fazer uma *ameaça política com credibilidade*, porque:

- as vendas de carros em outubro de 2008 caíram 2,1%, comparativamente a outubro de 2007, e 11%, comparativamente a setembro de 2008;
- em 2008, os juros bancários do financiamento ao consumidor de carros subiram cerca de 30%, e os prazos do crediário encurtaram de 72 para 42 meses, quase sempre com a exigência de pagamento de uma entrada de 50% do valor do carro;
- em decorrência, a Anfavea pôde sinalizar com programas de demissão voluntária e, mais genericamente, com o fato de ser o setor automotivo um segmento relevante na geração de empregos, assim como de exportações, além de apresentar expressivos elos na cadeia produtiva industrial.[5]

Fica, assim, ilustrado que a provisão de benefícios por via governamental tem o poder de criar atendimentos não disponíveis por outro mecanismo que não o das escolhas públicas; ou, ainda, que sejam mais baratos do que aqueles providos por decisão política. É para garantir que seja a destinatária desses ganhos que a indústria automotiva (como, de resto, qualquer outro segmento privado que consegue se organizar como grupo de interesses) empreende *lobbying* junto às diversas instâncias do processo decisório público.

Neste ponto da argumentação, chamo a atenção do leitor para a afirmação já feita: a extensão de R$ 4 bilhões de crédito ao setor automotivo tanto é uma medida anticrise quanto um atendimento preferencial a um grupo de interesses. Nessa segunda percepção pode-se dimensionar que tais recursos não são gratuitos, do ponto de vista da coletividade como um todo. Modernamente, é bem compreendido que esse tipo de atendimento fracionado ou discriminatório em seus efeitos é o cenário típico para a geração de substanciais perdas sociais (Buchanan, 2008:177-178), uma vez que:

- essa política econômica compõe-se de uma mistura de interferências políticas *ad hoc* nos mercados e tem, por contrapartida, a ação de grupos que influenciam a oportunidade, a dosagem e a instrumentação dessas interferências;

- essa ocorrência leva a que o *tamanho* agregado do setor coletivo ou governamental da economia, relativamente ao setor não governamental, torne-se maior do que seria na ausência desse tipo de atendimento.

Em ambas as circunstâncias, há o impacto composto da assimetria desses dois efeitos,[6] isto é, uma vez promovidos, eles elevam os custos de transação na economia, de modo que se torna politicamente oneroso promover sua reversão, mesmo no longo prazo, pois:

- as milionárias operações de socorro empreendidas no primeiro momento da crise rapidamente acabam por reconfigurar a política de ajuste fiscal, por exemplo. Essa é possivelmente a perversão mais imediata e perceptível;
- há decorrências igualmente onerosas, em termos da autonomia decisória do processo político, a qual ficará ainda mais pressionada, uma vez que políticos e seus beneficiários concluam uma barganha que (tal qual em qualquer contrato típico) coloque ambas as partes em melhor situação de bem-estar: os *ganhos especiais* ora criados serão "trocados" por votos e recursos para campanhas eleitorais (McChesney, 1997, cap. 4).

Ambiente institucional

A figura 10 ilustra a visão que distingue entre o funcionamento de diferentes blocos de regras {([1] → [2]) → [3]} e a modificação direta ou autônoma do comportamento dos agentes de decisão [3] nas escolhas públicas (Buchanan, 2008:178).

Figura 10. Melhores regras, melhores escolhas públicas

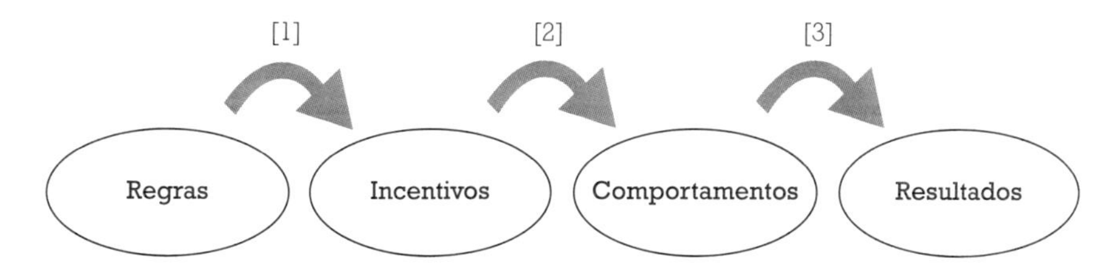

A crise financeira mundial (2008-2010) já havia desde cedo ensinado que blocos inteiros de ações de política econômica são passíveis de ser copiados em seu design e em sua operacionalização, apesar das nuances em que essas estruturas institucionais atuam nas diferentes economias nacionais.

Agora, na economia norte-americana, surgiu uma evidência inesperada como fonte de reflexão analítica sobre o tema da figura 10, mais especificamente sobre o financiamento *público* de campanhas eleitorais.

A forma de financiamento privado que deu sustentação à candidatura presidencial vitoriosa do Partido Democrata nos EUA, em 2008, produziu um efeito não intencionado que pode ser sumariado por observações avulsas de alguns estrategistas políticos: "[o presidente eleito] não deve nada a ninguém exceto ao povo que o elegeu" ou "ele está em uma posição única; pode realmente estabelecer sua própria agenda e não tê-la estabelecida por outros"; "a ameaça implícita de chantagem financeira simplesmente não vale muito a pena; [por exemplo, os sindicatos trabalhistas] não poderão chegar a ele e dizer: você não seria presidente não fôssemos nós".[7]

E por que isso? Não pelo fato de o candidato eleito ter optado pelo financiamento público de campanha — o que não ocorreu; seu oponente é que fez essa opção —, mas em decorrência da grande pulverização dos recursos substancialmente elevados carreados para a sua bem-sucedida campanha.

Por vias ainda não perfeitamente entendidas, tal formato de financiamento acabou por singularizar uma agenda de políticas públicas comum a um segmento bastante amplo de eleitores — os que, de fato, estarão vigilantes quanto ao desempenho do novo governo. Relacionando a figura 10 a essa ocorrência percebe-se que, por meio de uma estratégia efetiva (novo conjunto de regras eleitorais, em [1]), que encoraje a maior participação dos eleitores individuais no processo político (fazendo doações a campanhas [3]), é possível ter um padrão de resultados eleitorais tal que tanto o poder econômico de grupos de interesses se dilua quanto se promovam valores democráticos independentes.[8] Esse tipo de ocorrência é muito didático como pano de fundo para a discussão que tem ocorrido no Congresso Nacional em torno da adoção de um novo bloco de regras eleitorais em que se defina o financiamento público de campanhas eleitorais.[9]

O propósito fundamental desse tipo de regra é garantir maior autonomia decisória nas escolhas públicas, uma vez que, ao receber recursos de um fundo eleitoral público, fica vedado ao candidato receber recursos privados com igual finalidade (dinheiros políticos). Indiretamente, nesse regime, antecipa-

-se que será menor o significado da atividade de *lobbying* dirigida a políticos e partidos.[10] Sendo opcionais (tal qual ocorre na campanha presidencial dos EUA), tais recursos correm o risco de ser demandados apenas por candidatos sem muita chance de se eleger, uma vez que a indução a contar com recursos financeiros oriundos de grupos privados mantém-se muito significativa no ambiente institucional tão instável em que opera a economia brasileira.

De todo modo, a experiência da recente eleição presidencial nos EUA pode contribuir para que esse tema seja redefinido em sua moldura de regras: em vez de gerar recursos públicos, que se introduzam incentivos ([1] → [2]), como na figura 10, tais que os resultados produzidos se caracterizem (em [2] →[3]) por doações privadas que:

- alcancem volume apropriado, a ponto de não serem uma fonte de corrupção eleitoral ou de atendimento de demandas preferenciais de grupos de interesses;
- se definam por um padrão suficientemente pulverizado, levando a que o efeito perverso do condicionamento da autonomia decisória no processo político não se manifeste em dimensões impróprias à promoção do interesse geral.

Por essa ótica, uma lei de financiamento público às campanhas eleitorais perde muito de sua urgência, pelo menos nos moldes em que esse tipo de regra tem sido discutido no Brasil.

Conflito de interesses

Um caso ocorrido nos EUA ilustra a complexidade com que se manifesta o conflito de interesses: um famoso programa de rádio apresentado há muitos anos por respeitado psiquiatra foi retirado do ar ao se revelar (via um inquérito promovido no Senado norte-americano) que o apresentador do programa obtinha boa parte de seus rendimentos pessoais de laboratórios fabricantes de produtos, cujas virtudes no tratamento de depressões e distúrbios mentais em geral vinham sendo enfatizadas em seu programa.[11]

Se nos deslocarmos para o âmbito da relação do cidadão com aqueles que se encarregam da provisão de políticas públicas, o tema do conflito de interesses pode assumir gravidade ainda maior, ao se ter descaracterizada a relação entre *agente* (político) e *patrocinador* (eleitor-contribuinte), que se estabelece por intermédio do processo constitucional-eleitoral.

O reverso da moeda do conflito de interesses é a atividade de *lobbying*. Mais do que tudo, o *lobbying* é relevante por sua função de fazer chegar a políticos e burocratas informações que poderão ser trocadas por atendimentos de política pública. Os financiamentos de campanhas eleitorais, por exemplo, seriam fundamentalmente orientados para dar acesso a essa possibilidade ou, em outros termos, essas doações eleitorais teriam a função de tornar o grupo econômico favorecido mais efetivo em sua atividade de *lobbying* (Kim, 2008:14). Essa é a *conjectura do acesso*, isto é, recursos privados são usados como sinalização aos políticos do valor da informação que o grupo de interesses detém em relação a determinado tema de política pública. Por esse meio, o grupo privado ganha acesso ao processo decisório público, tornando extremamente mais valiosa a sua atividade de *lobbying*.

Seguindo a tendência dos governos em inúmeras outras economias nacionais, o governo brasileiro desenvolve políticas que tentam se antecipar a *falhas* em mercados específicos (automotivo, financeiro, entre outros). É nesse ambiente que se pode pressupor que ocorra um alto investimento em *lobbying*, assim como a geração, por essa atividade, de elevados benefícios para grupos de interesses. Evidencia-se, portanto, que o *lobbying* pode ter alto impacto nos resultados de política econômica (Figueiredo, 2002). Por isso, as regras do jogo de políticas vão aos poucos se tornando mais e mais detalhadas, objetivando não só "abrir" as operações governamentais, mas também induzir comportamentos socialmente mais aceitáveis ou "éticos" pelas partes envolvidas nos contatos entre setor privado e setor público. A legislação norte-americana é um exemplo notável dessa imperiosa necessidade de disciplinar a interação entre interesses privados e uma operação governamental em constante expansão. É foco desse novo conjunto de regras a regulação:

- da porta giratória, isto é, do conjunto de restrições ao emprego *posterior* à ocupação de cargos na organização pública (burocratas ou legisladores);[12]
- do recebimento de "presentes" dados por lobistas e entidades que empregam lobistas a agentes de decisão que atuam na esfera pública.[13]

À margem da sequência de medidas de política econômica, é notória a mobilização de segmentos organizados e de demandas homogêneas e bem-

-definidas. O propósito nominal dessa mobilização é obter proteção contra os efeitos da crise (falta de crédito, queda de demanda, perda de liquidez, entre outros). Contudo, o objetivo dos grupos privados não é apenas obter o benefício de uma regulação que lhes seja favorável, mas ter também esse apoio concedido em bases irrestritas, duradouras e tão exclusivas quanto possível. Ao governo escapa quase sempre a percepção de que essa é a oportunidade de se reformar outros aspectos da regulação de mercado.

Assim, por exemplo, um dos efeitos previsíveis em muitos mercados em crise, e no mercado financeiro em especial, é a sua oligopolização. Porém, os recursos alocados pelas operações de socorro têm sido concedidos com pouco sentido seletivo, ou seja, as medidas vão sendo adotadas, independentemente de a concentração de poder decisório nos mercados estar ou não sendo estimulada pela própria ação governamental. Da parte dos segmentos beneficiados, por certo que a melhor estratégia é apresentar as virtudes dessa "competição entre poucos".[14]

A própria cooperação *entre* grupos de interesses distintos pode ser usada nessa mesma direção (Monteiro, 2007:113-115): um sistema financeiro nacional mais concentrado habilita a que a economia brasileira tenha bancos de maior expressão mundial, com maior potencial de criar e sustentar linhas de crédito para o comércio exterior brasileiro. Assim, os interesses dos bancos privados nacionais são secundados, por exemplo, pelos interesses do setor exportador, que muito se beneficiará da ação compensatória da fusão de dois grandes bancos privados em uma conjuntura de racionamento dessas linhas de crédito no mercado mundial.

Estes são tempos em que se podem observar o design e a execução de complexas e sofisticadas estratégias para possibilitar uma pronta resposta política, em um ambiente de uma falha de mercado inesperada, persistente e danosa.[15]

Governança da crise econômica

Como já mencionado, há aspectos implícitos na crise econômica que deixam muito mal as análises que, de certo modo, *zeram* a componente institucional na modelagem macroeconômica. Isso se dá não só pelo fato de se tentar discutir o resultado de um jogo de estratégias sem que as *regras* desse jogo sejam especificadas, mas também por se pressupor que a formação de expectativas dos agentes econômicos decorre linearmente do padrão que vinha sendo observado antes da crise.

Vale notar que a prontidão com que os governos nacionais têm implementado políticas econômicas corretivas pode ser uma importante condicionante na formação dessas expectativas. Contudo, isso não parece ter sido suficiente: em meados de janeiro de 2009, US$ 350 bilhões da operação original de salvamento da economia norte-americana (US$ 700 bilhões) já haviam sido gastos, com limitado impacto na trajetória de queda dessa economia. Em decorrência, a expectativa é que deva haver muita persuasão quanto aos critérios de alocação dos restantes US$ 350 bilhões.[16]

Lições adicionais da crise

Como relatado na coluna de D. Berman, no *Wall Street Journal*, o escândalo da Enron não chegou a ser o fim dos escândalos econômicos, como prematuramente se pensara à época. Em 2002, no rastro da falência dessa firma gigante do setor de energia, surgiu a Lei Sarbanes-Oxley, saudada em setembro de 2006 pelo então presidente da Securities and Exchange Commission (SEC) como tendo inaugurado uma era em que "a confiança do investidor foi restaurada [...] e [as informações financeiras se tornaram] mais confiáveis e transparentes".[17]

Todavia, não foram apenas os burocratas do Executivo (nos variados graus de delegação de poder com que operam as políticas econômicas) que se equivocaram e ainda se equivocam:[18]

- a mesma classe de legisladores que, hoje, está sendo chamada a avalizar a transferência de substanciais recursos financeiros públicos, em prol do salvamento de importantes mercados de bens e serviços, também está envolvida em sérios erros de avaliação;[19]
- adicionalmente, tal qual o caso Enron, vai ficando evidente que os próprios agentes privados praticam uma estratégia de *verdades privadas e mentiras públicas*.

Em suas expectativas individuais, esses agentes antecipam oportunidades de ganhos que contrariam o interesse coletivo, seja porque atribuem pouca importância às consequências de seus erros, seja porque antecipam que eventualmente o *lobbying* que empreendem junto ao processo político viabilizará a necessária intervenção corretiva do governo. Tome-se como evidência dessa constatação a informação[20] de que decisões estratégicas internas às duas grandes organizações do mercado hipotecário norte-americano, a Freddie Mac e a Fannie Mae,[21] datadas de 2005, já incorporavam o conhecimento das arriscadas hipotecas que as duas companhias estavam comprando e garantindo em quantidades crescentes.[22]

Nesse mesmo bloco de agentes privados se incluem firmas de *rating*. A despeito de empréstimos de tão elevado risco, a "Fannie relacionava-os como obtendo grau elevado (AAA) atribuído por agências de *rating* de crédito [...] [havendo preocupação quanto à possibilidade] de essas agências não estarem avaliando apropriadamente o risco desses títulos", como afirmou o então principal responsável pela área de crédito da Fannie Mae.[23]

Levando-se em conta que o contorno mais amplo da crise se mantém muito semelhante nas várias economias nacionais, seja nos indicadores macroeconômicos, seja no padrão de respostas de política econômica, vale repassar as evidências mencionadas anteriormente para o contexto brasileiro.

Em 11-12-2008, o governo anunciou uma nova rodada de medidas de estímulo econômico que, se, por um lado, representavam a reação padronizada já testada em diversas economias nacionais, por outro, evidenciavam o sucesso de dois mecanismos recorrentemente acionados na economia brasileira:

- o *lobbying* da Anfavea, que mais uma vez foi bem-sucedido em seu pleito de obter uma transferência de renda a favor das montadoras de veículos. O formato foi o da eliminação do IPI incidente sobre veículos populares, viabilizando um desconto de aproximadamente R$ 1.500 no preço final do carro novo. Esse atendimento preferencial foi de baixo custo político para o governo e de fácil aceitação pela sociedade, pois a conjuntura de crise mascarou os interesses especiais que estavam sendo servidos. A crise tornou pouco transparente o sentido irrestrito desse benefício, pois a isenção tributária não foi acompanhada por regulações que exigissem o comprometimento da indústria automotiva em se pautar por novos padrões de qualidade de sua produção;[24]
- os burocratas da área fiscal tentaram viabilizar, nessa oportunidade, sua antiga reivindicação de introduzir maior variedade de alíquotas na in-

cidência do imposto de renda da pessoa física (passando-se de três para cinco alíquotas).

No ambiente de crise, a justificativa para a adoção de alíquotas adicionais do IRPF foi o estímulo *emergencial* ao consumo, especialmente nas faixas de renda mais baixas. Cessada a crise, a autoridade fiscal disporia de mais um instrumento de manipulação na política tributária que poderia ser adequadamente operado em prol de outros objetivos mais permanentes que os burocratas do governo pudessem vir a ter, como o da majoração da receita tributária.[25]

Estado administrativo

Na Grande Depressão ocorrida no século XX ficaram evidenciados:

- equívocos da teoria macroeconômica dominante (modelo clássico), o que deu curso à chamada revolução keynesiana;
- a indisponibilidade de uma visão estatística unificada de uma economia nacional, o que mais adiante seria reparado com o quadro conceitual dos grandes agregados ou com a quantificação da contabilidade nacional;
- a inexistência de um modelo de política econômica que estilizasse a capacidade de o governo agir como unidade de controle, isto é, intervir na realidade socioeconômica, deficiência que foi preliminarmente sanada pela teoria quantitativa de política econômica ou modelo de Tinbergen-Frisch, que teve seus primórdios em 1936 (Monteiro, 1982, caps. IV e V).

Retrospectivamente, mesmo considerando-se o baixo nível de sofisticação institucional de uma economia nacional dos anos iniciais do século XX, não espanta que o mundo possa ter sido surpreendido pelo *crash* de 1929 e pelo longo período de reação que os governantes e acadêmicos levaram para equacionar soluções efetivas para lidar com essa crise.[26]

Por certo, a pergunta mais complexa que se pode fazer nxa atualidade econômica é: em que *extensão* e *profundidade* a economia brasileira está sendo afetada pela crise mundial? Em decorrência, são igualmente difíceis de ser equacionadas as questões subsidiárias: será possível observar o mesmo *padrão de propagação* dos efeitos depressivos, como ocorre nas economias dos EUA e da UE, com o início no setor financeiro contaminando logo em seguida a indústria e o comércio, chegando à geração de emprego? A *mistura* de políticas compensatórias ora em curso nessas economias terá igual *efetividade* no Brasil? O *tamanho* do Estado regulador, que vai ressurgindo na economia norte-americana, terá algum paralelo com a multiplicação de intervenções econômicas que o governo brasileiro tem promovido nos mercados de bens e serviços?

A referência histórica à Grande Depressão é relevante na medida em que, por exemplo, a regulação do moderno sistema bancário foi estabelecida precisamente como decorrência desse acontecimento: o governo tornou-se o emprestador de última instância e o garantidor de que os bancos tenham fundos suficientes para cobrir os depósitos a eles confiados (seguro de depósitos, supervisão dos bancos por um banco central e empréstimos subsidiados aos bancos).

Contudo, é insuficiente observar e correlacionar *resultados* finais macroeconômicos, uma vez que a crise é essencialmente uma crise de confiança, não se devendo propriamente a algum problema econômico subjacente (Posner e Vermeule, 2008). Deve-se levar em consideração os *processos* ou *regimes* em que essa perda de confiança se sustenta, e considerar o ambiente em que as instituições operam e em que os agentes econômicos fazem suas escolhas.

Segundo Posner e Vermeule (2008:15), o gerenciamento da crise envolve o entendimento de como atuam:

- o Estado administrativo, uma vez que são os burocratas governamentais que desempenham o papel central na reação à crise; e
- o conjunto de regras do processo político, pois são essas regras que definem, ao fim e ao cabo, a quem está alocado que tipo de poder de decisão que será acionado na definição e operacionalização de novas regulações econômicas.

Quanto ao primeiro atributo, tem sido muito semelhante o processo de implementação das medidas anticrise, com destaque para vários graus de parceria entre as unidades orçamentárias e de tesouraria dos governos e a autoridade monetária, mesmo que centrada na noção de banco central independente. É no segundo atributo mencionado que o receituário de política econômica nas várias experiências nacionais tem se apresentado singular.

Nos EUA, observa-se que a classe política está sendo chamada a se engajar diretamente na adoção de medidas anticrise. Na questão do *timing* da reação governamental, há no caso brasileiro, no entanto, uma componente perversa, que alija os políticos do centro dessas deliberações: o mecanismo de emissão de medidas provisórias não só concentra o poder de decisão na burocracia do Executivo, mas também, pelas peculiaridades das regras legislativas vigentes, paralisa a tomada de decisão do Congresso Nacional.[27]

Passivo institucional

A crise é um rico experimento de como as escolhas públicas podem se configurar como uma redefinição de regras do jogo, muito mais do que a obtenção dos resultados macroeconômicos que decorrem de uma dada especificação institucional — o sentido convencional que se atribui à formulação de políticas. Em 2008-2010, o estímulo econômico em muitos países foi um esforço da política de reforma ou da política constitucional, quando as próprias regras do jogo de política tornaram-se incógnitas do problema de escolha pública.[28]

Os meses iniciais de 2009 evidenciaram três classes de desdobramentos:

- a ordem constitucional ficou substancialmente pressionada, na medida em que o sistema da separação de poderes operava com adaptações no processamento das políticas públicas necessárias, em alcance, intensidade e presteza;[29]
- ante a forte descontinuidade que a crise imprimiu nas economias, deve-se ter cautela ao se tentar adaptar ao seu diagnóstico modelos analíticos convencionais. Tais modelos captam trajetórias de um sistema econômico em que os processos ou regimes das variáveis são tomados como invariantes, concentrando, portanto, seu foco nos resultados finais;[30]
- fatos muito peculiares se sucederam, apresentando extensa variedade: desde o substancial avanço, no curto prazo, do tamanho da presença orçamentária e regulatória do governo[31] até a intensa atividade de grupos de interesses em torno de benefícios de sentido e proporção que aguardam validação no processo político.[32]

Regras constitucionais pressionadas

Pelo menos em um aspecto muito específico a dinâmica da crise não seria muito diferente de qualquer outra crise econômica: mesmo com regras do jogo em funcionamento, elas acabam por ser modificadas num curto espaço de tempo (Posner e Vermeule, 2008):

- tal modificação pode ter o conteúdo de alocar mais poder a unidades de decisão do que aquele que se entendia que elas deveriam ter. De todo modo, os políticos atuam no sentido de confirmar o poder discricionário do Executivo ou de delegar-lhe novos e mais amplos poderes;
- é nesse ambiente legal-constitucional que toma forma o Estado administrativo, com a autoridade discricionária e as políticas *ad hoc* empreendidas por burocratas recondicionando os conjuntos de escolhas dos agentes privados;[33]
- essa ênfase na ação do Executivo decorreria do fato de o Judiciário e a legislatura continuamente atuarem secundariamente, por serem instâncias decisórias que desempenham essencialmente um papel reativo e marginal no gerenciamento de crises.[34]

Tacitamente ou não, os políticos acabam garantindo ao Executivo ampla delegação de poderes, funções e recursos orçamentários, em uma complexa mistura de instrumentos legislativos e gerenciais.[35] No Brasil, o circuito pelo qual o poder discricionário dos burocratas tem sido expandido e consolidado, direta ou indiretamente, é a emissão de medidas provisórias. Esse é um dos temas centrais do conflito latente entre o Congresso e o Executivo.

A formalização desse conflito foi ilustrada por pelo menos três fatos no desenrolar da crise:

- a decisão do presidente do Congresso de devolver ao governo a MP nº 446 (7-11-2008), que trata da renovação da certificação de entidades filantrópicas;[36]
- em 14-5-2008, por arguição da liderança de um partido político da oposição (PSDB), a suspensão liminar, pelo Supremo Tribunal Federal, da vigência da MP nº 405 (18-12-2007) — já então convertida, em 18-4-2008, na Lei nº 11.658 —, que trata da abertura de crédito extraordinário ao orçamento de vários órgãos públicos;[37]
- segundo o presidente da Comissão de Constituição, Justiça e Cidadania (CCJ) do Senado Federal, o indicador mais objetivo do condicionamento do processo decisório do Congresso pelo uso impróprio de MPs é que, em 2008, o número de sessões não deliberativas da legislatura, em decorrên-

cia do bloqueio da agenda do Congresso por MPs, superou o número de sessões deliberativas.[38]

O dilema operacional antes referido com que se defronta o Congresso em seu relacionamento com a alta gerência do Executivo tem por corolário que as próprias crises tendem a seguir uma sequência em que (Posner e Vermeule, 2008):

- num primeiro momento, irrompe um evento que demanda imediatas ações compensatórias de política pública, com o Executivo e o Congresso tomando ciência dessa necessidade;[39]
- num segundo momento, os legisladores são chamados a redesenhar a arquitetura regulatória em vigor.[40]

Deslocamento e sustentação

As ocorrências de setembro/outubro de 2008 (apenas para ter um ponto de partida) levaram a uma significativa descontinuidade nas economias em termos de desemprego da mão de obra.

A figura 11 estiliza esse fenômeno. Nesse ponto do tempo, podem ser identificados dois efeitos:[41]

- o efeito deslocamento: a curva que caracteriza a taxa de desemprego da mão de obra muda de patamar ao longo do tempo; identifica-se, portanto, um ponto de descontinuidade: a taxa de desemprego antes de setembro/outubro de 2008 situava-se em um patamar e, após essa data, a mesma taxa passou a um patamar mais acima;
- o efeito sustentação*:* apesar das novas estratégias adotadas pelo governo, a variável desemprego persiste em manter-se em nível mais elevado, podendo-se mesmo antecipar que, uma vez debelada a crise, é improvável que a tendência dessa variável retorne ao patamar observado em setembro/outubro de 2008.

Em setembro/outubro de 2008, a crise levou a economia, em geral, e o desemprego da mão de obra, em particular, a se deslocarem para patamar distinto daquele em que vinham seguindo. Não se tratava, portanto, de mera flutuação ou ciclo na trajetória da economia nacional. Era o *efeito deslocamento.* Apenas como ilustração, a partir daí a economia passou a se sustentar nesse novo patamar. Na figura 11, temos o patamar A, em que a taxa de desemprego continua se elevando, ou, alternativamente, alcança o patamar B, onde o desemprego mantém-se em um nível ainda elevado, apesar de constante. O ponto principal mostrado na figura 11 é esse *efeito sustentação*: embora os principais fatores determinantes da crise possam ter cessado, a economia não retorna ao nível anterior. No caso específico do emprego, argumenta-se que a crise é de tal envergadura que blocos inteiros de atividades vão sendo eliminados, de sorte que a absorção de mão de obra será também reconfigurada: postos de trabalho desaparecem de todo, ou seu peso relativo na população economicamente ativa é reduzido.[42]

Figura 11. Dois efeitos da crise na trajetória macroeconômica

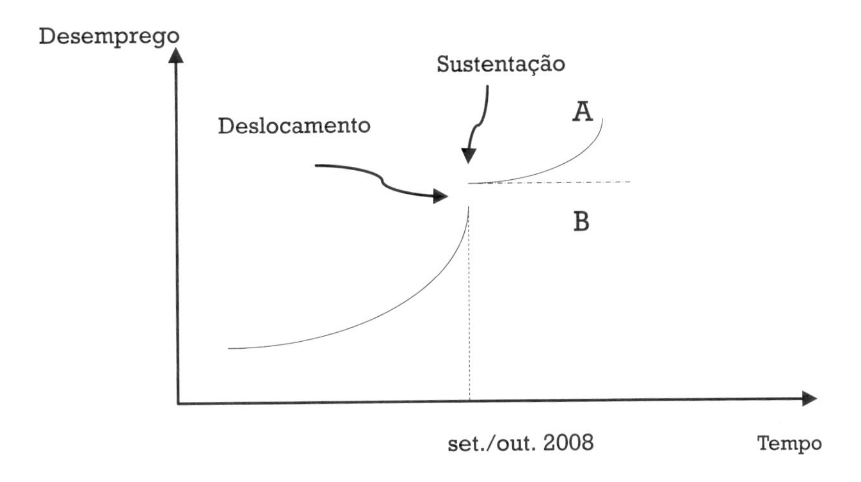

Em consequência, o receituário habitual de política econômica pode se revelar pouco efetivo no combate ao desemprego, uma vez que essa não é uma ocorrência puramente cíclica, de duração definida. Assim, iniciativas como operações compensatórias via pagamento de seguro-desemprego (aumento do valor do seguro, extensão de seu período de recebimento) podem, em verdade, levar a um desequilíbrio ainda maior nas contas públicas, caso se configure que uma grande parcela do contingente de desempregados não mais encontrará postos de trabalho, dada a sua qualificação atual. Será necessário reconfigurar, por igual, os instrumentos de política, substituindo-os ou dando-lhes ênfases distintas.[43]

Essa é, portanto, uma ruptura de processos *induzida* pela crise.

Retornando à figura 11, uma razão de tal efeito sustentação (pela trajetória A ou por B, por exemplo) é que, após a instalação da crise, talvez não seja mais possível replicar a mistura de políticas que vigorava antes, ou porque alguns de seus ingredientes perderam de todo sua efetividade, ou porque há uma vigorosa recomposição de seus pesos na política econômica.[44]

Perda de anonimato e *rent seeking*

A trajetória das economias nacionais evidencia dois atributos analíticos vinculados entre si:

- a escolha pública traduz-se por regras que permitem visualizar, com maior ou menor grau de *anonimato*, os segmentos da sociedade que serão alcançados pelos impactos líquidos das políticas governamentais;
- a complexidade da crise é reforçada pelas relações intersetoriais na economia, o que, por seu turno, se reflete no mecanismo de *rent seeking*, que passa a operar em uma cadeia de demandas preferenciais.

Tendo por referência a figura 12, pode-se indagar em que extensão a escolha de regras feita no tempo t é inerentemente descomprometida em relação às suas decorrências em t + n, em termos dos custos e benefícios que possam incidir ou não sobre aqueles que tomaram a decisão em t. Vale dizer, em que medida a escolha da regra de decisão em t é imparcial?

Figura 12. Incerteza e impacto distributivo da política econômica

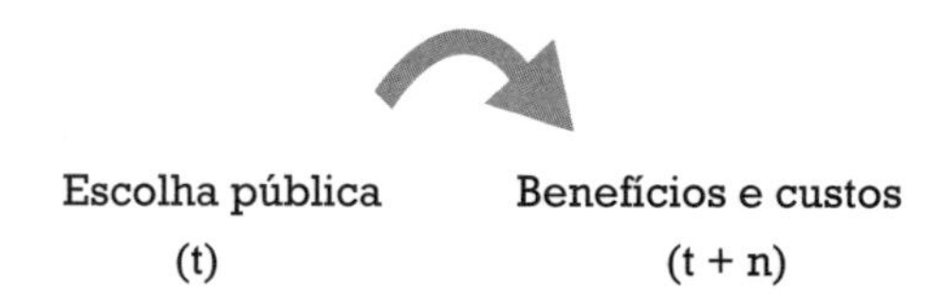

Uma forma mais abstrata dessa questão é a seguinte: a escolha de regras em t promove um *efeito véu* (Monteiro, 2007, cap. 8), no sentido de que a incerteza quanto à incidência de seus custos e benefícios futuros (t + n) é grande. Portanto, não antecipando de que lado ficará (se perdedor ou ganhador), o agente de decisão em t opta por uma regra que melhor atenda ao interesse geral ou coletivo, deixando de lado a promoção de interesses que lhes são mais próximos (de seu reduto eleitoral ou de seus financiadores de campanha eleitoral, por exemplo).

Esse *véu de incerteza* é uma estratégia que engloba diversos mecanismos (Vermeule, 2007b):

- *prospectividade*: as regras das escolhas públicas requerem que os *policy makers* tomem suas decisões sem conhecer as identidades dos que violarão essas regras;[45]
- *generalidade*: esses mesmos *policy makers* antecipam que tanto os interesses que promovem quanto os que prejudicam podem ser governados pela decisão corrente que tomam;[46]
- *durabilidade*: as regras que tornam as decisões relativamente duráveis levam legisladores e burocratas a anteciparem que a decisão corrente que tomem governará casos no futuro remoto, casos esses cujos impactos sobre os interesses futuros desses mesmos agentes públicos são correntemente imprevisíveis;
- *vigência defasada*: a extensão do horizonte de tempo de uma regra *atrasa* a efetividade das decisões, seja para um período fixo, seja até que um evento futuro se manifeste.

O sentido *único* da atual crise econômica torna improvável que as regulações que estão sendo postas em prática não venham, logo adiante, a ser recondicionadas.[47]

A segunda ordem de considerações pressupõe que tempos de crise disparam a mobilização de grupos de interesses que se articulam para obter, sustentar e ampliar benefícios, ou, inversamente, fazer cessar, desviar ou diminuir os custos que acompanham os programas anticrise.

A figura 13 ilustra a complexidade com que esse mecanismo pode operar.

Nessa figura, as atividades econômicas dos setores 1 e 2 apresentam-se inter-relacionadas por E, e os setores 2 e 3 por D. Seja 1 o setor de autopeças, 2 as montadoras de automóveis e 3 os bancos privados. Embora o foco dos problemas de insolvência possa ser dramatizado pelo *bailout* de 2, a atuação do cartel político de 2 se coordena pela sequência $\{[(A), (C)] \rightarrow (B)\}$.[48] Outro exemplo é dado pela regulação da AIG, representada por 3, sendo 2 os bancos de investimento: a AIG liberaria recursos para esses bancos, caso o *default* nas hipotecas se elevasse acima de determinado nível.[49] Portanto, a estratégia da AIG é ainda mais efetiva com a sequência $\{(B) \rightarrow (C)\}$.

Figura 13. Uma sequência de *rent seeking*[50]

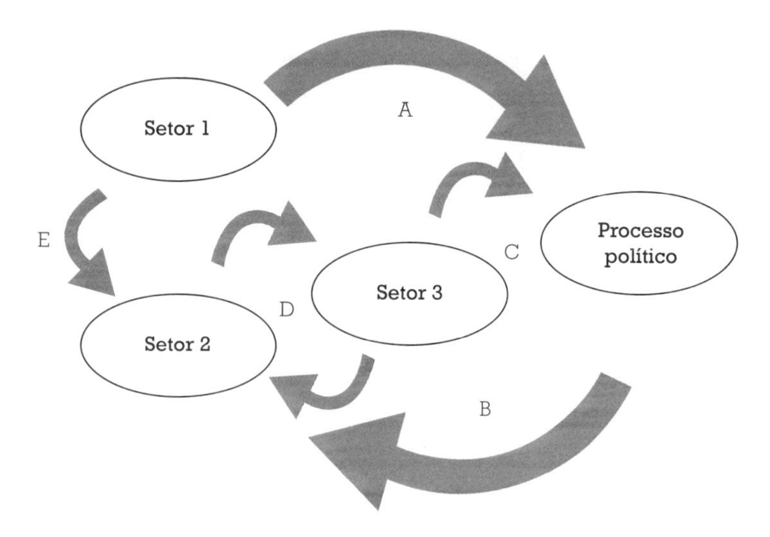

Uma decorrência inescapável de toda essa trajetória é que a mais extensa intervenção governamental nos mercados vai pressionar a reforma das regras do jogo, especialmente no que diz respeito à proteção dos processos da democracia representativa, às dimensões dos financiamentos privados de campanhas eleitorais, ao uso da mídia e a atividades de *lobbying*.

É provável que o mal-estar generalizado e notório com que economistas de todos os matizes estão desempenhando na discussão da atual crise econômica tenha um fio da meada:[51] sendo essa uma crise de enormes proporções, seu dimensionamento e as estratégias mais aptas a lidar com os problemas que vão se avolumando têm por ingrediente central os *processos* ou *regimes* pelos quais se estruturam as escolhas públicas. E quanto a isso a teoria econômica convencional, centrada em relações entre *resultados* finais do sistema econômico, apresenta-se insuficiente.[52]

A questão relevante parece ser a presteza com que a decisão política ambientada na separação de poderes se manifesta, com a operacionalização de políticas de forte expansão do gasto público.[53] O que se apresenta como essencial é o *timing* dessa deliberação,[54] o que tem levado, por exemplo, o presidente norte-americano a aparecer com inusitada frequência na mídia, a conclamar ora os deputados ora os senadores a colaborarem com sua proposta de política econômica.[55] Nesse episódio, evidencia-se o forte condicionamento sob o qual opera o sistema de separação de poderes, assim como o *modus operandi* do Congresso Nacional.

A propósito, vale ressaltar que a democracia representativa se sustenta em duas classes de mecanismos (Vermeule, 2007b): a) os de *grande escala*, como eleições periódicas, sistema de separação de poderes e independência do Judiciário; b) os de *pequena escala*, como a não exclusividade da informação que os agentes públicos possam deter, o que limita sua atuação em prol de interesses preferenciais; ou ainda regras de votação que induzam o tipo e a quantidade de responsabilização atribuída a esses mesmos agentes, assim como regras legislativas que promovam a transparência decisória.

Como se observa na crise atual, *dada a configuração desses mecanismos de grande escala*, os mecanismos de *pequena escala* é que têm sido ajustados para a resolução dos conflitos, de vez que esse ajustamento apresenta custo político limitado.[56]

Outra decorrência trivial dos esforços de política econômica anticrise é que, passada a emergência, o *status quo* legal e constitucional pode não retornar à sua configuração original pré-crise.[57] Com os poderes viabilizados em nome da necessidade de operar políticas compensatórias, o Executivo acaba sustentando as amplas delegações de autoridade aprovadas pelo Congresso, o que se pode dar pela extensão desses poderes a mais uma rodada de novas áreas de regulação.[58] Esse *passivo institucional* conduzirá as economias a uma nova arquitetura das regras constitucionais.

Racionalidade política

A crise que irrompeu em 2008 na economia dos EUA e rapidamente se espalhou pelo mundo dá sinais mistos de atenuação e de perpetuação de efeitos negativos. Em maio de 2009, uma das previsões para o futuro próximo era que as economias nacionais estariam sob a pressão de reconfigurar muitas das regras do processo político, especialmente na dimensão constitucional, de modo a que a estrutura das escolhas públicas em operação refletisse o consenso da sociedade e não uma improvisada *via rápida*, que prestou serviço à solução de problemas de política pública específicos.

Os resultados obtidos com a política de reação à crise mostram tanto as vantagens quanto as desvantagens de se utilizar as instituições e os mecanismos decisórios habituais para lidar com as situações de incerteza e risco que se apresentam (Congleton, 2009:41): por um lado, os problemas de política econômica decorrem, em grande parte, dos próprios vícios de procedimentos que, há longo tempo, integram a formulação de estratégias dos agentes públicos e privados; por outro, a associação da autoridade monetária com a principal unidade decisória política (Ministério da Fazenda ou equivalente) mostra-se crucial na articulação dos esforços anticrise, chegando por vezes a estender inovadoramente suas missões convencionais na formulação e operacionalização das escolhas públicas.

Em outra dimensão, a nova onda de escândalos — intensificada a partir do 2º trimestre de 2009 — no Congresso Nacional, mais especificamente no Senado Federal, levou a que fossem sugeridas novas regras *ad hoc* para disciplinar o comportamento dos legisladores, direcionando-os ao atendimento do interesse coletivo, o que, por certo, é uma abordagem correcional.[59]

Dinâmica da crise

Várias são as sinalizações quanto ao tipo de consenso exigido no atual estágio do ajuste que se promove nas diversas economias mundiais (e o Brasil não é exceção):

- *tamanho da economia pública*: o governo como unidade orçamentária e unidade de controle são faces da politização dos arranjos econômicos que têm se expandido significativa e aceleradamente;[60]
- *garantia de titularidades*: os direitos assegurados nas áreas trabalhista e previdenciária muito provavelmente deverão ser redefinidos, no rastro da adoção de mecanismos que previnam a ocorrência de novas crises de características similares à atual;[61]
- *sistema da separação de poderes*: haverá uma contraposição à tendência que já vinha sendo observada antes da crise (e que se acentuou ao longo dela) de hipertrofia do poder da alta gerência econômica do Executivo.[62]

A crise causa fortes impactos sobre as instituições e a formulação de políticas. Em consequência, certas dimensões da crise acabam sendo exacerbadas ou tornadas mais complexas. A figura 14 capta essa relação de causa e efeito.

Um exemplo observável em várias economias é o recondicionamento da política de ajuste fiscal: com a forte expansão dos gastos públicos na jurisdição federal, e diante da queda da arrecadação tributária, as demais jurisdições de governo passam a pressionar o governo central para aumentar seu quinhão nesses novos gastos federais e para que se redefinam as regras do federalismo fiscal.[63] Na figura 14, essa ocorrência perversa ilustra a sequência {[4] → [5]}.[64]

Figura 14. Realimentação da crise

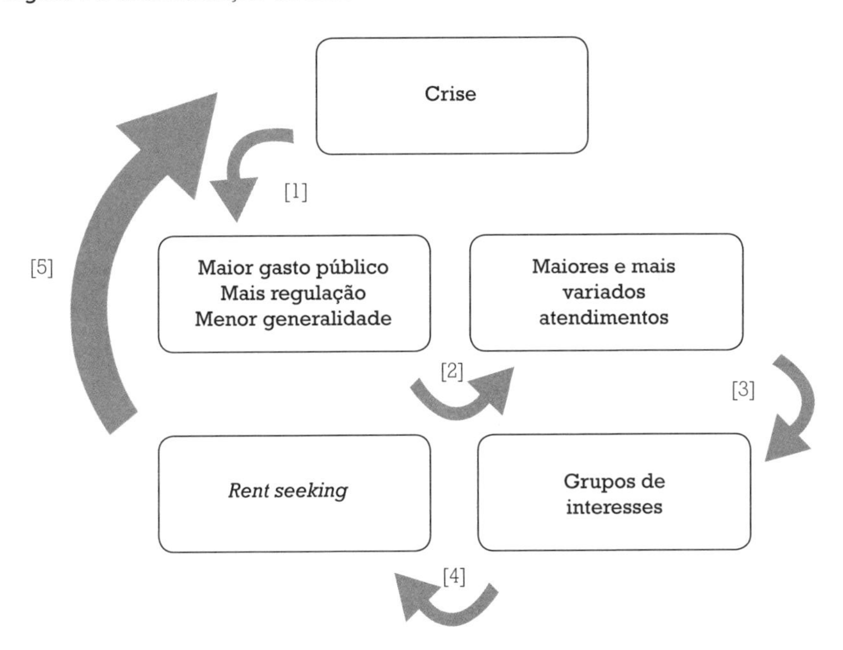

O sentido mais desejável das regras do jogo é que elas gerem incentivos positivos e comportamentos virtuosos dos participantes do jogo, isto é, produzam escolhas que promovam o bem-estar geral. Em contraposição, o processo político é, inerentemente, a fonte de potenciais atendimentos preferenciais, como desonerações tributárias, subsídios, fundos orçamentários, barreiras alfandegárias e regulações de mercado de todo tipo, levando desse modo a ganhos de incidência muito localizada e a perdas distribuídas por amplos segmentos sociais.[65]

Para minimizar os efeitos perversos desse mecanismo, uma nova rodada de mudança institucional se faz necessária, o que dá lugar a legislações que enquadram, por exemplo, atividades de *lobbying*, a influência dos recursos privados no processo eleitoral e o uso de espaço na mídia, com o propósito de aumentar as chances de que determinado grupo de interesses privados seja atendido em sua demanda para obter benefícios ou evitar custos.[66]

A mobilização de grupos privados em torno da obtenção de vantagens também pode ter significado expressivo *entre* as próprias atividades de mercados de bens e serviços. A complexidade das regras do jogo fica evidenciada no fato de que nem sempre elas regulam *diretamente* a interação de escolhas públicas com escolhas privadas em um dado mercado.

A figura 15 capta esse tipo de regulação pela seta [1], que, diferentemente das regulações setoriais [2] e [3], atua sobre a interação [9]. O objetivo desse conjunto de regras [1] é minimizar os efeitos perniciosos da associação de interesses privados, e seu potencial impacto negativo no bem-estar coletivo, o que se apresenta na sequência {([1] → [9]) → ([7],[8]) → [6]}. Um exemplo empírico é a legislação surgida em meados de 2009 no estado norte-americano de Vermont, e que tem por alvo o relacionamento entre a classe médica e a indústria farmacêutica, que potencialmente gera benefícios preferenciais e, portanto, compromete o interesse coletivo (no caso, o atendimento de saúde à população).[67]

O comprometimento do interesse coletivo {([7],[8]) → [6]} é identificado em duas vertentes: a) preferência pela prescrição de determinada marca de produto, em detrimento de marcas dos competidores, ainda que essa alternativa possa ser mais benéfica ao paciente; b) possibilidade de induzir os médicos a receitar drogas novas, mais caras, e potencialmente mais perigosas para a vida humana.

A mencionada legislação [1] estabelece uma detalhada regulação da interação [9], com o propósito geral de submeter esse relacionamento a algum tipo de formalização e maior transparência.[68]

Figura 15. Regulação da atividade intersetorial

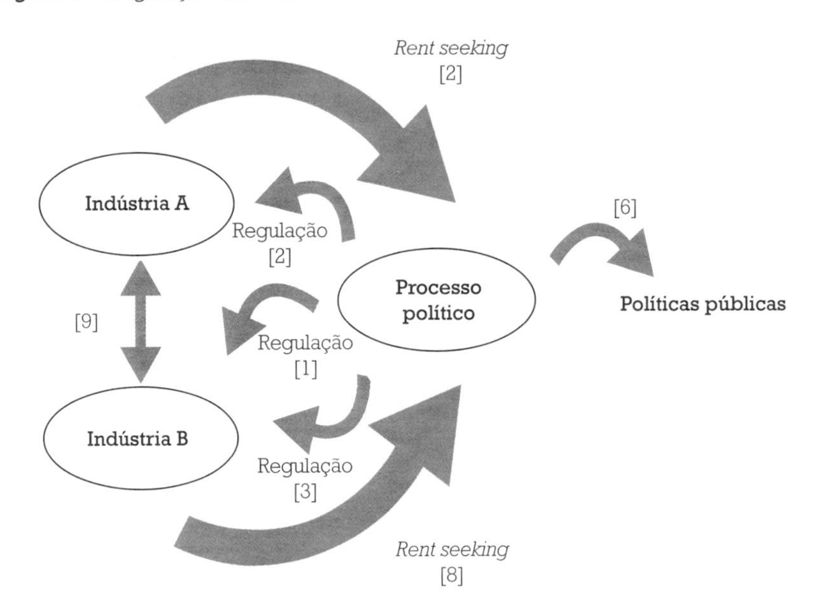

Racionalidade das regras eleitorais

Os mecanismos democráticos podem se relacionar uns com os outros, seja como complementos, seja como substitutos, isto é, um dado mecanismo pode aumentar ou diminuir os benefícios líquidos de outro (Vermeule, 2009). Tomem-se no processo político as regras de financiamento de campanhas eleitorais.

Por complementaridade, essas regras reforçam as decisões majoritárias no Congresso, na medida em que dão a essas decisões maior grau de responsabilização. A disfunção no financiamento das eleições leva a que os processos legislativos majoritários acabem por favorecer grupos de interesses que podem influenciar o comportamento de deputados e senadores a um baixo custo, induzindo, portanto, a um déficit de responsabilização. Por outro lado, como exemplo de relação de substituição entre mecanismos democráticos, temos a adoção de regras de financiamento eleitoral e outro conjunto de regras que deem transparência à deliberação legislativa. A legislação eleitoral pode anular total ou parcialmente os benefícios de um processo de escolhas mais equânime e transparente, na extensão em que as regras de financiamento de campanhas favoreçam a interesses organizados, assim como ao aumento puro e simples da quantidade de legislação.

A figura 16 é um expediente didático que acentua alguns desses aspectos, que, de uma forma ou de outra, têm sido apenas superficialmente tratados nas discussões no Congresso sobre o financiamento público de campanhas eleitorais.

As regras que regulam o financiamento de campanhas atendem, simultaneamente, a duas racionalidades, embora possam ter desempenho muito desigual numa e noutra frente:

Figura 16. Duas racionalidades de uma reforma eleitoral: maior igualitarismo e menor corrupção

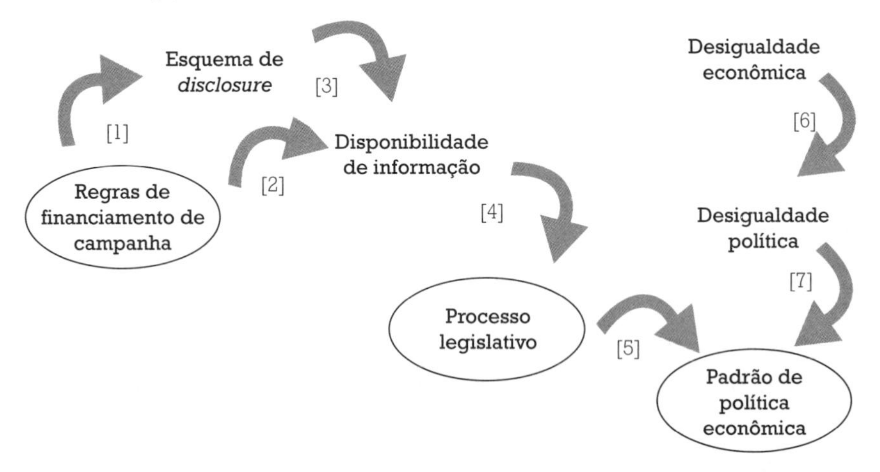

1. Vinculam-se a um esforço antissuborno de agentes públicos.

Nessa perspectiva, o propósito geral é restringir a provisão e o uso de fundos de campanha. Pelo lado da oferta, impondo-se limites às contribuições individuais ou de grupos; pelo lado da demanda, limitando-se os gastos de candidatos e partidos políticos.[69]

Pela sequência $\{(1) \rightarrow (3) \rightarrow (4)\}$, por exemplo, o financiamento de campanha pouco regulado, ou regulado de modo equivocado, pode não ter a virtude de canalizar informações sobre as escolhas relevantes para o processo decisório dos políticos. Ao contrário, pode dar aos mais economicamente fortes uma vantagem política arbitrária e injusta (Noveck, 2009), o que acabaria se refletindo no padrão das políticas econômicas $\{(4) \rightarrow (5)\}$.

2. Operam como um mecanismo de provisão igualitária de bem-estar.

A abundância de recursos de campanha (financeiros e não financeiros) e a desigualdade de acesso a tais recursos acabam por desequilibrar a influência de diferentes segmentos da sociedade sobre o resultado eleitoral, e sobre as escolhas públicas. Afinal, a sequência $\{(6) \rightarrow (7)\}$ pode atuar autonomamente na promoção de um padrão de políticas de benefícios líquidos substancialmente concentrados.[70]

Diante da pouca efetividade de muitas das restrições impostas às finanças de campanha, pode-se definir uma estratégia de *disclosure* (1), seja pelo total acesso à informação dos financiadores, o que se propõe a neutralizar a corrupção política; seja, ao contrário, criando uma "urna secreta de doações", deixando assim o candidato na ignorância quanto à identidade de seus doadores (Ackerman e Ayres, 2002).

Esses temas envolvem problemas nada triviais, uma vez que a opção por uma dada estratégia de *disclosure* permite estabelecer controle sobre precisamente o tipo de informação que estará disponível para instrumentar a regulação eleitoral, e também sobre que informação poderá ser ocultada, de modo a impedir que se tomem decisões impróprias ou corruptas. Uma dificuldade concreta nesse sentido é que a disponibilização de informação relativa a *quem* doa *quanto* a *que* candidato ou partido pode, afinal, ser perversa: tal informação pode não ter maior impacto nas escolhas legislativas, $\{(4) \rightarrow (5)\}$ e, no entanto, facilitar a que grupos de interesses preferenciais operem o mecanismo de *rent seeking* em proveito próprio (Noveck, 2009).

Na habitual discussão sobre novas regulações do financiamento eleitoral, falta reconhecer que a escolha a ser feita não é propriamente entre ter ou não ter *disclosure* total. Torna-se crucial estabelecer *que* informação deve se tornar disponível e em que *formato*.[71]

Um rol de cautelas

Diversas considerações estratégicas sublinham a complexidade da crise de 2008-2010, bem como são indicativas de dimensões que, mais cedo ou mais tarde, devem ser reconhecidas para se lidar com as decorrências da própria crise e assegurar que um abalo dessa magnitude não volte a ocorrer ou deixe de ser detectado a tempo. Entre outras:

- a economia pública, sempre criticada por seu tamanho exagerado e por sua ineficiência, sobretudo em países emergentes, deve ser percebida pela qualidade de seu planejamento;[72]
- por força de expectativas negativas e da queda de demanda, os mercados de bens e serviços têm sido *enxugados* em número de firmas, de tal sorte que se observa generalizadamente estruturas de mercado de "competição entre poucos", com significativo risco de práticas monopolísticas e de cartel;[73]
- o delicado equilíbrio de forças entre os departamentos de governo fica duradouramente alterado, com a transferência do poder decisório da legislatura para a alta gerência do Executivo;[74]
- o avanço da fronteira pública e sua maior diversidade levam a que o mecanismo de obtenção de transferências de renda e riqueza junto ao processo político mostre-se mais ativo e sofisticado, o que se reflete na necessidade de criar ou alterar regras que disciplinem mais efetivamente o *lobbying*, o uso de recursos privados em campanhas eleitorais e a concentração de poder no mercado de mídia;[75]
- muito embora haja evidências de maior regulação transnacional (sobre *paraísos fiscais*, por exemplo), pode-se especular que as economias nacionais passem a operar sob regras menos limitativas, ditadas por organismos como a OMC, o FMI e o Banco Mundial;[76]
- a formulação de *nonmarket strategies* (ou "estratégias de ação coletiva") por parte das firmas torna-se ainda mais fundamental e complexa no cenário pós-crise, como garantidora de sucesso de mercado;[77]
- a crise propicia que se redefinam padrões de reforma institucional em temas como alocação de poderes emergenciais a governos e operacionalização de formas de articulação das várias instâncias governamentais.[78]

Lições da experiência

O entendimento de como funciona um ambiente institucional intervencionista é apropriado para se analisar com maior precisão os mecanismos de uma crise, nos moldes da crise inaugurada em 2008 nos EUA (Gray e Miller, 2009). Nessa ordem de ideias, justo em 2010 a mídia brasileira, assim como membros do governo Fernando Henrique Cardoso, celebrou a década e meia que se passou desde que o governo brasileiro iniciou um novo formato de combate à inflação, então rotulado de Programa de Ação Imediata (PAI), ainda em meados de 1993, logo seguido, meses depois, pela mudança da unidade monetária nacional, introduzindo-se o real. A partir de então surgiu formalmente o Plano Real — resposta intervencionista sem precedentes à crise de estabilidade de preços.[79]

É prática habitual passar em revista experiências de política econômica — mesmo aquelas de maior envergadura, como o Plano Real — levando-se em consideração apenas indicadores de desempenho global, como taxa de inflação, níveis de crescimento do PIB, emprego, consumo agregado, câmbio, contas públicas, contas externas e agregados monetários. Nessa perspectiva, todo o ambiente institucional em que a política pública ocorre é colocado sob a cláusula do "tudo o mais constante" ou, para usar uma nomenclatura dos anos 1930, pouco se examina o lado *qualitativo* dessa política (Monteiro, 1982:91-92). É precisamente nesse ponto que a atual celebração do Plano Real acaba não resultando muito alvissareira.[80]

Essa experiência de política econômica guarda lições importantes para a avaliação da governabilidade e da crise, mais de 15 anos depois.

Macromecanismos institucionais

O fundamento central do Plano Real foi sua *âncora institucional* (Monteiro, 1997, 2000 e 2004), isto é, desde os seus primórdios, a iniciativa, nascida no governo Itamar Franco e aprofundada no governo Fernando Henrique Cardoso, teve seu fundamento no intenso uso do poder discricionário da alta gerência do Executivo. A instrumentação desse esforço anti-inflação restringiu-se quase integralmente a medidas provisórias — leis muito peculiares porque sua emissão é da alçada exclusiva do presidente da República —, que, por extensão, atribuíram substancial poder de propor (Baron e Ferejohn, 1989) aos burocratas do Executivo.

Uma dessas peculiaridades decorre do sentido experimental das escolhas públicas que o mecanismo de MP emprestou, então, aos *policy makers*: um conjunto de decisões postas em vigor no período t é passível de revisão, em qualquer ocasião posterior, e, em qualquer extensão, em t + n, sendo n uma variável de estratégia dos burocratas.[81] A tabela apresenta evidências objetivas do fenômeno.

Quantidade absoluta e relativa de MPs (julho de 1993 a setembro de 2001)*

Períodos	Quantidade emitida de MPs	% do total emitido de MPs**
Jul. 1993[a] a jun. 1994	210	3,5
Jul. 1994[b] a jun.1995	512	8,5
Jul. 1993[a] a set. 2001	5.666	94,5
Jul. 1994[b] a set. 2001	5.456	91,0
Out. 1997 a set. 2001[c]	3.617	60,3
Jan. 1995 a dez. 1998[d]	2.569	42,8
Jan. 1995 a set. 2001[e]	5.137	85,7
Jan. 1999 a set. 2001[f]	2.617	43,6

* Novo regime de emissão de MPs: EC nº 32, 11-9-2001.
** Outubro de 1988 a setembro de 2001.
[a] Programa de Ação Imediata (PAI).
[b] Introdução do real.
[c] Período pós-crise asiática.
[d] Governo FHC — primeiro mandato.
[e] Governo FHC — primeiro e parte do segundo mandato.
[f] Governo FHC — parte do segundo mandato.

Como visto na tabela, o auge da utilização de MPs foi mesmo o período de implantação do plano: por exemplo, o período jan. 1995 a set. 2001 concentra mais de quatro quintos da produção de MPs efetivadas desde outubro de 1988. Ao mesmo tempo, observe-se que, no cômputo da quantidade de MPs, estão incluídas reedições de MPs.[82] Aos fatos apresentados na tabela pode-se adicionar o significado dessa instrumentação, comparativamente à atividade legislativa de *origem* no Congresso Nacional, ou seja, que não decorre da aprovação de projeto de *conversão* de MPs.

Evidências mostradas em Monteiro (2000) estabelecem objetivamente o lado *sombrio* dessa política econômica. Por todo o período do plano, ocorreu uma elevada e sustentada transferência de poder de decisão legislativa do Congresso para o Executivo, mais exatamente para a alta gerência econômica do Executivo. O mecanismo de emissão de MPs:

- ainda que não efetivamente acionado, dá conteúdo a "ameaças legislativas" (Halfteck, 2008:658), por meio de: a) comunicação explícita de uma ameaça sem ambiguidade; b) articulação de uma ação de contingência (tal como o estabelecimento de prazos a serem cumpridos pelo Congresso); c) expressão do interesse do Executivo em controlar a conduta dos legisladores; e d) *disclosure* de informação quanto à pretendida emissão de MP;[83]

- estabelece um *dilema contramajoritário* (Monteiro, 2007:217), no sentido de que a intensidade do uso de MPs, relativamente à produção de leis pelo Congresso, retira significado da conexão eleitoral, uma vez que a deliberação administrativo-gerencial de *policy makers*, sem mandato eletivo, se sobrepõe às escolhas majoritárias da legislatura;
- promove a *desabilitação* do sistema constitucional da separação de poderes (art. 2º da Constituição), uma vez que o Executivo passa a concentrar os poderes de definir as regras do jogo e, ao mesmo tempo, jogar o jogo segundo essas mesmas regras.[84]

Percebe-se, assim, que o sucesso dessa operação anti-inflacionária não deve ser passado em revista por critérios convencionais de aferição de políticas, uma vez que essa política altera os fundamentos da economia constitucional brasileira. Dito de outro modo, há que enquadrar essa política em um ambiente institucional fortemente intervencionista (Gray e Miller, 2009).

Em outra frente, temos a perspectiva segundo a qual o impacto potencial do uso de medidas provisórias se manifesta na macroarticulação do controle do governo por via eleitoral com a separação de poderes. O modelo Nzelibe-Stephenson (2010) inova nessa perspectiva analítica:

- o eleitor fica melhor em bem-estar num sistema de separação de poderes em que a agenda de política econômica estabelecida pelo presidente da República tem a *opção* de ser submetida à aprovação da legislatura do que num regime em que tal aprovação não é necessária ou pode ser protelada, tal qual ocorre com a emissão de medidas provisórias;
- já a separação de poderes, *mandatória ou não*, é ainda melhor para o bem-estar do eleitor do que uma separação de poderes em que toda a autoridade política, em um dado domínio de política econômica, está concentrada em um único departamento de governo. A intuição desse resultado é que os eleitores se dão melhor se puderem utilizar estratégias com maiores nuances: quando o presidente da República tem autoridade unilateral nesse domínio de política, os eleitores têm apenas *uma* alavanca a seu dispor — seu apoio eleitoral ao agente que detém essa autoridade decisória. Em contrapartida, numa separação de pode-

res efetivamente mandatória (tanto o presidente quanto a legislatura devem concordar em adotar a nova política econômica), os eleitores dispõem de *duas* alavancas — seu apoio eleitoral a cada um desses dois agentes;

- em um regime em que o presidente *deve* buscar a permissão de outro departamento de governo, mas pode atuar unilateralmente, os eleitores alocam ao tomador de decisões primário diferentes níveis de apoio eleitoral, dependendo não só do resultado final da política econômica, mas também do fato de esse departamento atuar unilateralmente ou por delegação do outro departamento.

Agora, a separação de poderes opcional disponibiliza ao eleitor *três* alavancas com as quais ele pode calibrar suas estratégias eleitorais: apoio eleitoral ao presidente, no caso de ação unilateral; apoio eleitoral ao presidente, no caso de ação conjunta; e apoio eleitoral aos legisladores.[85]

Considere-se, por fim, que uma política econômica pode estar associada ao resultado de um *jogo vinculado*:[86]

- *jogo 1 (J1)*: o *policy maker* faz suas escolhas entre regras alternativas que irão vigorar nas intervenções com as quais o governo conduz a economia nacional — essa é a fase em que o plano assume a característica de *política constitucional*;
- *jogo 2 (J2)*: uma vez que se tenha desenhado o ambiente institucional (definição das regras do jogo), o *policy maker* passa a fazer suas escolhas entre resultados macroeconômicos finais — esse é o jogo convencional de política econômica, em que tais resultados finais pressupõem um comprometimento com uma *dada* configuração institucional-constitucional.

A metodologia habitual de aferição do maior ou menor grau de sucesso de uma política econômica limita-se à perspectiva J2. Tal atitude é tanto mais precária quanto mais intensa é a reconfiguração institucional que a ação governamental promove, como estabelecida em J1. A condição do "tudo o mais constante", implícita nas avaliações do Plano Real, é, portanto, muito abrangente para que se possa aferir com precisão os custos que essa iniciativa impõe à sociedade em termos do abalo dos fundamentos da democracia representativa.[87] Do mesmo modo que há "melhores" e "piores" configurações de J2, há "melhores" e "piores" especificações de J1, na geração de padrões de resultados macroeconômicos (Buchanan, 2008:172).

Micromecanismos institucionais

Como visto, o custo social da política econômica dos anos 1990 pode ser associado a problemas do design institucional macro ou de grande escala; vale dizer, à suspensão do sistema constitucional da separação de poderes, que não atuaria contrapondo interesses dos burocratas do Executivo aos dos membros do Congresso.[88] Com isso, a hipertrofia decisória habilitaria um processo de escolhas públicas centrado no autointeresse do governo.

Na argumentação que se segue, o foco são os mecanismos geradores de incerteza que, operando corretamente, suprimem informações na formação de estratégias dos *policy makers*, induzindo-os a ser imparciais ou, dito de outro modo, a almejar atender ao interesse geral ou coletivo. Um dos pressupostos da democracia é que os agentes públicos não atuem em prol de seus próprios interesses. À parte a benevolência ou o altruísmo inerente a esses *policy makers*, tais pressupostos decorrem de induções promovidas pelas regras do jogo de política econômica, ao sujeitarem esses agentes à incerteza quanto à distribuição de benefícios e ônus das decisões que venham a tomar. Tal incerteza pode ocorrer por duas vertentes (Vermeule, 2007b:32):

- supondo-se que tais agentes ignorem tanto suas funções no jogo quanto seus próprios atributos;[89]
- uma segunda forma de estabelecer o véu de incerteza nas escolhas públicas é tornar incerto o *ganho* que os burocratas — e o governo — possam auferir com a emissão de uma dada MP. A complexa intermediação em que os resultados finais dessas decisões instrumentadas por MPs se materializam fazem com que o conjunto de informações de que os burocratas dispõem seja incompleto e, assim, incerto. Essa forma de véu atua limitando a disponibilidade de informações que o *policy maker* necessitaria para atuar em proveito próprio — uma concepção mais plausível do que a anterior.

No regime de MPs que vigorou até 11-9-2001,[90] ambos os sentidos do véu de incerteza ficavam sem efeito, uma vez que uma MP emitida podia manter-

-se com esse status interino *ad infinitum*, sujeita a intermináveis reedições e a alterações discricionárias (Monteiro, 1997 e 2000). De sorte que essa componente de *pequena* escala do ambiente democrático também ficava abalada. Com isso, o "déficit de democracia" (Monteiro, 2007, apêndice B) promovido pelo uso intensivo de MPs na instrumentação do plano tem fundamento, tanto no macro design institucional (disfunções do sistema de separação de poderes) quanto no micro design (impedimentos a que as deliberações de política sejam tomadas com imparcialidade).

O rótulo "déficit de democracia" pode ser mais objetivamente identificado com um processo em que as decisões não são mais efetivas em traduzir opiniões majoritárias em políticas públicas do que usar um *cara e coroa* com uma moeda (Lax e Phillips, 2011:2).

Ainda que a alta gerência do Executivo estivesse comprometida com a promoção do interesse geral, persistiria outra dimensão das instituições de governo representativo: teriam esses emissores de MPs responsabilização (*accountability*) pelas políticas do plano? Como esses burocratas operavam sob delegação, tal responsabilização decorria naturalmente do mandato eletivo dos que delegavam, uma vez que poderes e funções delegadas vêm acoplados a restrições constitucionais ao processo legislativo. Nesse aspecto, os mecanismos da democracia brasileira operavam (e em certa extensão ainda operam) muito limitadamente. Os fatos consumados estabelecidos por MPs acabavam sendo referendados pelo Congresso meses após terem sido provocados pelos burocratas.

Há uma delegação pouco efetiva, estabelecida pelos que detêm mandato eletivo em prol dos que não o detêm, e que atuam nos ministérios e agências reguladoras: o exercício de poder discricionário permanece elevado. Uma melhor especificação constitucional dessa delegação poderia atenuar esse vício da democracia.[91]

A atenuante comumente apresentada para esse tipo de crítica à delegação de que o Executivo, via mandato eletivo presidencial, também é passível de responsabilização (Nzelibe, 2006:1217) não se aplica inteiramente aos fatos econômicos brasileiros dos anos 1990: a desproporção entre a quantidade emitida de MPs *versus* as leis autonomamente aprovadas pelo Congresso era muito elevada (Monteiro, 2000), podendo alcançar a ordem de 10:1.[92]

Transparência *versus* sigilo

A transparência decisória pode ser do interesse dos legisladores, na medida em que encoraja os eleitores a atribuir aos legisladores poderes, funções e recursos que de outra forma eles não disporiam para seu uso. Contudo, esses mesmos legisladores atuam sob incentivos para manter sigilo quanto a alguns aspectos das políticas públicas, apesar de isso ser contrário às preferências dos eleitores; por exemplo, na provisão de atendimentos preferenciais que alocam benefícios a grupos economicamente fortes e bem organizados, e que são fontes de potencial provisão de recursos às campanhas eleitorais. O efeito dessas duas vertentes é incerto, mas é improvável que o *status quo* — em que vigore algum grau de sigilo — otimize a transparência.

A vertente analítica da *public choice* exemplifica isso com o processo orçamentário público (Vermeule, 2007b). Mas essa perspectiva de análise pode ser estendida ao mecanismo de emissão de medidas provisórias. Nessa ordem de considerações, tem-se que custos e benefícios relacionados à transparência nas escolhas públicas podem levar às seguintes proposições:

- o sigilo decisório promove uma boa deliberação, enquanto a transparência restringe a barganha em prol do autointeresse;
- a transparência garante a responsabilização dos legisladores (e do governo em geral) tanto perante os eleitores — o que é bom — quanto perante grupos de interesses preferenciais — o que é mau.

A transparência de uma MP pode, por seu turno, ser entendida a partir de duas vertentes:[93]

- a da MP em si mesma: o claro e integral entendimento de seu texto por parte dos agentes que atuam nos mercados a que a regulação especificada na MP se dirige;
- a do processo de emissão da MP: a detecção dos primeiros sinais de que a MP será emitida, a discussão sobre seus propósitos e *timing*, segundo as preferências dos *policy makers*, e as diversas instâncias gerenciais pelas quais tramita a deliberação.

Por certo essas duas vertentes são inter-relacionadas: quanto mais didático for o texto final da MP (e o da correspondente exposição de motivos), mais provável será que os agentes privados, mesmo sob a incerteza de como transcorreu o *processo de produção* da MP, tenham uma percepção mais efetiva dos *inputs* desse processo (Vermeule, 2007b:187). Por esse segundo ponto de vista, o ambiente administrativo-gerencial em que a MP se origina é, por natureza, dominado pelo uso do poder discricionário dos burocratas, especialmente porque a MP não é precedida de um projeto de MP ou algo similar. Cabe ao burocrata decidir se deixa vazar informações preliminares sobre a emissão da MP e seu teor. Ao longo da implementação do Plano Real, muitas vezes as MPs apresentavam texto longo, abrangendo diferentes temas de políticas, o que traduz a deliberada opção por um baixo grau de transparência das regulações. O grau de sigilo nessa etapa foi útil para que se pudesse tomar uma boa deliberação de política, ao mesmo tempo que o governo minimizava, nessa fase, a influência dos grupos de interesses.[94]

A sociedade foi tomada de surpresa pela política adotada sob essa instrumentação legal: o grau de responsabilização pela escolha pública em vigor era, assim, baixo.[95]

Pela perspectiva das regras constitucionais, o Plano Real reuniu duas grandes tendências:

- explorou no limite o sentido *vago* das regras de emissão e tramitação de MPs na redação do art. 62 da Constituição, que vigorou em sua versão original até setembro de 2001 (EC nº 32);[96]
- uma "tragédia constitucional" (Eskridge e Levinson, 1998a) dessa ocorrência foi o deliberado desinteresse de toda a classe política brasileira em votar os atos legais que tornariam o Texto Constitucional amplamente operacional, dando, assim, continuidade às tarefas iniciadas na Assembleia Nacional Constituinte de 1987-1988.

Os tempos do Plano Real foram tempos em que deliberadamente se minou a força coletiva que inerentemente se associa ao conjunto das regras constitucionais e que dão a elas um status superior, em relação seja às instituições de governo que definem, seja às deliberações que viabilizam (Foley, 1989:3). Percebe-se, pois, que a política econômica dos anos 1990 não pode ser passada em revista por critérios convencionais de desvios em relação a metas preestabelecidas das principais variáveis macroeconômicas; muito menos estabelecer a comparabilidade com esforços anti-inflacionários ocorridos contemporaneamente em outras economias nacionais, ou mesmo na história da própria economia brasileira.[97] Afinal, o contexto institucional-constitucional do Plano Real foi muito singular na escala de poder discricionário exercitado pela alta gerência econômica do Executivo Federal: era o governo representativo adaptado às preferências dos burocratas.[98]

Ao evitar por longo tempo a tramitação legislativa típica, a emissão de MPs esvaziou diversos propósitos constitucionais cruciais:

- reduziu potencialmente o custo político do atendimento de interesses preferenciais privados, uma vez que o processo gerencial-administrativo tinha reduzida transparência;
- subverteu a representação federativa da composição do Senado, aumentando as possibilidades de atendimento de estados e regiões de maior poder de mobilização política (Manning, 2000:239-240);
- prejudicou a *filtragem* das leis de menor qualidade, ao viabilizar a possibilidade de se passar qualquer lei, sobretudo porque o mecanismo da MP, como operava no Plano Real, trazia implícito a possibilidade de se *testar* uma política pública que, a seguir, poderia ser discricionária e sucessivamente emendada pelos próprios emissores da MP.

Uma política da envergadura do Plano Real não comporta uma aferição convencional que deixe de lado a subversão institucional-constitucional que as ações governamentais acabam por promover, e cujos reflexos vão muito além do originariamente intencionado pelos *policy makers*. Essa é uma lição a ser transportada para a observação de conjunturas de crise.[99]

Comportamento ético, falha intelectual e transferência de ênfase

São várias as evidências de que uma das ameaças ao funcionamento da democracia representativa resulta da intensidade das induções a que os participantes das escolhas públicas ficam sujeitos. Os políticos, em especial, acabam por atribuir maior peso, em suas preferências, a seus interesses privados, comparativamente ao atendimento de objetivos coletivos.

A despeito da longa tradição do pensamento de Madison e Montesquieu, a percepção dominante no Brasil é que isso ocorre porque, afinal, nossos políticos são intrinsecamente despreparados para o ofício público e, ao fim e ao cabo, corruptos. Ou, ainda, que o político incorre em erros para depois se dispor casualmente a retificá-los.[100] Uma circunstância pouco explorada pelos comentaristas da cena brasileira é o virtual estado de perplexidade dos economistas quanto à mecânica da crise mundial de 2008-2010.[101]

Em longa reflexão, Paul Krugman discorreu sobre a atitude do *establishment* intelectual nos EUA. Tal argumentação não parece ter validade somente por lá: afinal, a profissão no Brasil é dominada por aprendizados, práticas e produção de grandes universidades norte-americanas. No lado teórico, grandes nomes da moderna macroeconomia vinham sustentando que as "coisas estão sob controle" e que o problema central da depressão e de sua prevenção "está resolvido" e, por fim, que "é bom o estado da macroeconomia".[102]

Regulação do comportamento ético

A teoria econômica aponta para uma fatalidade do processo político: o que os políticos têm a oferecer aos cidadãos pode ser de grande valor para segmentos da sociedade que conseguem se mobilizar apropriadamente no que diz respeito ao processo político. Os políticos teriam noção de quanto podem obter de benefício privado com as políticas públicas aprovadas na legislatura. Por essa perspectiva (McChesney, 1997):

- os políticos são agentes em busca de atender a seus objetivos pessoais e não meros corretores daqueles que procuram obter os benefícios decorrentes das escolhas públicas;
- tais benefícios (*rents*) tanto podem ser *criados* (promessa de geração de ganhos de incidência localizada) quanto *extraídos* (ameaça de impor custos a agentes privados).

Entende-se que uma potencial legislação tributária que nunca é posta em vigor possa ser tão importante para o político quanto uma legislação que o Congresso venha a aprovar.[103] Em termos práticos, o que se requer é um conjunto de regras do jogo que reorientem as induções a que estão sujeitos os participantes (públicos e privados) do jogo de escolhas públicas.

A experiência recente da economia dos EUA gerou ensinamentos que podem ser avaliados pela perspectiva da economia brasileira. Um primeiro exemplo ocorreu no estado americano do Alasca.[104] O procurador-geral daquele estado apresentou, em 5-8-2009, um documento de 19 páginas — "Analysis and recommendations concerning the Alaska Executive Branch Ethics Act" —, em que discorria sobre a necessidade de se prevenir o mau uso de normas que promovem a ética pública. Um destaque especial era a prevenção da quebra de confidencialidade, isto é, a prática de agentes públicos regularmente vazarem para a mídia informações sobre o processo de investigação de transgressões a padrões éticos. Para tanto, havia que se adotar regras para proteger o processo de investigação, assim como salvaguardas para impedir abusos na aplicação da legislação. Quanto ao primeiro bloco de regras, pretendia-se com este evitar interferências na habilidade do investigador em encontrar testemunhas que se propusessem a cooperar, evitar retaliações, ameaças à independência da investigação e prejudicar o direito do investigado a ter um processo justo. Afirma o documento: "o público não tem o direito de ter acesso a informações sobre a evidência ou sobre o curso de uma investigação em andamento".[105] Nos passos que se possa dar para coibir o abuso da legislação reguladora do comportamento ético, o foco está em evitar que o investigado sofra dano político de modo inapropriado. Nesse sentido, há a sugestão de que se adotem regras que definam os custos que incidem sobre aquele que faz uma acusação sem boa-fé, o que se aplicaria mesmo ao investigado e ao próprio Estado que empreende a investigação. Os agentes públicos acusados de violações éticas devem contar com a cobertura de suas despesas legais, caso sejam claramente exonerados de culpa (de outro modo, os cidadãos poderiam ficar limitados em seus desempenhos em prol do interesse coletivo, quando não, relutantes em assumir postos públicos). Portanto, as regras que regulam o comportamento devem se constituir em uma política que equilibre a promoção do interesse coletivo com a observância de preceitos éticos.

Um segundo exemplo da necessidade de se adotar regras que induzam a comportamentos coletivos menos perversos relaciona-se ao fato de quanto pode ser tendencioso o fluxo de informações que alcança o cidadão-contribuinte-eleitor e, assim, condiciona suas escolhas. Muito especialmente, há dois circuitos em que essa disfunção é mais notória: a interação da indústria e da atividade de uma dada profissão, e a interação da indústria e da mídia em geral. No primeiro circuito, têm sido notórias as demandas judiciais, como no caso da indústria farmacêutica, que apresenta evidências das "virtudes" de determinados produtos e procedimentos médicos que acabam validadas pelo endosso de profissionais da área médica. Tal validação toma a forma de artigos profissionais em revistas especializadas que encontram eco e tradução mais acessível na mídia convencional. Outra vez a economia dos EUA fornece um exemplo didático. Uma longa e complexa demanda judicial[106] evidenciou que autores pagos por uma firma farmacêutica desempenharam papel fundamental na produção de mais de duas dezenas de artigos que, entre 1998 e 2005, apareceram em revistas de medicina apoiando o uso da terapia de reposição hormonal, o que sugere que a influência oculta dessa indústria na literatura médica é muito mais ampla do que se supunha. Na extensão em que a classe médica possa se louvar nesse tipo de informação para tomar decisões quanto a seus pacientes, vê-se o dano que essa estratégia da indústria privada pode trazer ao interesse coletivo.[107]

Falhas intelectuais e constitucionais

A contradição ao otimismo intelectual já mencionado não se limitou à surpresa generalizada que os eventos de meados de 2008 causaram aos economistas, mas também à ausência de qualquer corpo de teoria mais significativo que indicasse como os governos devem atuar compensatoriamente, o que, no caso dos EUA, foi tratado com algum detalhe no texto citado de Krugman. No Brasil, a falta dessa nova perspectiva teórica tem sido suprida por comentários centrados *avulsamente* em iniciativas do governo (recorrentes desonerações tributárias, tentativas de conter a valorização do real em relação ao dólar, redução da taxa oficial de juros, projetos do PAC, política de ganhos reais no salário-mínimo, viabilidade econômica da extração do petróleo da camada pré-sal e aceitação de maiores déficits nas contas públicas, entre outras). A visão oficial, por seu turno, é a de *pegar carona* no pouco estrago que a crise vem causando na economia brasileira para, assim, inferir que a estratégia de política econômica conduzida desde setembro/outubro de 2008 é a resposta correta à crise.

No entanto, não há na análise de Krugman qualquer consideração institucional, possivelmente porque a margem de manobra discricionária no ambiente constitucional do Primeiro Mundo tem sido muito menor do que em economias emergentes. A classe política brasileira vem conseguindo, por exemplo, se desviar, por longos períodos, de sua função constitucional essencial (a de legislar), para levar adiante conflitos político-ideológicos com o Executivo.[108] Observa-se que uma das consequências do fato de o Congresso, por uma ou por ambas as suas câmaras, frequentemente funcionar como instância *correcional* tem provocado impactos ainda mais negativos em suas funções essencialmente legislativas. Tal impacto sobre a produção legislativa é duplo:

- a quantidade de projetos de lei aprovados diminuiu. Uma evidência do encolhimento da produção legislativa é que, no 1º semestre de 2009, o Congresso aprovou 37% de projetos de lei, comparativamente a igual período de 2008; e
- a qualidade desse tipo de decisão é prejudicada por deliberações expeditas ou influenciada desproporcionalmente pelo embate político-partidário.

Isso é ainda mais flagrante quando se leva em conta que importantes projetos de política econômica vão tomando forma, e os legisladores se alinham em relação a tais projetos muito mais como facções ideológicas e por pura retaliação política do que pelos méritos próprios das soluções de política. Em meados de 2010, esse foi o caso do relevante tema da regulação da produção de petróleo originada na "camada pré-sal". Paradoxalmente, os efeitos limitados da crise sobre a economia brasileira acirraram tal embate ideológico-eleitoral. Interesses privados e de governos estaduais ficaram aguçados pelo volume potencial dos recursos decorrentes da exploração de petróleo. Há espaço para todo tipo de fundamentação, para que se aloque parcela da nova fonte de receita segundo qualquer critério.[109]

O fato de tal deliberação ter ocorrido próximo da eleição de 2010 tornou inviável pensar na prevalência de instrumentações "técnicas", a serem encampadas na regulação desse mercado:

- para a oposição (substancialmente, PSDB e DEM), a melhor estratégia era que a definição desse tipo de regulação fosse transferida para 2011, quando essas forças políticas esperavam ter o mando de governo;
- para a situação (especialmente o PT), a melhor estratégia era que, ainda que não viesse a manter o mando, a deliberação acertada com os governadores, já antes das eleições de 2010, fosse substancialmente forte para condicionar a futura administração federal, com ou sem o PT à frente.

Ao utilizar termos como "estatização" e "nacionalismo",[110] a mídia concorreu para criar um ambiente tortuoso de discussão, como se esses termos tivessem na atualidade igual conteúdo de anos atrás. A propósito, vale refletir sobre o antigo *pedigree* do intervencionismo econômico em situações de crise, em que se apresentam lacunas do tipo (Delong, 2009):

- Por que os Legislativos não estabeleceram instâncias burocráticas específicas, simultaneamente à adoção de medidas de socorro a blocos de atividades privadas, especialmente nos setores financeiro e automotivo?
- Por que entidades como o FMI e a OMC não tiveram seu papel regulador redefinido?

A crise provocou alterações em regras que determinavam, até recentemente, a regulação monetário-financeira. Tal foi o caso da disciplina na concessão de bônus e outros complementos à remuneração de dirigentes de firmas financeiras privadas: o tópico foi trazido da agenda técnica de unidades decisórias nacionais para a agenda política do G-20, como a na reunião de setembro de 2009 em Pittsburgh, EUA.[111]

Com a intensidade da intervenção nos mercados desde o início da crise, uma questão pouco tratada na literatura analítica é: independentemente das ações anticrise empreendidas, em que extensão os poderes assumidos pelos governos nessas circunstâncias seriam, se não inconstitucionais, pelo menos anticonstitucionais (Lawson, 2009)?

A complexa estratégia de transferência de ênfase

A figura 17 resume a transferência de ênfase na política, iniciada em 2007, com o PAC: da concentração na estabilidade de preços passou-se à promoção de taxas de crescimento do PIB mais elevadas. No tocante ao combate à inflação, o crescimento do produto ocorre no rastro da geração de emprego e renda que as prioridades da estabilização permitam. Aceita-se promover a recessão para que o combate à inflação seja bem-sucedido. Tal estratégia é ilustrada na figura 17, na sequência $\{[(1) \rightarrow (3)] \rightarrow (2) \rightarrow (4)\}$. A transferência de ênfase, porém, opera segundo a sequência $\{[(2) \supset (1)] \rightarrow (4)\}$, isto é, a política de investimentos contém ($\supset$) a política de estabilização de preços e, portanto, gera um novo patamar de crescimento do produto.

Figura 17. Estratégia de transferência de ênfase

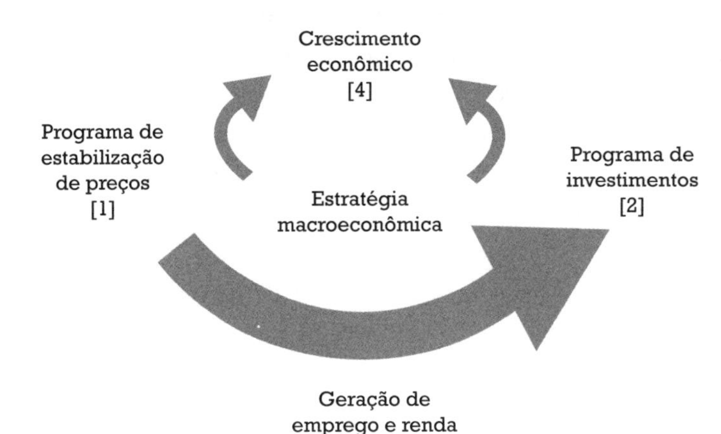

Como contraponto, vale lembrar o que ocorreu em 1986 e em 1993/1994:

- logo após o sucesso inicial (e efêmero) do Plano Cruzado, o governo Sarney lançou o Plano de Metas da Nova República — iniciativa de explorar o ambiente de baixa inflação para induzir altas taxas do PIB e suas decorrências em geração de emprego e renda;[112]
- com o Programa de Ação Imediata ou PAI (1993) e o Plano Real (1994) inaugurou-se um bem-sucedido esforço de estabilização de preços — rápida e duradouramente alcançou-se o benefício de a economia operar a taxas anuais de inflação de apenas um dígito.

As iniciativas avulsas do governo Fernando Henrique Cardoso de transferir a ênfase do combate à inflação (já consolidado) para a promoção do crescimento do PIB foram postergadas por uma *inusitada* razão eleitoral: a partir do final de 1996, o governo concentrou-se na mudança de uma regra constitucional que possibilitasse a ele próprio beneficiar-se da duplicação do tempo de estada no poder (Monteiro, 2000). Qualquer ação anunciada como indutora desse crescimento não teria como angariar credibilidade junto aos agentes privados.[113] A incompatibilidade mais notória para a adoção dessa transferência de ênfase parece ser a manutenção de elevadas taxas de juros. Essa circunstância agrava a ausência de uma iniciativa do governo para empreender investimentos, em complementação ao investimento privado.

Em novembro de 2003, o governo Lula deu um passo significativo para operacionalizar a estratégia de transferência de ênfase com a apresentação do PL nº 2.546 (10-11-2003), instituindo o mecanismo das parcerias público-privadas. Ao final de um ano de virtuosa tramitação no Congresso (Monteiro, 2006), a iniciativa tomou a forma da Lei nº 11.079 (30-12-2004). Com o PL nº 2.546, o governo demonstrou a importância que atribuía ao novo mecanismo que seria "fundamental para o Brasil alcançar taxas asiáticas de crescimento a partir do ano que vem".[114]

Em janeiro de 2007, surgiu o Programa de Aceleração do Crescimento (2007-2010), a mais consistente iniciativa de transferência de ênfase do combate à inflação para a promoção do crescimento. Com investimentos totais de R$ 504 bilhões, esse programa foi reprogramado para R$ 646 bilhões e, de janeiro de 2007 a agosto de 2009, a alocação correspondeu a 53,6% desse volume de investimentos.[115]

Há uma outra dimensão em que se projetam as políticas anticrise: administrar medidas econômicas, na envergadura e na recorrência do PAC, será uma tarefa inerente às responsabilidades *convencionais* de um dado segmento do Executivo? Pela amplitude dessas intervenções, abre-se espaço para uma supervisão legislativa mais ativa, o que conflita com a hipertrofia do poder decisório do Executivo. Tudo isso aponta para os custos inerentes à aludida transferência de ênfase: elevada taxa de não cumprimento de metas, atrasos na efetivação de projetos, baixo índice de liberação de verbas alocadas aos projetos e efeito propulsor no crescimento da economia bem aquém do esperado.[116]

Notas

[1] "Governo tenta garantir crescimento de 4% com pacote bilionário" (*O Estado de S. Paulo*, 7 nov. 2008, p. B1). É sempre muito tênue a fronteira entre o puro atendimento de demandas preferenciais e o efetivo empenho do processo político em pôr em prática medidas anticíclicas, especialmente em uma conjuntura de crise em um segmento relevante da atividade econômica, como a indústria automotiva.

[2] Notam-se similaridades estruturais entre a democracia representativa norte-americana e a do Brasil, o que muito recomenda que a experiência dos EUA seja acompanhada com

atenção (e cautela) por todos que tenham interesse na promoção de melhorias institucionais na economia brasileira. Considere-se, por exemplo, a semelhança na articulação do presidencialismo com os arranjos de um Legislativo bicameral e do federalismo. Mesmo os percalços por que tem passado o sistema constitucional da separação de poderes por lá oferecem algum paralelo com o caso brasileiro. Sobre este último aspecto, ver, na seção "Autonomia decisória" do capítulo 2, a menção aos *signing statements*.

[3] Pode-se conjecturar que a dimensão da crise de 2008-2011 levou as firmas a reduzirem seus investimentos em *lobbying*. É precisamente em tais ocasiões que o *lobbying* viabiliza, com presteza e intensidade, atendimentos preferenciais providos pelo processo político. Evidências avulsas do mercado de *lobbying* na economia dos EUA sinalizam nessa direção. Em razão da falência do Bear Stearns e do Lehman Brothers, da venda da Merrill Lynch e da transformação dos bancos de investimento Goldman Sachs e Morgan Stanley em bancos comerciais, registraram-se cortes nas despesas de *lobbying* no mercado financeiro. Todavia, fontes das firmas de *lobbying* são unânimes em assegurar que essa atividade nunca foi tão intensamente exercida em Washington, e com tanta efetividade (A-OK street: is lobbying becoming more efficient?, *Slate Magazine*, 4 Aug. 2009). A propósito, o título desse artigo faz uma referência irônica à K Street, local em Washington, DC em que se concentram os escritórios de firmas de *lobbying* na capital americana.

[4] "BB dará R$ 4 bilhões para financiar carros" (*O Estado de S. Paulo*, 6 nov. 2008, p. B1). Tal como os setores financeiro e exportador, a indústria automotiva desenvolve uma estratégia bem-sucedida junto ao processo político, de modo a viabilizar o atendimento de suas demandas: barreiras comerciais, isenções fiscais e linhas de crédito público têm sido as variedades mais frequentes e substantivas desse desempenho (Monteiro, 1997 e 2004).

[5] Em complemento ao *lobbying*, a Anfavea recorre ao uso intenso de espaço na mídia, de modo a que tais informações se propaguem abertamente, na intensidade e amplitude adequadas.

[6] No capítulo 4, a seção "Tamanho de governo" apresenta esse mesmo argumento por outra perspectiva metodológica.

[7] "Wish lists piling up for Obama" (*Boston Globe*, 9 Nov. 2008).

[8] Ver Monteiro (2007); e Figueiredo e Garrett (2004). Contraponha o leitor ao aspecto *virtuoso* da internet na diluição do peso dos financiadores privados de campanhas eleitorais, o que favorece uma "democracia não discriminatória" (Buchanan e Congleton, 1998), à utilização da mesma internet para canalizar pressões políticas sobre os agentes públicos em prol do atendimento de demandas preferenciais, como tratado na seção "Dificuldades no disciplinamento do *lobbying*", no capítulo 4.

[9] PL nº 5.268 (28-8-2001) e PL nº 2.679 (3-12-2003). Os mecanismos explicitados nesses PLs, todavia, têm sido qualificados pela prática muito peculiar de reparar dívidas de cam-

panhas eleitorais no caso brasileiro (Congresso "estatiza" dívidas de campanha ao turbinar verba pública para partidos, *O Estado de S. Paulo*, 14 jan. 2011, Nacional, p. A4). O acerto *a posteriori* de contas de campanhas eleitorais de 2010, por exemplo, teria o aporte de R$ 265 milhões (60% a mais do que em 2009) no Orçamento da União de 2011, no repasse ao Fundo Partidário.

Em contrapartida, observe o leitor uma variante de regra de financiamento público de campanhas eleitorais que vigora no estado norte-americano do Arizona: o esforço do governo para regular o gasto em campanhas apoia-se na distribuição de subsídios que deem sustentação a candidatos que se defrontem com oponentes que despendam elevadas somas de recursos privados em suas campanhas (Citizens Clean Elections Act). A racionalidade dessa regra de provisão de fundos extras para "nivelamento" é oferecer a um dado candidato a garantia de que não será amplamente superado em apoio de recursos financeiros na disputa eleitoral (Supreme Court to weigh constitutionality of Arizona Public Campaign Finance Law, *The Washington Post*, 21 Nov. 2010).

[10] Com o desgaste tão intenso da classe política perante a opinião pública brasileira, a alocação de cerca de R$ 2 bilhões para tal fim talvez seja fonte de elevado custo político para os patrocinadores dessa inovação institucional.

[11] Com isso, o cidadão (ouvinte) era induzido a crer que as informações que recebia do citado programa de rádio eram de interesse geral e não sincronizadas com os interesses comerciais das firmas com as quais o apresentador do programa mantinha relações de consultoria por serviços prestados (Radio host has drug company ties, *The New York Times*, 22 Nov. 2008).

[12] Multiplicam-se as condicionantes sob as quais um ex-ocupante de cargo público possa vir a aceitar ocupar um posto na esfera privada, uma vez tendo se desligado de sua ocupação pública. Uma narrativa bastante objetiva do funcionamento da porta giratória é apresentada em relação ao caso do afundamento de uma plataforma de exploração de petróleo no golfo do México, em meados de 2010: muitos inspetores da agência reguladora norte-americana desse tipo de atividade — Minerals Management Service — haviam trabalhado antes no negócio de petróleo e gás, e um desses inspetores, encarregado de supervisionar quatro plataformas de uma dada firma de exploração de petróleo, esteve, ao mesmo tempo, em negociação para ser contratado por essa mesma firma (Report shows close ties between rig inspectors, oil industry, *The Washington Post*, 26 May 2010). Com mais de 600 lobistas registrados, a indústria de petróleo e gás, nos EUA, é a que tem um dos maiores e mais poderosos contingentes em Washington.

Pense o leitor em que extensão essa classe de ocorrência pode se refletir nas tentativas de se regular mais estritamente os padrões de segurança e a qualidade ambiental na exploração de petróleo e gás, na economia brasileira. No Brasil, um caso avulso dessa disfunção na área de regulação estadual é a participação de funcionários do governo do Pará no licenciamento ambiental com salários e equipamentos pagos pela Federação das

Indústrias do Pará (Indústria paga técnico ambiental público no PA, *Folha de S.Paulo*, 8 jul. 2010, p. A15).

[13] Mesmo na fase preliminar de indicação de um ocupante a posto público (hoje, um segmento de regras bastante frequente nos esforços de disciplinamento do *lobbying*), o conflito de interesses pode surgir de forma surpreendente e até pitoresca. Há um episódio *sui generis* que bem ilustra essa perspectiva e que envolve a indicação da esposa do ex-presidente Clinton para um posto na administração Obama. Com a Clinton Foundation (presidida pelo ex-presidente norte-americano) recebendo doações de estimados 208 mil doadores (dos EUA e mesmo de governos estrangeiros), importantes configurações de interesses em escolhas públicas do governo dos EUA podem ser associadas ao sentido com que essas doações são feitas. No propósito de regular especificamente esse conflito de interesses entre os Clintons, e entre eles e a administração Obama, noticiou-se que o ex-presidente Clinton e o presidente eleito Obama acordaram estabelecer nove condições para viabilizar a indicação da esposa do ex-presidente para um posto na administração Obama (Charity case: how Bill Clinton's donors pose a conflict of interest for Hillary, disponível em: Slate.com, 25-11-2008). Tal exemplo é virtuoso, uma vez que indica o grau de detalhamento a que as escolhas públicas podem estar sujeitas no aperfeiçoamento do processo decisório das modernas democracias representativas (In Clinton list, a veil is lifted on Foundation, *The New York Times*, 19 Dec. 2008; Bill Clinton to name donors as part of Obama deal, *The New York Times*, 30 Nov. 2008).

[14] Ao final de 2008, o noticiário sobre o superbanco que resultou da compra do Unibanco pelo Banco Itaú estava recheado de alusões nesse sentido.

[15] Ver Brook (2005). Por outra perspectiva, o tema do financiamento de campanha eleitoral é inseparável das instituições em que se dá essa mobilização de grupos de interesses. Isso é ainda mais relevante em uma época de crise econômica. Como definido na imprensa dos EUA, o "oceano de dinheiro" que representou a operação de socorro financeiro de US$ 700 bilhões é "uma das maiores bocas-livres de *lobbying* de que se tem notícia" (Lobbyists swarm the Treasury for a helping of the bailout pie, *The New York Times*, 12 Nov. 2008).

Uma inovação que está ocorrendo na economia americana diz respeito à influência do *lobbying* na fase de transição entre duas administrações federais, o que, outra vez, talvez seja um bom foco para ser estudado e adaptado ao caso brasileiro. Diferentemente do que tem ocorrido nessas ocasiões nos EUA, a equipe de transição do presidente eleito definiu regras que restringem a mobilidade com que grupos privados podem interferir na preparação da nova administração, como: a) se um agente já atuou em *lobbying* nos últimos 12 meses, esse agente está proibido de operar em áreas de política pública em que tenha atuado nessa função, independentemente de lhe ser vedado exercer essa atividade na interação com a equipe de transição; b) é permitido o *lobbying* em áreas em que o agente privado *não tenha atuado anteriormente*, desde que tal agente seja registrado nessa função junto ao governo federal (Obama's transition team restricts lobbyists's role, *The New York Times*,

12 Nov. 2008; That job with Obama? Just 63 questions away, *Herald Tribune*, 13 Nov. 2008, p. A1). Em certo sentido, essa é uma versão mais *técnica* de "ficha limpa", que em maio de 2010 foi um rótulo que alcançou muita projeção no Brasil, como tentativa singela de barrar do processo eleitoral candidatos com *pendências* judiciais (LC nº 135, 4-6-2010). O governo Obama também baniu a comunicação *oral* de lobistas com a Administração Federal, relativamente a certas legislações econômicas, além de requerer que todo comentário *escrito* de lobista seja postado nos websites governamentais (http://www.politico.com/news/stories/0309/20580.html). Para iniciativas adicionais na restrição ao *lobbying*, ver R. Bauer em <http://www.moresoftmoneyhardlaw.com/news.html?AID=1451>. Bauer, mais tarde, se tornaria o czar da ética no governo Obama.

Observe o leitor que o escândalo que veio à tona em maio de 2011, relativamente ao fato de ministros do governo Dilma manterem empresas de consultoria, em flagrante conflito de interesses (Além de Palocci, outros 5 ministros possuem empresas de consultoria, *O Globo*, 19 maio 2011, O País, p. 4), não teria ocorrido se vigorasse na economia brasileira o procedimento de maior amplitude adotado resolutamente pelo governo Obama na formação da equipe de governo.

[16] "The morning meeting: Bush farewell, Obama prepares, new Tarp money, and the auto show" (*The World Newser*, disponível em: *World's Daily Blog*, 12-1-2009).

[17] Berman (2008); e "Rolling back a law born of Enron" (*The New York Times*, 24 June 2010).

[18] Vale lembrar o caso Madoff, com a SEC admitindo que, em várias oportunidades, poderia ter detectado a maior fraude financeira já ocorrida na economia norte-americana, que eclodiu em 15-12-2008 (SEC ignored credible tips about Madoff, chief says, *The WashingtonPost.com*, 17 Dec. 2008; SEC says it missed signals on Madoff fraud case, *The New York Times*, 17 Dec. 2008).

Mesmo após as tentativas de acertar o passo diante da crise de 2008, um curioso indicador dessa fragilidade institucional é que a implementação do programa do Tesouro norte-americano de salvamento financeiro (Tarp) é um documento de *duas* páginas! Comparativamente, um empréstimo educacional requer que se preencha um formulário de oito páginas, enquanto a compra de imóvel financiado envolve o preenchimento de um formulário de cinco páginas (Billion dollar bank bailout application only 2 pages long, *The World Newser*, disponível em: *World's News Daily Blog*, 16-12-2008).

[19] Afinal, muitas das ações de regulação empreendidas pelos burocratas se sustentam em legislações mais amplas, aprovadas no Congresso. O caso dos EUA, mais uma vez, é muito didático: o Financial Services Committee da Câmara de Representantes realizou, em 2006, 56 audiências públicas sobre vários assuntos, desde seguro contra enchentes à transparência dos demonstrativos financeiros, sem que em qualquer dessas sessões viessem à tona os temas que se tornaram tão cruciais ao longo de 2008 (Berman, 2008). Na seção

"Novas lições estratégicas", no capítulo 4, há evidências de que, mesmo após o caso Enron, políticos e burocratas persistiram no engano de que as regras do jogo regulatório teriam alcançado seu status adequado para evitar grandes crises do gênero.

[20] "Internal warnings sounded on loans at Fannie, Freddie: executives were told of subprime risk" (*Washington Post.com*, 9 Dec. 2008.

[21] Em vez de conceder empréstimos diretamente, essas duas firmas compram empréstimos hipotecários de bancos e de outros agentes e, assim, proveem dinheiro para mais empréstimos, auxiliando a manter baixas as taxas de juros. Em meados de 2010, após a virtual estatização dessas duas firmas em setembro de 2008, estimou-se que o custo dessa decisão de estatização já acumulava um custo para os contribuintes de US$ 145,9 bilhões (Cost of seizing Fannie and Freddies surges for taxpayers, *The New York Times*, 19 June 2010). Diante da enorme inadimplência e da retomada de imóveis, na verdade, essas firmas de financiamento hipotecário, criadas para dinamizar as compras de imóveis, acabaram se tornando dois dos maiores proprietários imobiliários na economia norte-americana. Este é, por certo, um caso típico de *consequência não antecipada* da intrusão governamental.

É curioso notar que, para secundar esse tipo de intrusão, como salvar a seguradora AIG, o Federal Reserve acabou por deter o controle acionário da AIG, algo não permitido por uma lei de 1932 em que muitas medidas anticrise se baseiam, porém instrumentando o salvamento de tal modo que este foi mascarado como operação de empréstimo para atender aos requisitos formais da lei (Posner e Vermeule, 2011:38).

[22] O fato de ficar evidente que, em boa extensão, a crise atual já vinha sendo antecipada por formuladores de política *de dentro* do sistema financeiro norte-americano retira relevância à insistência de comentaristas econômicos brasileiros, que enfatizam o ineditismo de esporádicas previsões pessimistas feitas anteriormente no meio acadêmico.

Ao mesmo tempo, há evidências de que as raízes da "crise de 2008" se relacionam a estratégias perversas, operadas pelas próprias firmas financeiras. Vejamos o seguinte exemplo (Lender lobbying blitz abetted mortgage mess, *Wall Street Journal*, 31 Dec. 2007): duas das maiores firmas de empréstimo hipotecário dos EUA — a Ameriquest Mortgage e a Countrywide Financial — investiram US$ 20,5 milhões e US$ 8,7 milhões, respectivamente, em contribuições políticas e atividades de *lobbying* no período 2002-2006. O propósito desse investimento teria sido derrubar legislação estadual (em Nova Jersey e na Geórgia) que tratava de conter danos no mercado de empréstimos *subprime*, isto é, um tipo de regulação que atenuaria práticas irresponsáveis na concessão de empréstimos, e a decorrente onda de inadimplências e retomadas de imóveis que acabaram por levar à falência muitas firmas desse ramo financeiro.

[23] "Internal warnings sounded on loans at Fannie, Freddie: executives were told of subprime risk" (*Washington Post.com*, 9 Dec. 2008). Na reforma financeira de 2010 nos EUA, uma das subáreas alvo dessas novas regulações foi precisamente o mercado de empresas de

rating. Ver, a esse respeito, a seção "A complexidade das regras na reforma", no capítulo 4. A iniciativa do presidente Obama poderia ser um primeiro passo para a extensão da "ficha limpa" à burocracia do Executivo no Brasil (Chefe da CGU Defende Ficha Limpa para Servidor Público, *UOL.com.br*, 5 Set. 2011).

[24] Em setembro de 2011, pelo Decreto nº 7.567 (15-9-2011), a indústria automotiva nacional volta a ser beneficiada por expressiva elevação do IPI sobre automóveis importados (Barreira aos Estrangeiros: A Conta Ficou Para o Consumidor, *O Globo*, 17 Sept. 2011, p. 39). Em razão de o governo não poder mais abrir mão tão liberalmente de receita tributária, a instrumentação adotada a partir de então tem custo perceptível sobre o mercado de automóveis importados, segmento que já empreende *lobbying* intenso contrariamente à adoção ou à perpetuação desse ônus.

Vale lembrar que nos EUA a derrubada no Senado (11-12-2008) do projeto de lei de socorro às três grandes montadoras norte-americanas, que havia sido aprovado na Câmara de Representantes, tem como lastro o sentido *livre* com que a operação de socorro financeiro seria empreendida. Os senadores demandavam uma contrapartida em termos de cortes acentuados nos salários e benefícios defendidos pela United Automobile Workers, grupo de interesse dos trabalhadores nessa indústria (Senate Abondons Automaker Bailout Bid, *The New York Times*, 13 Dec. 2008).

[25] Essa cortina de fumaça atenuou os custos políticos de o governo mais uma vez adotar uma correção definitiva de apenas 4,5% nos valores da tabela de descontos do IRPF que passou a vigorar em 2009.

[26] Perceba o leitor quão tosca deveria ser, a essa época, a construção de uma estratégia macroeconômica, dado que não se dispunha dos recursos analíticos e estatísticos que, hoje, tão difundidos em seu uso, são indispensáveis mesmo à conceituação do que seja política econômica.

[27] Nessa perspectiva, em 15-12-2008, a estrutura tributária federal foi mais uma vez alterada por uma profusão de novas regras do jogo: a MP nº 451 emitida nessa data (e que incorpora as alterações já mencionadas) é um documento de 10 páginas, que acomodam 21 detalhados artigos e um anexo. Contrastando com o intenso e muito expedito engajamento dos legisladores norte-americanos na instrumentação de medidas anticrise, o caso brasileiro, por força de seu peculiar ambiente institucional, mostra um Congresso letárgico e pouco predisposto a assumir sua parcela de poder no sistema de separação de poderes.

A quantidade de leis de iniciativa do Executivo se equipara a pouco menos de um quinto da quantidade de projetos de lei aprovados pela legislatura. A queda acentuada na quantidade de emissões de MPs em 2008, comparativamente a 2006 e 2007, pode ser atribuída a uma relevante deliberação tomada em 2008 pelo Supremo Tribunal Federal, que alterou as regras do jogo da emissão de MPs: sob certas condições, tornou-se inconstitucional instrumentar a abertura de crédito extraordinário na execução orçamentária da

União por meio de MPs. Assim é que, relativamente a 2007, em 2008 o número de MPs de abertura de crédito extraordinário se reduziu em três quartos. Mas a característica *qualitativa* da emissão de MPs é poder bloquear o processo decisório de uma ou de ambas as casas do Congresso simultaneamente, o que persiste sendo a disfunção mais grave desse *sui generis* poder de propor do Executivo no jogo das escolhas públicas.

Em uma crise econômica, é indubitável que tal poder representa uma flexibilidade gerencial que pode fazer a diferença na obtenção de uma pronta solução dos problemas de política (Monteiro, 2000). Todavia, com a crise nas proporções que vêm sendo observadas em outras economias nacionais, é pouco provável que a concentração de poder no Executivo seja um atributo suficiente na formulação das atuais políticas compensatórias. Os custos políticos associados a essas ações (notórios e substanciais atendimentos preferenciais que concentram benefícios e diluem os ônus, sobretudo os tributários) são uma componente crucial desse gerenciamento da crise.

[28] Mesmo porque a crise levou à virtual desabilitação de instâncias multilaterais, como FMI, Banco Mundial, OMC, Acordo da Basileia, entre outras, que, nos últimos anos, eram personagens centrais na viabilização de políticas nacionais de ajuste econômico em conjunturas de crise. No início de 2009, no entanto, era muito restrita a credibilidade dessas instâncias no que dizia respeito a seus propósitos constitucionais, por isso ficaram obsoletas em suas missões e no uso dos recursos que comandavam (A rare triumph of substance at the summit, *The Washington Post*, 3 Apr. 2009).

[29] Desde logo surgiu o dilema com que se defrontam as legislaturas: *antes* da crise, elas não detinham informação, nem tinham motivação, para atuar preventivamente (sobretudo na definição de estratégias de longo prazo), enquanto, *com a crise já instalada*, ficou evidenciada a falta de capacidade dos legisladores para gerenciá-la. É a própria complexidade e diversidade das políticas públicas que, por um lado, torna as legislaturas atraentes, como representação da deliberação equilibrada da sociedade (por meio de arranjos decisórios bicamerais, por jurisdição em comissões, entre outros), mas, por outro, as tornam lentas e de elevados custos de decisão coletiva.

[30] Observe o leitor que essa tem sido a visão dominante na discussão do dia a dia de economistas e de articulistas da mídia em geral sobre a atual crise econômica. Talvez por isso mesmo nada muito expressivo tenha sido acrescentado à compreensão desse fenômeno que alcança, com diferentes intensidades, as economias nacionais. Na seção "Os economistas estão nus?", no capítulo 4, conjectura-se que a própria formação acadêmica dos economistas seria inadequada para lidar com esses novos tempos.

[31] "Geithner to ask Congress for broad power to seize firms" (*Washington Post*, 24 Mar. 2009).

[32] Ver, por exemplo, a movimentação de interesses externos em relação aos estímulos econômicos promovidos na economia norte-americana (Foreign firms eye stimulus dollars, *The Washington Post*, 23 Mar. 2009).

[33] Ampliando não só a presença do governo na economia, mas também o seu discricionarismo, como tratado na seção "Tamanho de governo", no capítulo 4.

[34] Em todo esse cenário, os mecanismos da democracia representativa acabam sendo redefinidos, independentemente de qual seja a ideologia política da coalizão no poder, com as características de (Posner e Vermeule, 2008; Scheuerman, 2000): a) uso de um permanente e abrangente conjunto de delegações de autoridade econômica que favorece a alta gerência do Executivo; b) definição dessa autoridade de modo muito flexível, especialmente no que diz respeito às restrições que possam vir a ser exercidas pela legislatura ou pelos tribunais; c) como as novas regras do jogo ou os novos poderes dos burocratas muitas vezes são delegados *após* a crise ter se instalado, aumento da probabilidade de que os poderes demandados sejam assegurados.

[35] Somente *após* a operacionalização dessa mistura é que, então, se dará a retificação do descompasso entre a aplicação legislativa e a ordenação legal-constitucional dessa economia.

[36] Seguindo a regra de que o presidente do Senado pode impugnar proposições que lhe pareçam antagônicas à Constituição, às leis ou ao Regimento Interno, a Mesa Diretora do Senado, em novembro de 2008, tomou essa decisão, o que, no entanto, não impediu que a MP nº 446 prosseguisse tramitando.

[37] Em decorrência dessa decisão do STF quanto ao uso de MPs na abertura de créditos extraordinários no orçamento da União, a partir de 2008 reduziu-se a participação dessa classe de MPs no total da emissão de MPs, como mostra a seguinte sequência de participações percentuais: 2003 (8,6%), 2004 (12,3%), 2005 (38,1%), 2006 (39,7%), 2007 (28,6%), 2008 (12,5%), 2009 (18,5%), 2010 (16,6%). Incidentalmente, note o leitor nesse exemplo o significado de uma mudança de regra do jogo estabelecida pelo Judiciário, em seu impacto nas opções de política econômica disponíveis ao Executivo.

[38] Senador Marco Maciel (Agência Senado, 18-12-2008). Tal consequência não antecipada deve-se às regras que disciplinam o uso de MPs: o governo dispõe da liberalidade de interferir no *ritmo* do processo decisório dos legisladores, assim como estes têm a opção de usar uma nova ferramenta estratégica para obstaculizar o andamento de projetos legislativos de interesse do Executivo em curso no Congresso.

[39] Os fundamentos legais e constitucionais que dão sustentação a essas medidas acabam sendo, eles próprios, viabilizados, em nome da crise, à margem do aparato legal em vigor. Na progressão da crise, há o reconhecimento de que o tamanho e a complexidade das providências que se fazem necessárias ultrapassam o quadro vigente da regulação econômica em curso. Essa é a melhor leitura do pacote de US$ 700 bilhões com que o governo Bush pretendeu lidar (ao final de 2008) com a crise econômica nos EUA. Logo após, evidenciar-se-ia que muito mais era necessário para compor uma efetiva estratégia anticrise. No Brasil, o governo estendeu o uso de instrumentos convencionais de política, muito mais

do que redefiniu os *processos* de regulação (ver o exemplo de desonerações de IPI adotadas em 2008, renovadas e ampliadas no começo de 2009).

[40] A característica mais típica dessa intervenção é a delegação de novos e maiores poderes aos burocratas, o que amplia e aprofunda as disfunções com que opera o sistema da separação de poderes. É por essa perspectiva de análise que se antecipa que, no caso brasileiro, dificilmente serão adotadas regras mais restritivas na emissão e tramitação de MPs (PEC nº 511-06). No ambiente tão *sui generis* em que opera a democracia presidencialista brasileira, o poder de propor, instrumentado pelas MPs, é uma delegação de processos regulatórios que o Congresso viabiliza por via constitucional: ela habilita uma *via rápida*, que, como demonstra a experiência de outras economias nacionais, é uma propriedade central da nova ordem regulatória.

Incidentalmente, as delegações nas conjunturas de crise tornam-se críticas, uma vez que "apenas o Executivo pode suprir novas políticas e ações no mundo real com suficiente velocidade, de modo a gerenciar eventos" (Posner e Vermeule, 2011:7).

[41] Como já referido na seção "Relevância das instituições legislativas", no capítulo 2, esse é um recurso didático tomado por empréstimo à literatura econômica dos anos 1960 (Peacock e Wiseman, 1961).

[42] É como se, na crise, as firmas optassem por estratégias que sinalizassem que não desejavam mais atuar em seus ramos de negócio (Job losses hint at vast remaking of economy, *The New York Times*, 7 Mar. 2009). Contudo, em meados de 2010, não obstante as políticas de estímulo econômico, ainda era surpreendentemente pequena a geração de empregos na economia norte-americana (Mystery for White House: where did the jobs go?, *The New York Times*, 19 July 2010, The Caucus). Comparativamente a outras crises, muito do desemprego era de dispensas temporárias: esses trabalhadores recebiam benefícios e mantinham a expectativa de serem chamados de volta; mais tarde, o desemprego se assemelhou a um descarte (Davis e Wachter, 2011). Outra vertente para explicar essa frágil reação é que, simultaneamente, o volume global de fusões e aquisições de firmas se elevou (19% entre 2007 e 2010), o que acabou levando a um menor contingente de mão de obra na firma após a fusão (Corporate mergers up, but effect acquisitions may have on job market is unclear, *The Washington Post*, 27 Dec. 2010). Por fim, comparativamente à situação de outras economias nacionais, uma explicação institucional que seria válida para explicar a persistência de tão elevada taxa de desemprego na economia dos EUA é que, como os empregadores operam com menores restrições, os sindicatos de trabalhadores na atividade privada passaram a ter menos poder de barganha, ao mesmo tempo que os tribunais tornaram-se mais amigáveis relativamente aos interesses das firmas: "muitas firmas podem agora estar mais próximas de estabelecer os termos de suas relações com os empregados, deixando-os ir embora, quando eles se tornam um peso em seus lucros, apoiando-se nos trabalhadores remanescentes ou em mão de obra terceirizada, quando os negócios se recuperam" (In wreckage of lost jobs, lost power, *The New York Times*, 19 Jan. 2011).

De todo modo, a recuperação econômica no ambiente da crise atual parece *diferir das demais recuperações*: nos EUA, para um aumento de produtividade de 5,2%, entre meados de 2009 e final de 2010, os salários subiram apenas 0,3%, ou seja, não mais do que 6% dos ganhos em produtividade foram absorvidos pela nova mão de obra mais produtiva (Where's the economic recovery?, *The Washington Post*, 9 Mar. 2011). Um lado cruel de todos os desdobramentos da crise de 2008-2011 é que se está criando algo como uma nova geração que *aguarda sua vez* no mercado: uma "*standby generation*" de trabalhadores.

[43] Esse é outro ângulo pelo qual se pode constatar a singularidade da crise de 2008-2010. Tome-se o caso do retreinamento da mão de obra, em sintonia com os postos de trabalho remanescentes. Há que se notar uma mudança de processos, muito mais do que de resultados finais: o *timing* com que esses instrumentos de política podem produzir efeitos positivos expressivos na recuperação econômica difere da mera cobertura pelo seguro-desemprego, por exemplo. Outra vez, relembro ao leitor a *falha intelectual* que pode estar presente na forma convencional de raciocínio dos economistas, ao insistirem em transplantar para um cenário de instabilidade institucional e de fortes variações no padrão de intervenção governamental modelos que incorporam pressupostos de estabilidade institucional e não intervencionismo (Gray e Miller, 2009).

Como já mencionei na introdução, as causas de mais longo prazo do desemprego em várias economias nacionais continuam a desafiar a teoria econômica e as políticas públicas nela lastreadas. Esse é, por certo, um déficit intelectual que se acrescenta aos déficits macroeconômicos convencionais do emprego e das contas públicas (One nation, two deficits, *The New York Times*, 6 Sept 2010).

[44] Temos um exemplo análogo na operação de salvamento do sistema financeiro: dados os volumes recorrentes e elevados dos *bailouts* a bancos e outras instituições financeiras (especialmente nas economias dos EUA e da União Europeia), é provável que tais organizações acabem por ter destruído seu status de entidade privada; já tendo sido mesmo sugerido que, no limite, muitas delas podem acabar sendo formalmente estatizadas. Adicionalmente, o efeito sustentação está associado à mobilização de interesses preferenciais que põem em movimento intenso *rent seeking*.

[45] Observa-se que, hoje, os estímulos governamentais não passam nesse teste, uma vez que a legislação que está sendo posta em execução é quase *retroativa*, permitindo a clara identificação de perdedores e ganhadores. É por esse prisma que se pode ter uma ideia das dificuldades políticas com que se defrontam os esforços dos governos para pôr em ação medidas de socorro financeiro simultaneamente em uma diversidade de mercados.

[46] Em outras palavras: quanto menos anônima é a sinalização explicitada por uma dada política, maior a indução a que demandas preferenciais encaminhadas por grupos de interesses encontrem eco no processo decisório público. Outra vez, esse é um aspecto que se exacerba na sequência de decisões anticrise.

[47] Ver o caso dos bônus pagos na American Insurance Group (AIG) a seus dirigentes (House approves 90% tax on bonuses after bailouts, *The New York Times*, 20 Mar. 2009). A relativa generalidade e imparcialidade de muitas escolhas públicas anunciadas (e o caso da economia norte-americana é muito didático quanto a isso) acabarão sendo reduzidas quando o véu de incerteza for levantado, isto é, por ocasião da operacionalização da legislação de estímulo econômico, e quando os interesses intercruzados dos diferentes segmentos da sociedade alcançados por esse estímulo ficarem bem dimensionados e os grupos preferenciais se puserem em marcha. Talvez por isso o pronunciamento do secretário do Tesouro dos EUA (10-2-2009) tenha usado a estratégia de apenas anunciar *generalidades* quanto ao prosseguimento do saneamento do setor bancário privado (Geithner bombs coming-out party, disponível em: *Slate.com*, Today's Papers, 9-2-2009).

[48] "Auto parts makers get $ 5 billion lifeline: US aid boosts hopes for the entire industry" (*The Washington Post*, 20 Mar. 2009).

[49] "AIG bailout may aid hedge funds" (*The New York Times*, 18 Mar. 2009).

[50] Uma variação dessa sequência é apresentada na figura 15.

[51] Esse tema reaparece na seção "Os economistas estão nus?", no capítulo 4.

[52] É, por exemplo, nessa perspectiva que se vê o surpreendente naufrágio de políticas que deixavam aos agentes privados expressivos graus de liberdade para se ajustarem à regulação econômica vigente em muitas economias até meados de 2008. Por outro lado, as vertentes do pensamento econômico que sempre viram no planejamento governamental a base de suas soluções para as dificuldades macroeconômicas sentem-se aturdidas, ante o fiasco dessa mesma regulação. E pior: até os adendos regulatórios promovidos ainda em 2008 produziram efeitos muito limitados na contenção da crise ao longo de 2009 e 2010. Talvez haja nessa limitação um espaço conceitual para distinguir entre "tirar a economia do abismo" e "reconstruir a economia" (Lizza, 2009). A realidade que se contrapõe a isso é que a economia norte-americana encolheu a uma taxa anualizada de 6,4% no 1º trimestre de 2009, expandindo-se a 2,7% no 1º trimestre de 2010, não obstante já terem sido gastos mais da metade (cerca de US$ 417 bilhões) dos recursos do programa de socorro (Tarp).

[53] No caso da economia norte-americana, o programa de estímulo do início de 2009 compõe-se de US$ 507 bilhões de gasto público e US$ 282 bilhões em desonerações de impostos (Deal reached in Congress on $ 789 billion stimulus plan, *The New York Times*, 11 Feb. 2009). Para implicações eleitorais do desequilíbrio nas contas públicas (Bank bailout is potent issue for both parties in fall races, *The New York Times*, 10 July 2010).

Observe-se, no entanto, que as implicações eleitorais de ações de *bailouts* promovidas na economia norte-americana podem ocorrer por mecanismos mais complexos do que a afirmação acima parece supor. Note-se a seguinte consequência *virtuosa* que pode atuar no sentido oposto, ou seja, predispor positivamente os eleitores em suas avaliações sobre o governo: a dívida total do setor privado (consumidores e produtores) alcançava 283% do PIB no início de 2008, uma impressionante proporção de quase três vezes o tamanho de toda a economia. Contudo, essa proporção caiu para 234% ao final de 2010, resultando muito desse declínio da transferência de títulos de dívida hipotecária "podres" dos bancos para o governo, justo por causa do *bailout* no mercado de financiamento hipotecário (America's own "lost decade", disponível em: *CNNMoney.com*, 8-6-2011).

[54] "A better stimulus bill" (*The New York Times*, 10 Feb. 2009, Editorial).

[55] "Obama says failing to act could lead to a 'catastrophe'" (*The New York Times*, 9 Feb. 2009). Já no caso brasileiro, essa mesma urgência parece alimentar a adoção de uma estratégia em que o governo assume pouco a pouco a gravidade da crise, de preferência a emular o exemplo de economias do Primeiro Mundo, onde a intensidade da crise se revela mais forte e imediata. Os custos políticos em que os governos incorrem ao adotar essa estratégia são qualificados pelo fato de a crise ocorrer na antevéspera eleitoral: nos EUA, por disputas isoladas de assentos no Senado (janeiro de 2010) e pela eleição de deputados e governadores em novembro de 2010 (Bank bailout is potent issue for both parties in Fall races, *The New York Times*, 10 July 2010); no Brasil, a condicionante foi a eleição presidencial de 2010.

[56] Imagine o leitor se estivesse em causa a troca do regime presidencialista pelo parlamentarismo, por exemplo, no encaminhamento desse tipo de ajuste — uma alteração que, segundo a tipologia referida, é um mecanismo de *grande escala*.

[57] Como exemplificado na discussão em torno da figura 11.

[58] Em razão disso, observe-se que, no caso dos EUA, o presidente Obama tem recorrido maciçamente ao chamamento da responsabilidade de deputados e senadores, seja pelo tom de suas manifestações ("catástrofe" passou a ser a descrição do que alternativamente tem sido chamado de "crise"), seja pelo recurso a entrevistas coletivas com a mídia, em horário nobre da programação de televisão, e a minicomícios em redutos eleitorais profundamente afetados pelo desemprego ou pela inadimplência no pagamento de hipotecas. Incidentalmente, esse tipo de comportamento presidencial é um novo ambiente *qualitativo* sob o qual passa a operar o sistema da separação de poderes; daqui em diante esse é um atributo não escrito do arranjo constitucional que, por certo, encontrará eco em outras economias nacionais. Ademais, os bilhões de dólares alocados ao estímulo econômico devem, agora, se traduzir por maciça infusão de contratos, garantias e outros procedimentos definidos por burocratas. E tudo isso deve ser tocado no âmbito dos mecanismos de *pequena escala*, ou seja: transparência, competição de propostas e novos recursos de auditoria e de supervisão (If spending is swift, oversight may suffer: plan's pace could leave billions wasted, *The Washington Post*, 9 Feb. 2009, Managing the Money). Outra evidência desse sequenciamento decisório é o fato de que, em razão da reunião do G-20 em Londres (1º e 2-4-2009), anunciaram-se novas regulações dos fundos de *hedge* e padrões mais rigorosos de regulação bancária, e o Financial Accounting Standards Board alterou os procedimen-

tos de como as empresas passarão a contabilizar "ativos problemáticos" (US stock markets rise in early trading, *The Washington Post*, 2 Apr. 2009).

[59] Outra vez, essa é uma tentativa de delimitar localmente disfunções que, em verdade, se originam em um contexto mais amplo: o da própria representação política, por via constitucional e eleitoral. O que se evidencia nesses fatos é muito mais um desvirtuamento de toda a noção de democracia representativa do que uma falha gerencial ou administrativa da organização legislativa. Não se trata de enquadrar comportamentos que reflitam o despreparo deste ou daquele legislador, mas da ausência de induções que façam com que o cálculo de estratégias dos políticos se reconfigure em novas bases, independentemente de quem seja o político ou a que partido esteja ele filiado, e que possibilitem que o interesse geral ou coletivo seja servido. Portanto, torna-se necessário promover uma *reforma*, antes de modificar regras operacionais específicas do regimento interno da Câmara ou do Senado.

[60] A arquitetura das democracias é pouco receptiva a esse tipo de desdobramento das escolhas públicas, de modo que a ordem constitucional se apresenta cada vez mais como um conjunto de regras de pouca estabilidade. Em decorrência, essas regras irão requerer um novo design, que promova seu efetivo sentido tanto de mecanismo de coordenação de expectativas quanto de balizamento dos poderes governamentais (Ordeshook, 1992).

[61] Um aspecto dessa reforma é a pressão pela retomada do crescimento econômico, o que induz a que antigas reivindicações quanto ao rebaixamento dos custos trabalhistas ganhem maior expressão no debate político.

[62] As adaptações feitas no processo decisório público têm comprometido substancialmente as vantagens do sistema decisório quadricameral de interação de Executivo, Câmara dos Deputados, Senado e Supremo Tribunal. Ainda que deputados e senadores sejam chamados a aprovar medidas emergenciais, isso se dá pela pressão de decidir sobre uma agenda fundamentalmente *ad hoc*, definida e operada pelos burocratas do Executivo. Para um estudo de caso, ver a seção "Lições da experiência".

[63] Uma evidência muito didática a esse respeito, com expressão análoga no caso brasileiro, é apresentada em "The influence game: lobbyists prosper in downturn" (*The Washington Post*, 3 May 2009), em que se discute a relação custo/benefício com que se defrontam prefeitos de cidades dos EUA, em sua opção por pressionar o governo central, contratando serviços especializados de lobistas.

[64] De longa data entende-se que o *rent seeking* gera potenciais custos sociais em pelo menos três frentes (Olson, 1982): a) o processo político fica mais fragmentado, de vez que os grupos de interesses acabam por traduzir-se em coalizões políticas efetivas (como "bancadas temáticas" no Congresso Nacional), o que compromete a eficiência e a renda agregada; b) as transferências de renda e riqueza a favor desses grupos *amortecem* a capacidade da economia nacional de se adaptar a novas tecnologias e de realocar recursos, reduzindo, ademais, as chances de crescimento econômico; c) tais coalizões distributivas aumentam, por outro lado,

a complexidade da própria regulação econômica, do papel desempenhado pelo governo e mesmo do entendimento de todo o envolvimento governamental na economia.

[65] Tal ocorrência ganhou notoriedade, uma vez que a crise mundial tem contribuído para o avanço da intrusão governamental nos mercados. Figurativamente, pense o leitor que esse desenvolvimento é representado pelo deslocamento da *fronteira* entre os setores público e privado. Essa linha divisória não só avança sobre as atividades privadas, como também o padrão desse avanço segue uma trajetória sinuosa, em face da diversificação das formas que essa intrusão assume. Da perspectiva da decisão privada, indivíduos e grupos de indivíduos investem recursos reais na tentativa de viabilizar transferências de renda e riqueza a seu favor, algo que só pode ser obtido com a anuência do processo político.

[66] A experiência da economia norte-americana oferece exemplos notáveis da importância de disciplinar o *rent seeking*, experiência que é ilustrada pela legislação nacional, mas especialmente pela surgida em jurisdições estaduais. Vale, a propósito, relembrar a evidência tratada na seção "Reagindo a práticas políticas delituosas", no capítulo1.

[67] A lei em questão (S 48-2009) é um extenso rol de regras que regulam o mercado de provisão de serviços médicos e o marketing no mercado farmacêutico (Vermont acts to make drug makers' gifts public, *The New York Times*, 20 May 2009). A tendenciosidade revelada pelas preferências da classe médica (um dos sentidos de [9] na figura 15) se dá pela aceitação de refeições, viagens e presentes, falsos arranjos de consultoria profissional e outros tipos de relacionamentos com firmas de biotecnologia.

Em termos quantitativos, a ocorrência aqui apresentada está longe de ser um fato trivial. Em 2008 (Report of Vermont attorney general, Apr. 2009): a) a indústria farmacêutica de Vermont gastou cerca de US$ 3 milhões em remunerações, gastos de viagem e outros pagamentos diretos a médicos, hospitais, universidades e outros destinatários, com o propósito explícito de marketing de seus produtos; b) dos cerca de 5 mil profissionais registrados na área de cuidados da saúde, quase a metade foi alcançada por tais benefícios — aproximadamente 70% do montante citado foram direcionados aos médicos e, destes, os 100 mais contemplados receberam a fatia de US$ 1,8 milhão; c) em razão de outras regras em vigor, somente 17% dos pagamentos feitos pela indústria farmacêutica à classe médica eram divulgados publicamente.

[68] A reflexão que fica é o vazio institucional, em que interações análogas às mostradas na figura 15 se processam na economia brasileira. Pense o leitor na virtual inexistência de regulação do *lobbying*. Pode-se inferir que são substancialmente elevados os desvios com que as políticas públicas são providas, relativamente ao atendimento do interesse coletivo, com o comprometimento de recursos que, direcionados ao *rent seeking*, deixam de ser utilizados com maior produtividade, por exemplo, na expansão da produção de bens e serviços.

[69] "A intuição é que, em algum nível, o dinheiro corrompe o processo político e que algo deve ser feito para limitar seu papel nesse processo. Em contrapartida, e quase que inesca-

pavelmente, a mesma lógica parece conduzir à crença de que menos dinheiro é melhor do que mais dinheiro, e de que uma reforma bem-sucedida deve reduzir o custo da campanha eleitoral moderna" (Issacharoff, 2010:118).

O problema dos *dinheiros privados* talvez não se vincule tanto ao processo eleitoral, mas à disponibilidade de *incentivos* aos que ocupam postos na hierarquia governamental e política. Se assim for, o foco da melhoria institucional se desloca para a questão de como o processo eleitoral direciona a *saída* dos postos públicos. Mais especificamente: essa questão diz respeito a se o sistema eleitoral leva a que a classe política ofereça ganhos privados a variados, porém altamente organizados, segmentos da economia nacional, que, em troca, se mobilizariam para manter esses mesmos agentes públicos em seus postos (Issacharoff, 2010:126). Essa é uma visão metodológica muito relevante para ser contraposta ao paupérrimo ambiente analítico em que se localiza a discussão brasileira sobre financiamento público de campanha que vem sendo retomada em Brasília em 2011.

[70] Mesmo porque, "na medida em que se valoriza a diversidade na concentração de poder, [os mecanismos da democracia] devem ser tão independentes quanto possível do poder concentrado na esfera econômica" (Overton, 2004:100).

[71] Garrett (2003:1012) e Monteiro (2007:158-160). Nas sequências mostradas na figura 16, essa parte é essencial para que se possa melhor enquadrar o significado dos mecanismos da democracia representativa, assim como o uso de "dinheiros políticos" que promoveriam a corrupção do processo legislativo.

[72] A visão liberal do Estado intervencionista passa por uma reavaliação em todas as economias. Afinal, as economias do Primeiro Mundo — de governos de tamanho mais contido e mercados eficientes — apresentam-se em desalinhamento; a regulação, o gasto público e o desequilíbrio das contas públicas assumem proporções avassaladoras, justo em razão do reconhecimento da substancial (e só agora detectada) ineficiência de seus mercados mais estratégicos, como o bancário, o hipotecário, o segurador e o automotivo. A própria geração de empregos pelo setor público torna-se um contraponto para compensar a talvez definitiva extinção de postos de trabalho no setor privado que a crise acarreta. Como coadjuvante, a estatização virtual e transitória de atividades privadas (sobretudo bancos e seguradoras) faz com que essa geração de empregos seja ainda mais significativa. Assim, a economia pública se expande simultaneamente nas frentes orçamentária, regulatória e de produção de bens e serviços, algo não observado há muito tempo.

[73] Reforçando, portanto, a intervenção do Estado, o que irá requerer *inovação* na forma e no conteúdo da regulação econômica, uma vez que, mesmo em mercados já regulados, esse tipo de intrusão governamental revelou-se amplamente ineficaz, especialmente nas economias do Primeiro Mundo.

[74] O que, até o surgimento da crise, era tido como uma disfunção ou como imperialismo do departamento executivo de governo, progressivamente toma a forma de um processo

de escolhas públicas talhado para lidar com a emergência econômica. Pode-se notar o impacto que essa mudança trará para a própria arquitetura constitucional. Em economias como a norte-americana e a brasileira, é previsível uma nova arquitetura do sistema de separação de poderes: nos EUA, já bastante abalado pelos poderes excepcionais de que se tem lançado mão, primeiro, na política antiterrorismo e, segundo, na reação à crise, desde meados de 2008; no Brasil, pelo uso continuado do mecanismo da emissão de medidas provisórias. Em ambos os casos, o Congresso tem sido enfraquecido pela hipertrofia do poder de propor do Executivo.

Vale ainda observar dois outros níveis de reconfiguração na arquitetura decisória pública que já começam a se delinear no caso norte-americano: a) na divisão de tarefas entre a autoridade monetária e as unidades decisórias encarregadas do planejamento macroeconômico e do orçamento (Tesouro, por exemplo). A esse respeito, ver "Behind the scenes, FED chief advocates bigger role" (*The New York Times*, 24 June 2009). Em contraposição, tem sido proposto justo o contrário: o encolhimento das funções do Federal Reserve (The right reform for the FED, *The Washington Post*, 29 Nov. 2009); b) em razão dos poderes excepcionais que o Executivo tem assumido na reação à crise (o que acaba por ter o significado de uma extensão do poder de mando do governo), uma nova classe de problemas pode demandar que o Judiciário passe a tratar com maior grau de deferência as iniciativas do Executivo (New justice could hold the key to presidential power, *The New York Times*, 25 May 2009).

[75] Essas são as principais avenidas pelas quais transitam os interesses preferenciais em suas articulações junto a políticos e burocratas. Em tempos de escassez generalizada de recursos públicos, o atendimento de objetivos de interesse coletivo deverá ser revitalizado. De igual modo, diante da presença mais volumosa e variada do governo nos mercados de bens e serviços, há que zelar mais efetivamente pela governança ética. O tema do poder da mídia é explorado na seção "Mídia e *rent seeking*", no capítulo 4.

[76] Como observado em 2008-2011, a racionalidade econômica de grande parte dessas instâncias de decisão global tornou-se uma armadilha para o equacionamento de políticas anticrise de sucesso, e pode-se mesmo argumentar que, em alguns casos, o receituário multinacional tornou mais frágil a capacidade de reação de muitas economias nacionais. É provável que surja, por exemplo, um "novo protecionismo", em que práticas discriminatórias no comércio internacional sejam requalificadas, aceitando-se maiores graus de liberdade nas políticas protecionistas dos mercados nacionais. De igual modo, vale notar o conjunto de novas regras propostas pelo Comitê da Basileia para a regulação bancária e financeira mundial (Basel Committee reaches agreement on bank rules, *The Washington Post*, *The New York Times*, 27 July 2010; Quão complexas podem ser as regras das escolhas públicas, *Estratégia Macroeconômica*, v. 18, n. 438, 2 ago. 2010).

[77] Às estratégias convencionais de mercado (*market strategies*), as firmas agregam seus planos de interação com a presença do governo nos mercados em que operam (Monteiro, 2004:18-22). Nesse sentido, devem investir tanto em capacidade de prospecção e entendi-

mento dos mecanismos do processo político quanto na demanda por atendimento junto ao processo político.

[78] No Brasil, é provável que o disciplinamento de mecanismos constitucionais, como a emissão de medidas provisórias e o federalismo fiscal, futuramente ocorra em novas bases. Em que extensão o Congresso deve assumir maior controle sobre a formulação de políticas públicas em um ambiente de crise? Qual o significado de usar o Fundo de Participação de Estados e Municípios como recurso compensatório da perda conjuntural de receitas de estados e municípios, comparativamente a ser uma ferramenta estrutural que define o arranjo federativo? Tais parecem ser questões cujas respostas serão reconsideradas ante a experiência da crise contemporânea.

[79] Convencionou-se localizar o nascimento desse esforço de estabilização de preços mais consistente que um governo brasileiro já buscou realizar precisamente na introdução da nova moeda (1994), o que se deu por meio de uma *superdesindexação*, que se seguiu a uma *superindexação*, de pouco tempo antes, quando se definiu a URV (Monteiro, 2000).

[80] Não se trata de discutir a inevitabilidade da iniciativa, nem de disputar seu pronto e expressivo sucesso anti-inflacionário, mas de reconhecer certa classe de custos sociais que tal iniciativa trouxe para a sociedade brasileira e que se estendem até os dias atuais. O Plano Real já foi substancialmente examinado na perspectiva institucional (Monteiro, 1997, 2000 e 2004), desse modo o presente texto busca inovar, partindo da vertente analítica da interação de mecanismos democráticos (Vermeule, 2007a, 2007b e 2009). As conclusões aqui obtidas podem, portanto, ser vistas como complementares àquelas apresentadas nas citadas referências.

[81] Das regras constitucionais (redação original do art. 62 da Constituição) subentende-se que n = 30 dias. Todavia, a prerrogativa do burocrata foi ampliar esse prazo por tempo indefinido: à ocasião, a duração média da vida de uma MP típica do Plano Real era de 20 meses (Monteiro, 2000), com ou sem revalidação de todo ou de parte do texto da MP.

[82] O argumento (muito em voga nos anos 1990) de que se devia eliminar desse cômputo tais reedições não procede, uma vez que a reedição era, à época, parte integrante do poder de propor embutido no mecanismo da MP: a reedição é um recurso estratégico dos burocratas para revalidar, com ou sem alterações (de qualquer porte), a vigência de uma MP, ao mesmo tempo que ajuda a manter a lei, e suas consequências, *à margem* da apreciação final dos legisladores.

[83] A seção "Transparência *versus* sigilo" elabora mais uma propriedade das medidas provisórias: o grau de transparência, diretamente do texto de uma MP, e de seu processo de emissão.

[84] Mais ainda quando se leva em conta que essa mudança *virtual* dispensa a aprovação formal de proposta de emenda constitucional.

[85] Note o leitor que se está excluindo a possibilidade de o Congresso poder estabelecer a nova política unilateralmente. Se esse fosse o caso (raro no presidencialismo contemporâneo), os eleitores disporiam de uma *quarta* alavanca de controle: apoio eleitoral aos legisladores, no caso de ação unilateral (em oposição ao caso de ação conjunta).

[86] Monteiro (2007:39-40). Essa consideração analítica aparece ilustrada na figura 7.

[87] A substancial troca da trajetória político-legislativa pela passagem gerencial, na concepção e na operacionalização das intervenções do plano, impõe ao cidadão elevados custos para que ele possa se mobilizar *a priori* ou *a posteriori* e, assim, melhor se adaptar à política governamental.

[88] E eventualmente aos do próprio Judiciário (Monteiro, 2000). Uma vertente para esclarecer o *status quo* da passividade do Congresso diante do engrandecimento legislativo do Executivo é que isso decorreria do cálculo, em interesse próprio, dos agentes políticos de que, operando de acordo com as regras efetivamente em vigor, estariam gerando mais benefícios do que custos. Ainda que alguns segmentos políticos preferissem um arranjo diferente, os riscos inevitáveis e os custos de transição para uma *nova* ordem constitucional proveriam considerável estabilidade a esse *status quo* (Levinson, 2011:708).

[89] Rawls (1999:118-123). A ilustração que tanto serve de exemplo em sala de aula é a de um bolo que deve ser cortado e a primeira fatia escolhida. Os dois participantes desse jogo ignoram *a priori* qual deles será encarregado de dividir o bolo e a quem caberá escolher primeiro uma fatia. A indução de ambos os participantes do jogo é optar pela regra da divisão imparcial, ou seja, cortar o bolo exatamente ao meio. Há um senso de altruísmo, benevolência e, por que não, de "justiça" nesse *véu de incerteza* sob o qual atuam esses participantes. Todavia, esse ambiente institucional é muito irreal nas escolhas públicas: os burocratas do Executivo sabem muito bem a extensão e as peculiaridades do poder de propor que a MP lhes franquia.

[90] Antes da EC nº 32, que pela primeira vez alterou as regras originais do art. 62 da Constituição.

[91] Contudo, isso só viria a ocorrer com a EC nº 32 e, ainda assim — como se observa desde então —, muito imperfeitamente (Monteiro, 2009 e 2007, apêndice B).

[92] Os mentores do Plano Real tomaram a posição implícita de que a estrutura da legislatura era, em certo sentido, fonte *inferior* de responsabilização democrática, comparativamente à que estaria atrelada ao mandato exercido pelo presidente da República. Portanto, a torrente de MPs que instrumentou o Plano Real (como mostrado na tabela) não deixa de ser uma credencial democrática a lastrear todo o esforço anti-inflacionário: na melhor das hipóteses, a responsabilização não se enfraqueceria com a delegação presidencial aos burocratas.

[93] Esse é um dos atributos das instituições sob as quais transcorrem as escolhas públicas, tema da seção "A quantidade das regras do jogo de política econômica", no capítulo 1.

[94] A transferência de poder decisório da classe política para a classe dos burocratas desvia, correspondentemente, o destinatário central do *lobbying* exercido por esses grupos.

[95] Aos eleitores cabe se adaptar aos efeitos da MP e tentar se mobilizar na fase seguinte, quando da tramitação da MP no Congresso. Nos anos 1990, essa era uma mobilização de elevado custo de transação, uma vez que a MP já teria posto em marcha efeitos concretos, muitos dos quais de difícil reversão, tal como exemplificado pela mudança da unidade monetária nacional em 1994 (Monteiro, 1997, 2000 e 2004). Independentemente da questão da instrumentação do Plano Real por MPs, há ainda outra ocorrência singular de uma escolha pública de baixa transparência: a aprovação do projeto da Lei Orçamentária de 1994 somente ter se dado após decorridos 10 meses daquele ano fiscal, com a correspondente Lei nº 8.933, datada de 9-11-1994. Nesse ano crítico do plano, a sustentação orçamentário-fiscal da política econômica foi substancialmente opaca, não tendo tido os cidadãos (e seus representantes eleitos no Congresso) qualquer chance de intervir nas decisões de gasto público. Nesse interregno, o governo operou livre de qualquer controle objetivo da sociedade, uma vez que o Orçamento da União não esteve disponível por mais de quatro quintos do ano fiscal; nesse período, o discricionarismo das escolhas públicas foi substancial.

[96] De fato, tanto o governo Itamar Franco quanto o de Fernando Henrique Cardoso levaram adiante a estratégia inaugurada no governo Collor: após um mapeamento minucioso do texto constitucional, percebe-se que a Constituição de 1988 define em seus "silêncios" (Foley, 1989) a ampla base sobre a qual o Executivo pode fortalecer e mesmo ampliar seus poderes e funções no sistema da separação de poderes. Reforçou-se, pois, um sentido de interinidade das regras que definem o mando e a organização do mando no jogo de políticas.

[97] Esse problema metodológico, em certo sentido, é de teor igual ao já referido na introdução; e, em uma ou duas ocasiões neste livro, quando faço referência à extensão das políticas não intervencionistas, a outro, em que é elevado o discricionarismo de governo.

[98] Nos anos 1990, o roteiro de uma MP se iniciava na teia gerencial-administrativa do Executivo e, de lá, era controlado por um período médio estimado de 20 meses, passando ao largo das virtudes da democracia representativa, o que envolve a apreciação de um projeto de lei pelo complexo processo majoritário da Câmara dos Deputados e do Senado e, ao fim, pela consideração do presidente da República, no uso do poder de veto, e a eventual manifestação do Congresso quanto ao veto. Para um exemplo de tramitação virtuosa, ver Monteiro (2007:207).

[99] Por sua grandiosidade, o Tarp é uma política econômica que talvez não deva ser aferida tão somente por sua missão de salvamento de bancos. Ou, em outras palavras, 30 meses depois de seu lançamento, a métrica do sucesso é questionável. Hoje, "esses bancos exibem lucros recordes e a aparentemente duradoura vantagem competitiva que os acompanha, por serem considerados muito grandes para serem deixados à própria sorte, ou seja,

"deixados para quebrar", como afirma N. Barofsky (2011), inspetor-geral do Tarp. Evitar a quebra do sistema financeiro nacional é inegavelmente um benefício para toda a sociedade. E mais: ter os bancos estabilizados e voltando a conceder empréstimos e, posteriormente, tê-los repagando os empréstimos obtidos do Tesouro em uma extensão inesperada pode sintetizar essa perspectiva de sucesso dessa política do governo Obama. Todavia, quanto a outros objetivos mais amplos contemplados na iniciativa do Tarp (como a proteção dos valores dos imóveis residenciais e a preservação da propriedade imobiliária) e que foram vitais para se obter o apoio legislativo necessário a essa lei emergencial de estabilização econômica, a conclusão a que se pode chegar está longe de ser reconfortante (Final arguments: was Tarp a success or failure? It depends on who you think was supposed to help, disponível em: *Slate.com*, 1-4-2011, Moneybox).

[100] A observação de outras economias nacionais também deixa transparecer que esse é um diagnóstico precário; na melhor das hipóteses, trata-se de uma suposição que nem é condição necessária, nem suficiente, para que se verifiquem desmandos do porte a que nos acostumamos a associar à "classe política" brasileira.

[101] O contraponto inevitável é a Grande Depressão do século XX. À época, a confiança inabalável na ação da política monetária conduzida por uma autoridade monetária inteligente fez com que surgisse, em oposição, a revolução keynesiana, com foco na política fiscal. Ver também a seção "Os economistas estão nus?", no capítulo 4.

[102] "How did economists get it so wrong?" (*The New York Times*, 6 Sept. 2009, p. 1); "At IMF, the hunt for a new consensus" (*The Washington Post*, 7 Mar. 2011).

[103] Nesse mesmo sentido, protelar a adoção de uma reforma tributária pode ser tão útil (do ponto de vista privado dos políticos) quanto sua efetivação.

[104] O Alasca tem se notabilizado tanto por rumorosa corrupção política quanto por legislação inovadora. Essa classe de regulação, como estabelecida no Alasca em 1997, é abordada na seção "Reagindo a práticas políticas delituosas", no capítulo 1.

[105] Contraponha-se a isso a corriqueira transcrição desse tipo de evidência na mídia. Pense o leitor no destaque dado pela mídia brasileira, ao final de outubro de 2009, quando o presidente da República apresentou sua percepção de que a mídia servia para informar e não para investigar (Nosso guia e a teoria petista da imprensa, *O Globo*, 25 out. 2009, O País, p. 14).

[106] "Medical papers by ghostwriters pushed therapy" (*The New York Times*, 5 Aug. 2009).

[107] Tendo por base a classe médica dos EUA, estima-se que dos 41 médicos e pesquisadores que receberam US$ 1 milhão ou mais de recursos de firmas de ortopedia em 2007, 32 haviam publicado artigos nessa área entre 1-1-2008 e 15-1-2009: 25% desses autores deixaram de revelar essas conexões financeiras (Chimonas, Frosch e Rothman, 2010). Esse é um exemplo da imperfeição e da inconsistência com que regras de *disclosure* — muitas

delas adotadas por pressões decorrentes de investigações governamentais — produzem informações sobre as ligações de autores de artigos em revistas médicas com a indústria. A ocorrência não aponta apenas para a precariedade com que o interesse coletivo é servido, ainda que em um segmento da economia privada. Por certo, esse é um problema comumente tratado no campo da ética profissional, mas que encontra espaço adequado na discussão da regulação econômica de mercado e do papel do governo em uma democracia representativa.

[108] O que é agravado pelo peculiar mecanismo de emissão de medidas provisórias que, por seu turno, contribui para condicionar o processo decisório da legislatura.

[109] O frágil arranjo federativo subjacente à economia brasileira arrisca ser ainda mais enfraquecido por essa guerra pelo rateio do aumento da receita de royalties do petróleo.

[110] "Changes proposed to benefit State's oil giant in Brazil" (*The New York Times*, 1 Sept. 2009).

[111] "US to order steep pay cuts at firms that got most aid" (*The New York Times*, 22 Oct. 2009), "G-20 quer novo conjunto de normas para os bancos" (*Valor Econômico*, 28 set. 2009, Internacional, p. A13). A sequência da reunião de Pittsburgh, realizada no fim de junho de 2010, em Toronto, Canadá, foi precedida por carta do presidente Obama a seus "colegas do G-20" (16-6-2010), em que se nota o enorme esforço de coordenação que se fez necessário para enfrentar a crise em meados de 2010 (o texto da carta se encontra em: On eve of G-20 Economic Summit in Toronto, Obama seeks cooperation, *The Washington Post*, 18 June 2010). Essa coordenação foi, ademais, complexa porque diversas organizações multilaterais (FMI, OMC, entre outras) encontravam-se prejudicadas em suas missões pelo próprio impacto da crise.

Ao mesmo tempo, o acordo mundial (Basileia III) decidido nessas várias rodadas de encontros de líderes do G-20 foi secundado por intenso *lobbying* de bancos, tentando evitar a adoção de uma regra que os forçasse a manter, no longo prazo, uma relação de *funding* líquido estável, alinhando a maturidade de seus ativos às suas exigibilidades, e que servisse de anteparo a uma futura crise financeira mundial (Banks win battle for limits to Bassel III, *Financial Times*, 24 June 2010). O *lobbying* dos bancos torna-se muito efetivo, na medida em que ganhe força o argumento de que a limitação dos riscos assumidos pelos bancos não virá a ameaçar a recuperação, pelo estrangulamento dos financiamentos. A demanda mínima dos bancos foi, portanto, que as novas regras da regulação mundial entrassem em vigor parceladamente (At summit, banks avoid new global regulations, *The New York Times*, 27 June 2010).

Curiosamente, no encontro de novembro de 2010 do G-20, em Seul, Coreia do Sul, o foco da crise passou a ser os persistentes desequilíbrios nas trocas externas e o associado fluxo de recursos que faz com que as taxas de câmbio se ajustem ou possam ser manipuladas de maneira perversa. Em destaque, os EUA, consumindo muito, e a China, consumindo pouco (G-20 leaders defer decisions on curbing imbalances, *The New York Times*, 12 Nov. 2010).

[112] A iniciativa desse Plano de Metas, justo em um ano eleitoral, pôs em descrédito o empenho do governo de perseverar nesse propósito. Em decorrência, a transferência de ênfase não gerou credibilidade e, logo, tal programa de investimentos foi abandonado.

[113] Em 1999, o início do segundo mandato foi afetado por uma crise mundial, de modo que somente no fim desse mandato foi tentada, timidamente, a referida transferência de ênfase macroeconômica, com o Avança Brasil, marca de fantasia do Plano Plurianual de 2000-2003.

[114] Trecho de palestra do ministro Guido Mantega, intitulada "Construindo as bases para o crescimento econômico de longo prazo", proferida em Genebra, Suíça, em 29-1-2004. Curiosamente, o texto do Plano Plurianual 2004-2007 (Brasil de Todos), como exemplificado na sexta de suas "diretrizes gerais", reconhece apenas genericamente a possibilidade de se adotar o mecanismo de parcerias público-privadas. Possivelmente por não haver tempo hábil para a geração de resultados expressivos a serem capitalizados eleitoralmente em 2006, as PPPs entraram em hibernação. Por seu lado, os agentes privados, especialmente os grupos de interesse que tanto haviam pressionado os legisladores ao longo de 2004 (Monteiro, 2006), também preferiram aguardar o resultado eleitoral, antes de se comprometerem mais ativamente com as PPPs. Percebe-se quão nefasto foi não se ter perseverado desde 2005 na programação das PPPs. Em meio à crise de 2008-2010, já se teria acumulado experiência em coordenação de projetos de investimento de larga escala, tocados simultaneamente em ampla gama de segmentos econômicos.

[115] Em outra frente, o comitê gestor do PAC monitorou cerca de 2.300 ações de investimento, não consideradas as da área de saneamento e habitação (PAC, 8º balanço, set. 2009). De fato, a última ocasião em que uma tentativa dessa envergadura, e com propósito análogo, foi lançada por um governo brasileiro ocorreu em 1968, com o Programa Estratégico de Desenvolvimento (governo Costa e Silva) e os PNDs (planos nacionais de desenvolvimento), nos anos 1970 — todos casos malogrados de política pública. O PAC é um empreendimento de larga escala conduzido por uma estrutura decisória governamental absolutamente sem tradição em monitorar uma vasta gama de grandes investimentos públicos e privados. Acima de tudo, falta à administração pública experiência continuada em planejamento em larga escala, em relação a diferentes setores de atividade. Nem mesmo se tem experiência com o arranjo das PPPs, uma vez que, até aqui, tal inovação tem sido adotada de forma avulsa na esfera estadual (Após seis anos, PPPs saem do papel, *O Globo*, 15 ago. 2010, Economia, p. 33).

[116] Lembro ao leitor o conceito de *ossificação*, já referido (na seção "Atributos das regras do jogo", no capítulo 1), e que emerge como relevante justificativa da reformulação dos processos da regulação econômica. Entre as propriedades dessa reformulação, vale lembrar a delegação de maior autonomia decisória à alta gerência do Executivo (e, por consequência, menor supervisão legislativa dos burocratas). Ver Mashaw (1994).

4

Questões estratégicas adicionais

Dilemas e poder da mídia

Crises são ocasiões em que conjuntos de regras de escolhas públicas podem se tornar obsoletos ou, pelo menos, revelar sérias deficiências de funcionamento. Ao mesmo tempo, temas institucionais que não se tinha até então como críticos ou relevantes ganham grande visibilidade. É costume, por exemplo, descontar ao *tipo* do governante discordâncias manifestadas, direta ou indiretamente, pelo presidente da República em relação à política de juros ou às demais decisões regulatórias de agências independentes. No entanto, a observação desse desconforto presidencial pode evidenciar que, muito mais do que atributos pessoais, tais episódios revelam a complexa fragmentação em que opera o presidencialismo. A baixa realização de objetivos de muitos programas públicos resulta, igualmente, dessa teia de delegações em que se articula o processo decisório público, agravada pela pouca atenção dispensada pelos *policy makers* à arquitetura e aos mecanismos de coordenação das políticas.[1]

A atuação, direta ou indireta, de grupos privados no processo político a fim de obter o atendimento de suas demandas vincula-se, como já salientado, ao investimento de recursos reais em três frentes: compra de serviços de *lobbying*, doações ou contribuições a campanhas eleitorais de partidos e de políticos e uso de espaço na mídia em seus vários formatos.[2] Uma dimensão pouco explorada no debate econômico nacional é a estrutura do mercado da mídia, e seu uso por grupos preferenciais.[3]

Dilemas na crise

Quatro dilemas estratégicos merecem ser singularizados, seja pelo que ocorre no Brasil, seja pelo destaque e pelas razões com que se apresentam em outras economias nacionais:

- apesar de o sistema constitucional da separação de poderes não ter sido desativado, ele opera com adaptações transitórias, sob forte hipertrofia do Executivo;[4]
- a questão do "ser muito grande para quebrar" ou as "garantias governamentais muito sistêmicas para que possam falhar".[5] Diante do quase colapso do sistema financeiro, a reação do governo Bush, no final de 2008, e já no governo Obama, em 2009, foi promover enorme operação de socorro às *grandes* organizações do mercado financeiro. O problema se define melhor pela questão: o governo e o processo político em geral têm outra solução que não a de prestar socorro regulatório e financeiro, quando esse tipo de mercado crítico entra em crise? Observe-se que esse nível de discussão precede outros dilemas: que grau de autonomia tem o processo decisório da organização "privada", após a operação de socorro? Se tais organizações antecipam que o governo não pode consentir que venham a ruir, como limitar a sua inerente propensão a assumir riscos extraordinários que daí resulte? Duas linhas de procedimentos (novas regras regulatórias) podem ser consideradas:[6] tornar mais fácil para o governo assumir o controle da organização privada; e estabelecer previamente um tamanho limite a partir do qual uma dada firma (sobretudo em setores críticos da economia), em caso de falha de mercado, possa provocar efeitos inaceitáveis para o interesse coletivo.[7] No caso brasileiro, o episódio em que o presidente da República teria se mobilizado contra a direção da Vale (ex-empresa estatal) por discordar da política de produção e emprego dessa firma privada pode servir de analogia à questão do "ser muito grande para quebrar". No caso, a posição da estratégia do governo seria: "ser muito grande para se deixar que a empresa privada atue em desarmonia com os interesses do governo";[8]
- o disciplinamento de demandas preferenciais, quando se pretende incentivar os investimentos privados, na retomada do crescimento, que parece ser o indicador central do que se entende por restabelecimento da *norma-*

lidade macroeconômica. Inexoravelmente, o substancial aumento da escala regulatória e da atividade produtiva direta e de geração de emprego, com que o governo passou a operar políticas compensatórias em 2008 e 2009, levou à necessidade da adoção ou do aperfeiçoamento de regras que disciplinem o *lobbying*.[9] Voltou-se, por exemplo, a enfatizar a necessidade de se dispor de um conjunto de regras reguladoras dessa atividade: por um lado, o próprio governo enviaria projeto de lei ao Congresso e, em outra frente, circulou o PL nº 1.202, de 30-5-2007;[10]

- a alusão feita pelo presidente da República de que o papel da imprensa é informar, e não fiscalizar (Gaspari, 2009:14). Esse não é, por certo, o *foco* mais promissor para o entendimento do papel da imprensa no jogo das escolhas públicas.[11] O que efetivamente se apresenta como aperfeiçoamento institucional na democracia representativa é a *estrutura* do mercado da mídia, uma vez que complementarmente ao *lobbying* e às doações a campanhas eleitorais, o uso de espaço na mídia é um poderoso instrumento de promoção de interesses de agentes privados. Há que regular esse mercado, de modo a minimizar os riscos de que possa operar tal qual um monopólio na produção de informação (Baker, 2007). O uso discricionário da informação é perfeitamente factível, e tem um preço elevado para os grupos de interesses que pretendam fazer uso desse canal institucional, em apoio a suas demandas junto ao processo político. Em contrapartida, há sérias dúvidas de que objetivos gerais possam ser autonomamente servidos pela informação assim administrada.

Fragmentação do poder presidencial

Uma característica central do presidencialismo é o Executivo unitário,[12] ou seja, a garantia constitucional ao presidente da República do controle de todo tipo de exercício do poder executivo. Diante da complexidade das escolhas públicas, os arranjos institucionais foram se desenvolvendo de tal modo que ocorre intensa descentralização desse poder, dando aos burocratas vasta margem de atuação discricionária.

Mesmo a demissão de um alto gerente do Executivo, ou a anulação de um ato desse *policy maker*, pode não ser mais entendida como manifestação irrestrita do poder presidencial:

- há restrições internas tais como agências independentes, o serviço civil, e outras garantias de autoridade autônoma de formulação de políticas por parte de unidades decisórias do Executivo que efetivamente qualificam a separação de poderes;
- o poder de criar órgãos executivos não é meramente uma delegação genérica de poderes, deixando ao presidente o estabelecimento das funções e deveres desses órgãos.[13]

Não obstante a preferência por burocracias que sejam responsabilizáveis e reativas diante de seus patrocinadores políticos (essencialmente os legisladores), pode-se argumentar que a estrutura adotada para um dado órgão governamental resulta muitas vezes da competição de interesses e estratégias de grupos privados preferenciais, de partidos políticos e demais arranjos decisórios.[14]

Uma visão didática do processo decisório público permite catalogar essa divisão de tarefas em (Metzger, 2009: 3-4):

- interna ao Executivo — uma questão de design administrativo;
- externa ao Executivo — com a atuação do Congresso e do Judiciário, assim como de governos estaduais, governos estrangeiros, organizações internacionais, mídia e organizações da sociedade civil.

As restrições internas têm efeito limitado no que diz respeito a neutralizar ou impedir o fortalecimento da autoridade presidencial. A separação interna de poderes é quase sempre tratada de modo oculto, uma vez que a Constituição enfatiza relações entre os departamentos de governo. Tal separação traduz-se por amplas delegações de funções e recursos concedidos ao Executivo, identificando-se com medidas que restrinjam o Executivo e, em especial, o poder do presidente, e dando forma a estruturas administrativas e a outros mecanismos. Tomemos o caso das agências independentes: seus dirigentes obtêm alguma independência em relação ao presidente ("despolitização" da administração pública) como resultado do mandato dos indicados e das condições de proteção desses mandatos contra demissões.[15]

Outras medidas de política de pessoal exemplificam a separação *interna* de poderes: a existência de um serviço civil e a proibição de decisões de emprego ditadas por interesses político-partidários (a adoção de sistema de mérito, por exemplo, na suposição de que políticas gerenciadas por administradores profissionais em geral obtêm melhor resultado do que as tocadas por apadrinhados políticos). Também são tidos como promotores do interesse coletivo: a operação de sistemas de vigilância (tribunais de contas, por exemplo); a adoção de moldura regulatória em que o órgão ou a agência governamental deve se enquadrar, e que impõe os procedimentos a serem seguidos "na adjudicação formal e na adoção ou mudança de regulações limitativas" (Metzger, 2009:9); e a divulgação prévia de regulações intencionadas pela agência governamental, de modo a receber reparos da opinião pública em geral, enquanto aumenta a visibilidade das escolhas públicas.[16]

Mídia e *rent seeking*

A tecnologia e padrões de concentração no mercado de mídia levam a que poucas firmas exerçam controle significativo sobre o *acesso* ao conteúdo das informações. Como corolário, o "mercado de ideias" funciona sob exposição seletiva.[17] No Brasil, a mídia dispõe de extenso poder discricionário para estabelecer a agenda diária de temas de política econômica e calibrar a intensidade com que essa agenda é apresentada ao público, assim como a recorrência e a permanência de determinado tema nessa agenda.[18] Como agravante, há a tendência de se considerar que direitos de livre expressão dos agentes privados sejam fungíveis, o que dá tratamento privilegiado à grande mídia, uma vez que não se levam em conta as várias formas de exercer o controle seletivo da comunicação.[19]

O escândalo das escutas telefônicas (junho de 2011) promovidas pelo semanário *News of the World*, na Inglaterra,[20] tornou muito atual o tema abordado nesta seção e deixou à mostra até que ponto pode chegar o uso discricionário do poder por parte de uma firma no mercado da mídia; ao mesmo tempo, tem-se a atuação compensatória da regulação nesse mercado promovida pela Competition Commission,[21] que tentará evitar que o grupo empresarial do *News of the World* amplie seu tamanho nesse mercado, com a aquisição da gigante da TV a cabo, a British Sky Broadcasting.[22]

A figura 18 sintetiza um relevante ponto de partida analítico para a discussão da neutralização dos males que um mercado de mídia concentrado pode provocar no interesse coletivo (Barron, 1967, 2007 e 2008). A estratégia da regulação desse mercado envolve a dicotomia habitual de promover maiores direitos de acesso aos cidadãos-eleitores (A) *versus* a neutralidade ideológica da mídia (B). Contudo, diferentemente do que tem dominado nesse debate, o argumento Barron *sujeita* o problema da imparcialidade da informação veiculada na mídia à garantia dos direitos de acesso do cidadão: (A) → (B).

O acesso (A) é o comprometimento em admitir ideias divergentes e, ao mesmo tempo, argumentos divergentes que demandem especificamente uma atitude (ampliação do acesso da coletividade à informação), e não apenas em dar exposição a duas posições antagônicas (a favor *versus* contra). O acesso deve viabilizar a maior variedade possível de opiniões quanto a importantes temas públicos, isto é, o envolvimento do maior e mais variado número de pessoas que for possível na discussão ativa dos temas (Magarian, 2008:853-854). Segundo Barron (1967:1664): "[o acesso] é o esforço instrumental de aprofundar e ampliar o debate público". Observe-se a diferença dessa referência com a saturação das informações difundidas a partir de um mesmo ponto de vista, ainda que mascarado sob diferentes rótulos, ênfases, discursos, linguagens e mídias.[23]

Figura 18. O argumento Barron: mercado da mídia e interesse coletivo

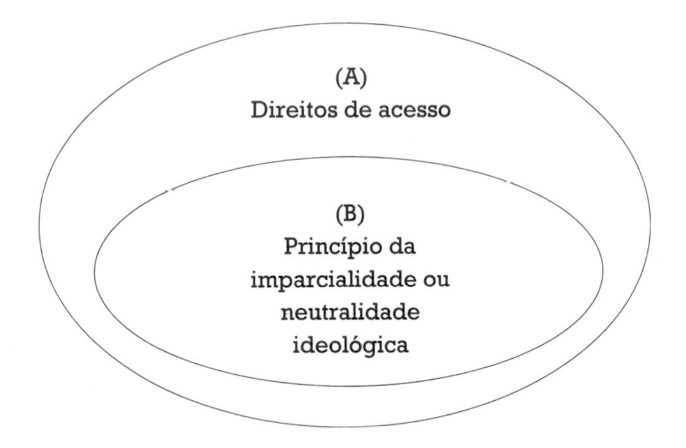

Por outro lado, regular a imparcialidade da mídia é uma concepção mais estreita e menos onerosa do que a regulação do acesso, uma vez que a imparcialidade "deixa [à própria mídia] a responsabilidade, em última instância, de apresentar uma ampla gama de pontos de vista" (Magarian, 2008:853).

O comportamento imparcial opera *a posteriori*, na extensão em que requer alguma ação ou a inação da mídia, em função do litígio que venha a suscitar. Já os direitos de acesso refletem um esforço *a priori* para que se promova de fato o debate público.

Por isso a mídia destaca o princípio da imparcialidade, e as lideranças políticas acatam tal perspectiva por mero comodismo e receio de serem criticadas por assumir uma posição "antidemocrática". Um ponto de vista muito caro a proprietários de firmas de mídia, editores e jornalistas é que a atuação da mídia em prol do bem-estar coletivo pode ser garantido pela adoção de uma política de autorrestrição a que tais empresas se impõem, algo como um "código de ética" profissional ou empresarial.[24]

Contudo, há duas qualificações relevantes a essa crença (Magarian, 2008:875-877):

- além do fato de que padrões éticos no mercado de informação têm pouca precisão, os objetivos comerciais dessas firmas devem ser acomodados a tais padrões, o que torna esse tipo de regra do jogo pouco efetiva no atendimento do interesse coletivo;[25]
- a concentração (consolidação da propriedade da mídia em poucas firmas) e a conglomeração (a diversificação dos ramos de atividade de uma mesma firma de mídia) definem contemporaneamente a estrutura da competição nesse mercado.[26]

A figura 19 é um formato elementar de caracterização das interdependências desses atributos do mercado da mídia. Por um lado, a "competição entre poucos" no mercado de mídia (2) limita significativamente (especialmente por motivos tecnológicos e financeiros) o acesso de novas firmas a esse mercado (3), abrindo-se com isso o portão para que a informação possa ser administrada segundo critérios privados (1), pertinentes tanto a grupos preferenciais quanto às próprias firmas que operam a informação.[27]

Na medida em que a política pública é o veículo do atendimento de inúmeros setores da atividade produtiva privada, é ingenuidade aceitar o ponto de vista de que o *timing*, a intensidade e a seletividade dessa política são unilateralmente estabelecidos pelo processo decisório governamental. Ou, ainda, que não existem agentes privados que possam atuar no jogo das escolhas públicas, exercendo poder de mercado, sem responsabilidade coletiva.[28]

Figura 19. Bases para a regulação da mídia

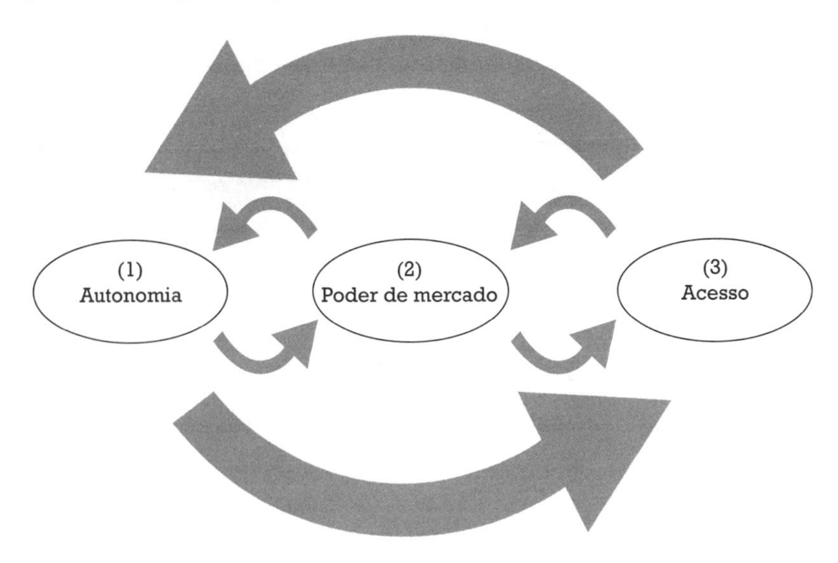

Igualmente relevante é a identificação das regras que regulam o mercado da mídia. Como mostrado nas figuras 18 e 19, a política referente aos direitos de acesso nesse mercado envolve três dimensões (Magarian, 2008:850):

- A *quem* interessa a regulação do mercado da mídia?[29]
- Sobre *que autonomia* incide tal regulação?[30]
- Que *mudanças* essa regulação busca realizar na atual configuração da mídia?[31]

Independentemente de envolver tópicos polêmicos e que logo levam ao tema associado do cerceamento da liberdade de expressão, é indiscutível que a questão do acesso é uma dimensão relevante das escolhas públicas, na perspectiva do atendimento do interesse coletivo. Esse tipo de regulação condiciona aspectos relacionados à emissão de opiniões por parte das firmas privadas no mercado da mídia (jornais, revistas, emissoras de televisão, rádios, internet[32] etc.), mas "não há razão inerente para que firmas privadas devam permitir a seus gerentes (ou mesmo a seus acionistas) tomar tais decisões, dado que suas estruturas de governança são criações da lei" (Tushnet, 2008:1000). A análise da *public choice* é apropriada para estabelecer uma referência analítica ao tema, trazendo o foco para o design institucional.[33]

Elementos da conexão eleitoral

Comportamentos típicos de ano eleitoral são apresentados como passíveis de ser coibidos no curto prazo, como fruto exclusivo da perversidade de políticos, ou ainda como manifestações espontâneas do eleitorado. Abre-se a perspectiva de que tais comportamentos sejam inerentes à democracia representativa e de que as induções que vigoram nas escolhas públicas, elas sim, poderiam ser alteradas, de modo a que comportamentos tidos como conflitantes com o interesse coletivo pudessem ser restringidos pela adoção de regras mais apropriadas.

Responsabilização eleitoral

Três importantes qualificações servem como pano de fundo à ocorrência eleitoral:

- os resultados das escolhas públicas refletem o conjunto de estratégias adotadas pelos diversos participantes desse jogo (especialmente os que detêm mandato eletivo), *sob uma dada configuração institucional, isto é, sob as regras vigentes no jogo*;
- o tema da presença governamental na economia tem um significado que transcende a diferenciação ideológica, sempre acirrada na competição eleitoral;[34]
- fato recente na economia norte-americana levanta questionamentos relevantes sobre uma possível transição dos valores democráticos e sobre a validade de regras que até bem recentemente se supunha inabaláveis.

Isso diz respeito à decisão da Suprema Corte dos EUA (21-1-2010) de invalidar legislação consagrada quanto aos *dinheiros políticos* (Monteiro, 2007:143-149), vale dizer, às doações privadas a campanhas eleitorais: a partir dessa deliberação, as firmas podem atuar livremente na "advocacia de temas" de política pública, tornando sem validade limites há muito estabelecidos e reafirmados por legislação sobre a participação de pessoas jurídicas em eleições federais.[35] Uma refinada implicação da mudança no comportamento dos doadores é fundamentalmente de natureza *psicológica*: o novo ambiente institucional dá aos potenciais doadores um sentido geral de que estão agindo dentro de seus direitos constitucionais quando apoiam atividades políticas independentes.[36]

Outra consequência da decisão da Suprema Corte tem a ver com a reação dos senadores em um ano eleitoral: em 27-7-2010, o Senado dos EUA recusou-se a aprovar novas regras, que exigiriam maior transparência do papel desempenhado pelas grandes firmas, sindicatos e outros interesses especiais no apoio à propaganda política.[37] Uma das regras incluídas barrava gastos em campanhas políticas realizados por grandes firmas que mantinham contratos com o governo superiores a US$ 10 milhões e também pelas controladas por estrangeiros. Quase imediatamente, organizações sem fins lucrativos, supostamente sem propósitos políticos (uma das mais ativas um prosaico Club for Growth), começaram a aparecer como grandes financiadoras[38] de comerciais de televisão, tomando partido de candidaturas de deputados e senadores nas eleições de 2-11-2010. E pior: as doações que alimentam esses gastos podiam ser mantidas sob sigilo, o que comprometia ainda mais a integridade das eleições.[39] O novo formato de financiamento permite que grupos independentes levantem e gastem elevadas somas em dinheiro, em ritmo que ameaça eclipsar os esforços dos próprios partidos políticos: comparativamente às eleições de 2006, grupos de interesses (externos aos partidos) gastaram em 2010 cinco vezes mais, sendo o sigilo quanto à origem desses recursos maior do que nunca.[40] Note o leitor nessas evidências os impactos perversos de uma mudança institucional, ainda que promovida por um Judiciário independente. Ao mesmo tempo, em razão da destacada posição do presidente Obama em favor da limitação do mecanismo de *rent seeking*, a facilitação de recursos privados nas campanhas políticas acabou sendo tendenciosa, orientando-se na proporção de três para um a favor dos republicanos.[41] Em suma: esse é um exemplo da democracia norte-americana sendo *comida pelas beiradas*.[42]

Embora estes sejam fatos da realidade dos EUA, sem dúvida o significado da facilitação da mobilização de recursos privados no sistema eleitoral (e a reação posterior dos legisladores) pode reconfigurar a discussão no Brasil sobre doações a campanhas eleitorais, especialmente na vertente do financiamento com recursos do orçamento público — tema que tramita sem entusiasmo no Congresso Nacional.

Um tanto frouxamente, pode-se dizer que a conexão eleitoral refere-se à habilidade dos eleitores de se disporem a não renovar o mandato eletivo do político (ou sequer elegê-lo para um primeiro mandato, ou não votar em candidatos que o político possa patrocinar), caso não apoiem o desempenho pregresso desse político, ou não acreditem na realização da plataforma de provisão de políticas anunciada pelo candidato. Essa conexão está, por essa via, associada à responsabilização eleitoral: a ameaça de não vencer a eleição seguinte gera incentivos para que o representante eleito atue no interesse de seu reduto eleitoral, independentemente de qualquer objetivo privado de políticas públicas que o detentor do mandato eletivo possa ter.

Contudo, a conexão eleitoral é um conceito muito mais complexo, e isso por pelo menos duas razões (Austen-Smith e Banks, 1989:121):

- é difícil — se não de todo impossível — monitorar efetivamente o comportamento individual do político;[43]
- ainda que tal problema de monitoramento seja superado, não é óbvio para o eleitor que um candidato alternativo, que se apresente diante desse mesmo reduto eleitoral, seja garantia de que a provisão dos resultados de política pública será "melhor".

O desapontamento com o desempenho de um político não é, pois, razão suficiente para que o eleitor reconsidere de forma expressiva sua atitude de voto.[44] Quanto à baixa taxa de renovação que se observa em eleições legislativas, também há que entender que isso não se dá em razão do mero desinteresse dos eleitores. Mesmo com eleitores orientados pelos resultados das políticas públicas, os que já detêm mandato ("incumbentes") têm relativa segurança quanto à possibilidade de se reelegerem, o que, em si, não é um argumento para que os políticos tenham mais liberdade na competição eleitoral ou atuem sujeitos a menor responsabilização.

No conjunto de seu envolvimento nas escolhas públicas, tais políticos podem ser vistos por seus eleitores como responsáveis por um nível maior de provisão de políticas. Mesmo porque os políticos podem optar por estratégias que contornem legislações de alto custo que poderiam beneficiar seus eleitores. Essa é uma consequência de problemas de monitoramento e percepção dos eleitores, como já discutido (Austen-Smith e Banks, 1989:122). É imperioso, pois, transferir o foco do comportamento revelado pelos políticos (próximo ou não de um teste eleitoral) para a promoção de um ambiente institucional mais virtuoso, com a reformulação de regras que sustentem o cálculo de estratégias dos participantes do jogo.[45]

Um importante caso de mudança de regra do jogo

É inexorável que a alocação de recursos privados a campanhas eleitorais esteja relacionada ao "tamanho" do governo:[46] quanto mais o processo político tem a oferecer em atendimentos de política pública, mais recursos serão alocados pelos cidadãos, individualmente ou em grupos, para garantir que esses atendimentos venham em sua direção (Lott Jr., 2000). E mais: não só o crescimento do governo está fortemente correlacionado com a maior habilidade do processo político em transferir renda e riqueza, mas também quanto menos limitações ao aporte de recursos privados nas campanhas eleitorais, maior será o volume de atendimentos preferenciais. Portanto, a decisão da Suprema Corte norte-americana de liberar grandes doações de campanhas eleitorais por pessoas jurídicas tem um impacto que em muito transcende a mudança da regulação eleitoral, estendendo-se à dinâmica de um dos mecanismos mais complexos das economias contemporâneas: a busca por ganhos especiais providos pelo processo político.[47]

Essa mudança de regras pode ser tratada de vários ângulos de análise:

- a dissipação de recursos reais, com a intensificação de investimentos no *rent seeking*. De fato, criou-se uma "nova arma" para a atividade de *lobbying*[48] — pois firmas, sindicatos e outros grupos de interesses podem aplicar recursos financeiros ilimitados na propaganda contra ou a favor de determinada proposta de política — assim como para os que se filiam a uma dada corrente de opinião. A nova realidade do *rent seeking* é dar substancial poder a grupos privados para se sobreporem às preferências de políticos e partidos políticos. Cria-se um *biombo*, por trás do qual esses mesmos políticos e partidos poderão se ocultar caso a campanha, a favor ou contra, empreendida pelo grupo de interesse reflita valores que possam vir a ser considerados pouco adequados pelos eleitores;[49]
- uma ocorrência *contramajoritária* (Monteiro, 2007:99-100), isto é, a deliberação coletiva de membros sem mandato eletivo (Judiciário), suplanta a legislação vigente, tal como estabelecida por uma maioria de representantes eleitos. Embora os legisladores possam reverter a deliberação dos juízes (como foram instados a fazer pelo presidente Obama[50]), a interpretação das regras eleitorais ocorre no sistema da separação de poderes, não podendo, portanto, ser considerada inválida;

- há uma reinterpretação da liberdade de expressão do cidadão que extrapola sua dimensão de agente individual, podendo ser agregada em preferências "coletivas". A deliberação em discussão não é um ato *populista* ou em prol de uma facção por parte do Judiciário. A força dessa alteração nas regras das escolhas públicas decorre do fato de a facilitação do acesso de recursos privados às campanhas eleitorais federais se dar pelo entendimento de ser essa uma expressão da vontade do cidadão. A regra constitucional da livre expressão não permitiria distinções baseadas na *identidade de quem fala* (se o cidadão ou um grupo formalmente constituído, em que esse cidadão se inclui). A ninguém seria negado o direito de entrar no mercado de ideias, que deve estar aberto a todas as vozes.[51]

Na verdade, há duas forças implícitas e antagônicas na decisão sob análise:

- o potencial de poder do governo para restringir liberdades individuais do cidadão-eleitor. Regras que condicionem o financiamento de campanhas eleitorais podem ser interpretadas como limitações à livre expressão político-partidária do cidadão e, assim, contribuir para redesenhar o perfil das políticas públicas;
- a concentração de riqueza das firmas que desempenham papel mais ativo em uma campanha eleitoral acaba por dar um perfil *ad hoc* ou preferencial a essas políticas.

Há que *equilibrar* o direito dos cidadãos de serem expostos a ideias e propostas de políticas (além daquelas surgidas pelas vias oficiais) e de estarem atentos à capacidade do governo de limitar o discurso político, ainda que isso se dê em prol da luta contra a corrupção.[52] Por fim, mencione-se uma regra de financiamento eleitoral público muito *sui generis*, que vigora no estado norte-americano do Arizona: o estado oferece a determinado candidato a oportunidade de, por meio desse financiamento, equiparar os recursos de sua campanha aos de seu oponente que conte com o apoio de recursos privados.[53] A racionalidade é criar um financiamento de campanha que seja *viável*, ou seja, os políticos racionais não aceitarão o financiamento público caso antecipem que serão amplamente ultrapassados pelos recursos privados de que seus oponentes podem lançar mão.[54] No entanto, chamo a atenção do leitor para o fato de que essa mesma regra teve outro entendimento por parte do Judiciário dos EUA, que a invalidou, no pressuposto de que ela violaria o direito dos candidatos que conseguem captar recursos privados para suas campanhas, uma vez que esses candidatos poderiam relutar em despender recursos, caso antecipassem que esse seu esforço habilitaria o surgimento de oponentes financiados pelo governo.[55] Eis um caso em que as liberdades individuais são avaliadas por critérios antagônicos, por diferentes participantes do jogo de escolhas públicas.

Ciclo político-eleitoral

Um antigo pressuposto na teoria econômica é que um partido ou coalizão no poder busca determinar a localização e o *timing* dos benefícios promovidos pelas ações governamentais, de modo que possam ser carreados para seus membros e adeptos (Tufte, 1978:4). Essa é a hipótese de ganhos *privados* quanto ao resultado eleitoral e que se integra à essência da democracia representativa. É a motivação política sendo regularmente atribuída às políticas praticadas e a geração de seus impactos ainda no ano eleitoral. Essa é a conjectura da existência de um "ciclo político-eleitoral" na trajetória da economia (Monteiro, 2007, cap. 1). Assim, o *terremoto* eleitoral ocorrido nos EUA em 2-11-2010 e a disputa eleitoral brasileira de outubro/novembro de 2010 são contrapontos dessa conjectura analítica? Possivelmente não.

A reação dos eleitores não se forma expressivamente em torno das intenções *corretas* de políticos ou do governo, mas da geração de resultados econômicos efetivamente obtidos, sob um dado conjunto de induções que operam na economia. Há, pois, qualificações relevantes nesse tipo de causação dos acontecimentos econômicos sobre o processo e o resultado eleitorais. A comprovação empírica desse tipo de fenômeno requer expurgar ou lançar certas variáveis institucionais à celebrada condição de "tudo o mais constante".

Tome-se, inicialmente, o caso da economia norte-americana:

- o ambiente de crise (2008-2010) traduz-se por uma descontinuidade das políticas públicas, como exemplifica a ocorrência, em curto período de tempo, de duas políticas de reforma — a do sistema de saúde e a do sistema financeiro;
- essas e outras políticas postas em prática no final de 2008 apresentam instrumentação e *timing* de geração de resultados positivos (reativação da

economia e redução do desemprego) que se revelam adversos ao governo incumbente;[56]

- como já mencionado, a campanha eleitoral desenvolve-se excepcionalmente num regime em que uma regra eleitoral significativa foi alterada: a possibilidade de recursos privados, em grandes montantes e sem observar procedimentos de *disclosure*, serem utilizados diretamente na defesa de temas substantivos ou ideologias de política e, assim, no ataque ou na defesa de candidaturas.[57]

A não sincronia entre o calendário eleitoral e a incidência de benefícios líquidos (ou *boas* notícias) quanto às políticas praticadas pelo governo tem na política do Troubled Asset Relief Program (Tarp) seu exemplo mais notório. Sabe-se agora que, em um período de 24 meses (outubro de 2008 a outubro de 2010), todo o custo fiscal direto dessa política econômica ficou em menos de 1% do PIB. Esse resultado é extraordinário se comparado com crises financeiras sistêmicas do passado: o FMI estima que a média do custo fiscal líquido da resolução de 40 crises bancárias ocorridas desde 1970 foi de 13% do PIB; no caso da economia norte-americana, o custo fiscal líquido do saneamento de poupanças e empréstimos foi de 2,4% do PIB.[58]

Vejamos a seguinte evidência da escolha da *forma institucional* de uma política que pode interferir na reação do cidadão-contribuinte-eleitor. Diante de uma nova crise financeira, é possível que a instrumentação do Tarp não seja repetida, o que contribuirá para minimizar uma eventual punição eleitoral do governo. Tal ponto de vista se apoia nas novas regras de regulação introduzidas em 21-7-2010 (Public Law 111-203, ou Lei Dodd-Frank). Assim, por exemplo, uma operação de salvamento de uma firma financeira na economia dos EUA se dará por ato de uma "autoridade de liquidação de modo ordenado" (título II da referida lei), ou seja, uma firma que caminhe para a insolvência será "transformada" em uma "companhia financeira *ponte*", de modo que seus negócios prosseguirão, evitando-se o colapso habitual. Na percepção do cidadão-contribuinte-eleitor, em vez de um dramático *bailout*, ocorrerá uma intervenção contínua e suave no mercado financeiro, que pode até nem ser notada pelos depositantes e clientes da firma sob intervenção. Por exemplo, sem esse mecanismo institucional para lidar com grandes firmas interconectadas, de modo ordenado, "não seria possível aos seus clientes sequer continuar a sacar dinheiro nos caixas automáticos".[59] Todavia, remanesce a questão de, por sua grandiosidade, o Tarp ser uma política que talvez não deva ser aferida tão somente por sua missão de salvamento de bancos. Hoje, "esses bancos exibem lucros recordes e a aparentemente duradoura vantagem competitiva que os acompanha, por serem considerados *muito grandes para que se deixe que quebrem*", como afirma Barofsky (2011), inspetor-geral do Tarp. Evitar a quebra do sistema financeiro é inegavelmente benéfico a toda a sociedade. Quanto a outros objetivos mais amplos do Tarp (proteção do valor dos imóveis residenciais e preservação da propriedade imobiliária), vitais para a obtenção do apoio legislativo necessário a essa lei emergencial de estabilização econômica, a conclusão a que se chega está longe de ser reconfortante.[60]

Em outra frente, no caso brasileiro, há duas condicionantes para a hipótese de se verificar um ciclo político-eleitoral na disputa de 2010, *em seu sentido puro*, em razão:

- do inusitado envolvimento do governo na campanha eleitoral, em todos os seus desdobramentos práticos (propaganda eleitoral e atos de campanha, com a presença, muito especialmente, do próprio presidente da República);
- do intenso engajamento da mídia, a ponto de se poder identificar uma efetiva *estratégia eleitoral* contrária à candidatura governista (e não apenas um apoio formal a uma das candidaturas) da parte de firmas dominantes no mercado de mídia.[61]

Esses dois fatores atuam em direções opostas, mas, outra vez, o relevante é o *relaxamento de todo o processo eleitoral*, com a habilitação de estratégias ou comportamentos dos participantes das escolhas coletivas que são estranhos à teoria do ciclo político-eleitoral. A influência do desempenho econômico global sobre o comportamento do eleitorado não pode deixar de levar em conta o extraordinário ambiente institucional em que se tem, especialmente, a descontinuidade observada no mecanismo do *rent seeking* (caso dos EUA) e a excepcional intrusão tanto do governo incumbente quanto da mídia na disputa eleitoral (caso do Brasil).[62]

Tamanho de governo

A presença estatal na economia pode ser vista por três *janelas* distintas: o governo como unidade orçamentária, como produtor (e absorvedor de mão de obra) e como regulador de mercados de bens e serviços. Esse tema é, porém, bem mais complexo, uma vez que a dinâmica em que as três frentes se desenvolvem é interligada, ainda que a mensuração quantitativa dessa presença estatal não considere tal sobreposição.[63]

A questão do tamanho da atividade governamental fica muito parcialmente enquadrada quando se deixa de lado a produção intensa e variada das regras que condicionam as escolhas dos agentes privados. Em tempos de crise, essa dimensão regulatória apresenta-se exacerbada. O rol a seguir de exemplos da economia dos EUA é surpreendentemente rico em ensinamentos quanto à relação entre escolhas públicas e crise econômica:

- dado o vulto dos recursos públicos no salvamento da General Motors (2009), a *direção dessa empresa foi sumariamente posta de lado* pelo governo, ao mesmo tempo que a Chrysler e seus credores foram confrontados com *opções irrecusáveis*, entre as quais a fusão com a Fiat, que assumiu o gerenciamento da firma e de 20% de suas ações;[64]
- quanto aos bancos privados, seus executivos foram publicamente conclamados a *limitarem suas próprias remunerações*, enquanto as companhias de seguro foram *dissuadidas de elevar os prêmios* de suas apólices;[65]
- diante do desastre ambiental no golfo do México, a British Petroleum foi levada a criar um fundo de indenização de US$ 20 bilhões, recursos que *não* serão alocados pela BP, *mas pelo governo federal*;[66]
- em 28-5-2010, o Departamento do Interior ("Memorandum of the secretary") *suspendeu por seis meses* todas as operações (pendentes, correntes ou já aprovadas) de perfuração de petróleo em águas profundas, o que *encerrou a operação* de 33 plataformas de petróleo e alcançou 17 companhias de petróleo. Mais adiante, em 21-6-2010, a proibição foi levantada, para logo em seguida ser reimplantada, com regras revisadas;[67]
- ainda no setor de exploração de petróleo, expandiu-se o poder da agência reguladora (Minerals Management Services), que passou a ter uma unidade interna de investigação com o propósito de identificar conflitos de

interesses, atitudes de complacência e o decorrente potencial de corrupção em sua atividade regulatória;[68]

- no estado de Nova Jersey, EUA, uma provisão na Lei Orçamentária estabeleceu um limite para a remuneração dos principais executivos de organizações sem fins lucrativos, caso essas organizações prestassem serviços sociais por contrato com o estado. A prática começa a ser sistematizada em outros estados e no âmbito federal;[69]
- mesmo em fóruns multilaterais, os governos nacionais buscaram estabelecer novas e invasivas regras, que passassem a valer para todas as economias nacionais. Tal esfera de atuação reforçou o poder dos governos nacionais, via cartel da Basileia.[70]

Essa presença não orçamentária é *oculta*, uma vez que ainda não se dispõe de metodologia que forneça medida sintética, quantitativa, do tamanho desse "Estado regulador". Ademais, por poder ser instrumentada com baixo nível de transparência,[71] a adoção de uma dada estratégia de regulação pode apresentar-se mais atraente para os políticos, uma vez que enfrenta menos reação dos que ficam excluídos ou são onerados pela regulação.[72]

O rol de eventos mencionados leva à percepção de que esse foi mais do que simplesmente um aumento do tamanho de governo: o próprio *poder de mando* se ampliou. Por esse conceito, entenda-se uma intrusão mais discricionária do que a habitual, que reduz ou recondiciona diretamente os conjuntos de escolhas dos agentes privados. Essas escolhas passam a ter alterado seu fluxo de benefícios líquidos, em razão de novas regras do jogo que o processo político põe em vigor, e desse modo os agentes privados, *a priori* ou *a posteriori*, são levados a reconfigurar suas escolhas. O poder de mando não se materializa necessariamente pela emissão de algum tipo de legislação, em qualquer nível da hierarquia decisória; a simples ameaça de legislar pode ser um efetivo fator no controle do comportamento que o governo julgue nocivo, ao estabelecer incentivos apropriados aos agentes privados.[73]

O impacto desse fenômeno sobre o setor privado vai além do condicionamento dos resultados finais de suas unidades decisórias (consumidores, produtores etc.), estendendo-se aos próprios processos decisórios dessas unidades, levando-as a redesenhar o conjunto de suas estratégias.[74] A figura 20 estiliza essa relação entre economia pública e mercados.

Figura 20. Reconfiguração de estratégias privadas

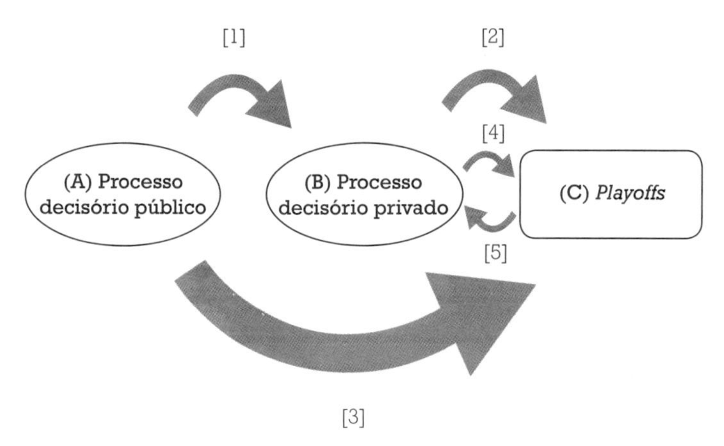

A regulação econômica afeta a formação de estratégias privadas, por duas sequências:

- {([1] → [2]) → [C]}: novas regras estabelecidas pelo processo político [1] induzem o agente privado a reconfigurar suas estratégias [2] na expectativa de obter maiores (melhores) benefícios líquidos ou *payoffs* [C];
- {([3] → [C])} → {([5] → [4]) → [C]}: novas regulações alteram diretamente os *payoffs* privados {([3] → [C])} e, em função disso, a firma reaje, reconfigurando seus processos decisórios internos, inclusive suas "estratégias de ação coletiva" (não singularizadas na figura 20 em nome da simplificação didática) [5], que, em seu novo design, podem proteger o *status quo* de *payoffs*, torná-lo menos adverso do que o idealizado pelos *policy makers*, ou mesmo melhorá-lo {([5] → [4]) → [C]}.

O já mencionado *lobbying* dos bancos, na tentativa de evitar maiores restrições ao risco de várias operações financeiras, especialmente em derivativos (*hedging*), serve como pano de fundo da sequência {([3] → [C])} → {([5] → [4]) → [C]}. A instância à qual é direcionado o *lobbying* dos bancos são os governos nacionais, porém com vistas a influenciar a posição de seus representantes, seja no G-20,[75] seja diretamente no Comitê da Basileia.[76]

O dimensionamento do tamanho do governo tem a implicação qualitativa do grau de satisfação que os cidadãos experimentam com o fato de a fronteira da economia pública ser tão extensa e estar em constante expansão. São questões relevantes quanto a isso:[77]

- a frequência (eventualmente medida pela fração de eleitores que confiam no governo) com que o poder governamental merece confiança, traduzida pelo apoio às suas iniciativas de política pública;
- a extensão da intrusão do governo trazer efeitos líquidos positivos;
- a responsabilização atribuída aos que operam os mecanismos institucionais, comparativamente à confiabilidade que se aloca aos próprios mecanismos.

Limitações analíticas e redefinição das regras do jogo

Em meados de 2010, a economia contemporânea exibia três classes de ocorrências:

- o movimento de redefinição e reforço de importantes intervenções econômicas. Tal expediente era evidente na longa desoneração de impostos adotada no Brasil em 2009[78] e, nos EUA, com a sequência de regulações do segmento financeiro e automotivo, que deram sequência ao volumoso estímulo direto concedido a esses mesmos setores ao final de 2008 e em 2009;[79]
- o novo design que a fronteira entre economia pública e economia privada assumiu. As regras constitucionais que definem essa fronteira (em funções, poderes e recursos)[80] foram reconfiguradas, antevendo-se sua vigência informal, aceita por políticos e pela sociedade;[81]
- reviveu-se a dificuldade de regular mais efetivamente a atividade de *lobbying*, que secunda todos esses novos desdobramentos da intervenção governamental.

Dois eventos da economia norte-americana mostram a necessidade de estender o raciocínio analítico à *demanda* de políticas: um prosaico acidente (5-4-2010) numa mina de carvão (Massey Energy) em West Virginia, EUA — uma atividade privada já sujeita a regulação, especialmente na dimensão de padrões de segurança da exploração;[82] e a utilização de redes de relacionamento social (aí incluídos os blogs) como atividade de *lobbying*.[83]

Em setembro de 2011 revelou-se que há fatores muito peculiares em um *novo* (e talvez o mais trepidante) estágio da mesma crise — o que evidencia que as opções de políticas públicas disponíveis em 2008-2009 não eram exatamente as mesmas que poderiam ser usadas dois ou três anos depois.

Os economistas estão nus?

No que diz respeito ao enquadramento dos problemas causados pela crise e às suas possíveis soluções, a teoria econômica dá sinais de perplexidade, ou, como prefere o prêmio Nobel de Economia de 1986, professor James Buchanan, "os economistas estão nus". Em seu pequeno grande texto, seguindo a tradição analítica da *public choice*, o professor Buchanan argumenta que o cerne desse estado de coisas é que a questão relevante não é como alcançar este ou aquele padrão de resultados macroeconômicos, mediante possíveis ações políticas ou governamentais, o que, na figura 21, corresponde à causação (1). Contrariamente, trata-se de como pôr em operação um conjunto de regras, de modo a permitir a geração de uma ordem econômica e social que atenda a certas propriedades desejáveis — a causação (2), mostrada na mesma figura. Essa é "a variante de investigação [analítica] que está faltando" (Buchanan, 2009:152).[84]

Segundo a figura 21, há duas classes de estratégias para a saída da crise: *mantidos os mecanismos decisórios públicos*, alterar a configuração dos resultados macroeconômicos finais (inflação, crescimento, entre outros), e a fixação prévia de metas de crescimento econômico e inflação que possam ser viabilizadas pela *reformulação de mecanismos decisórios públicos*, em bases mais permanentes e em harmonia com todo o conjunto de regras do jogo.

Um exemplo ilustra essa perspectiva: em muitas economias, a atenuação da crise surge com a transferência de grandes somas de recursos orçamentários públicos para bancos privados, seguradoras e montadoras do setor automotivo.[85] Transitoriamente, esse rumo pode conflitar não só com resultados macroeconômicos correntes e futuros (equilíbrio das contas públicas, estabilidade monetária), mas também com comprometimentos expressos em regras constitucionais que dizem respeito à separação de poderes, à autonomia decisória da autoridade monetária e aos limites da participação do governo no total da economia. Essa é uma consequência não antecipada (ou não desejada), do ponto de vista de alguns segmentos políticos, assim como de setores empresariais privados, mas sobre a qual não se observa manifestação contrária expressiva — outro sinal da perplexidade referida.

Figura 21. Política econômica e suas variantes de análise

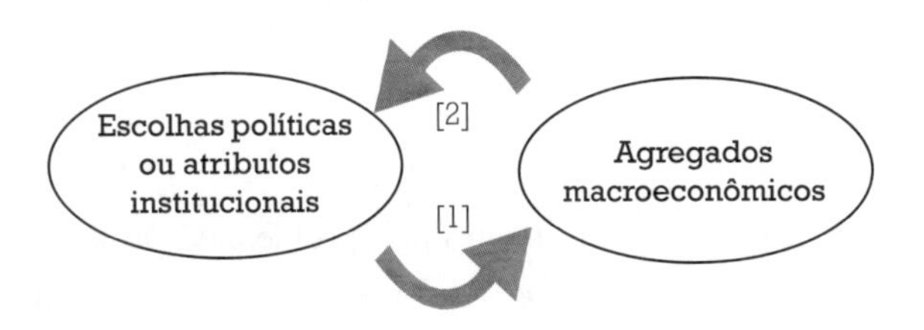

Considere-se a vertente (2), com a retomada do crescimento do PIB. Esse agregado pode ser quantificado, embora não se sujeite ao controle dos *policy makers*: "na melhor das hipóteses, pode-se promover alterações pequenas e periféricas, enquanto o resultado agregado, gerado pelo funcionamento da ampla e complexa economia, permaneça teimosamente imune ou se deteriore diante dos esforços de reforma empreendidos" (Buchanan, 2009:152). A "vinculação" de jogos, como estilizado na figura 21, libera a análise econômica da *camisa de força* de buscar resultados finais do desempenho da economia de um modo tão limitado, por se ater à variante (1) dessa figura. Em outra frente, há a possibilidade de ter "cascatas de crises", quando a "ignorância associada [às surpresas] implica que se adotem políticas equivocadas, e que esses erros possam gerar novas crises, na medida em que erros [também] tenham efeitos não antecipados" (Congleton, 2005:192).

Esse é um aumento expressivo do gasto público para estancar os prejuízos de uma atividade econômica (mercado financeiro) que pode provocar crises secundárias, caso não fiquem bem entendidas e integradas à política macroeconômica as relações (Congleton, 2005):

- entre o risco financeiro da política adotada e a geração de ganhos privados (no mercado de ações, por exemplo); ou
- entre outros fatores de risco não observados inicialmente (a possibilidade de setores produtivos, socorridos ou não, se sentirem *estimulados* a relaxar, em termos de boas práticas de governança) e o bem-estar dos indivíduos na coletividade.

A vertente (2) na figura 21, quando menos, serve para lembrar que não só a crise recondiciona incentivos políticos fundamentais, como também a estratégia de política econômica demonstra incapacidade de lidar com problemas de informação associados à incerteza e à urgência, o que habitualmente não ocorreria em outros tipos de crise.[86]

Em apta metáfora, a situação do governo Obama em agosto de 2010 foi comparada à de um médico que olha para seu parco estoque de recursos farmacêuticos e para as poucas iniciativas muito experimentais que restam, mas que têm arriscados efeitos colaterais. Ademais, os médicos não chegam a um acordo quanto ao diagnóstico, nem mesmo quanto ao antídoto a ser confiantemente administrado.[87] No segmento da política de corte de impostos, tentou-se o *fine tunning* de promover tais reduções de modo que induzissem efetivamente firmas e consumidores a *gastarem dinheiro*.[88] Diante da pouca efetividade ou do lento impacto dos cortes de impostos e dos substanciais aumentos já empreendidos no gasto público, em meados de 2010 as atenções se voltaram para a classe de experimentos "arriscados" ou "menos ortodoxos": o *balão de ensaio* lançado tanto na economia japonesa[89] quanto nos EUA[90] foi a elevação da meta de médio prazo da inflação, com o propósito de desencorajar a parcimônia com que os bancos financiavam os agentes privados. Em setembro de 2010, tanto como estratégia econômica quanto *eleitoral*, o governo Obama propôs ampliar e tornar permanente a política de créditos tributários nas despesas em pesquisas (P&D) das firmas, o que custará US$ 85 bilhões nos próximos 10 anos, e a ampliação, outros US$ 15 bilhões.[91] Essa iniciativa não renovava os créditos tributários incidentes sobre um segmento de cerca de 2% dos contribuintes — os que tinham rendimento anual superior a US$ 250 mil.[92] Mais expansão de gasto público e não renovação de benefícios aos mais ricos são, por certo, uma explosiva mistura em ano eleitoral.[93]

Políticas de reforma

Dois acontecimentos têm o significado comum de prenunciarem uma vasta reformulação nas regras das escolhas públicas, isto é, são autênticas *políticas de reforma*. Refiro-me à distribuição de royalties da exploração de petróleo e do associado regime de exploração da camada pré-sal, na economia brasileira, e à recém-aprovada mudança no sistema de saúde, nos EUA.[94]

Na virada da década de 1970 para a de 1980, a teoria econômica sofreu uma revolução metodológica, com o reaparecimento da teoria de jogos, desta vez no campo da modelagem de políticas. Os economistas passaram a se defrontar com uma variedade de questões, analítica e empiricamente relevantes, algumas ainda não inteiramente resolvidas:

- o *timing* da alteração nas regras do jogo e seu processamento são diretamente influenciados pelo calendário eleitoral;[95]
- a mudança de regras pode ser abrangente, alcançando frações significativas do PIB.[96] Ademais, o resultado líquido da reforma foi virtualmente ignorado no momento de sua implementação. A expansão da cobertura do seguro de saúde na economia dos EUA gerará despesas de US$ 940 bilhões até o ano fiscal de 2019. Juntamente com as diversas penalidades tributárias previstas nas novas regras, esses gastos teriam um efeito combinado de redução do déficit orçamentário público de US$ 143 bilhões.[97] Acrescente-se a isso o grau de especialização das mudanças, o que pode se traduzir pela mera extensão do documento legal que as corporifica: outra vez, no caso da lei do novo regime de saúde, trata-se de um documento de 153 páginas. Chega-se a detectar mecanismos contraditórios a regras criadas no próprio pacote de novas regras, ou a regras já em vigor.[98]
- a extensão das mudanças de regras aqui apresentadas, por si só, afeta o arranjo federativo, o que alcança a constitucionalidade desses novos regimes regulatórios.

Embora não intencionadas, tais alterações recondicionam o funcionamento da *estrutura* da economia, e isso é relevante não só por alimentar demandas judiciais (como já referido), mas por criar complexos problemas de coordenação de políticas públicas.[99]

Novas lições estratégicas

Evidências servem para reforçar a tese de que a crise não encontra justificativa apropriada, nem enquadramento analítico suficiente, *fora do ambiente institucional*, como exemplifica a falência mais espetacular que ajudou a tornar visível a crise financeira em 2008: havia um canal secreto que o Banco Lehman Brothers utilizava para expurgar investimentos de alto risco de sua contabilidade, tornando, pois, oculta grande parte das vicissitudes pelas quais o banco já vinha passando, mesmo antes de sua bancarrota oficial.[100]

Transparece do depoimento de Robert Rubin perante a Financial Crisis Inquiry Commission, em 8-4-2010,[101] assim como no expediente escuso de que fez uso o Lehman Brothers, quão inefetiva (se não de todo inútil) era a regulação econômica em vigor até o início de 2008. O depoimento de Rubin pressupõe que seja suficiente listar variáveis em desarranjo, independentemente do grau de conhecimento que se possa ter dos mecanismos pelos quais elas se interligam, e que tal conhecimento seja secundário para o design da regulação econômica. Contudo, sem a especificação dessas *regras do jogo*, tudo que se pode entender do desempenho do mercado financeiro ocorre no pressuposto da correlação entre os citados segmentos do mercado, e muito pouco se pode dizer quanto às relações de causa e efeito entre eles. Por extensão, torna-se superficial e inócua a ação preventiva ou corretiva que as autoridades governamentais venham a empreender.[102]

Qualquer solução para a crise pressupõe maior envolvimento regulatório do governo e uma alteração significativa nas regras do jogo, uma vez que o *tamanho* do governo estará em expansão. Em muitas economias, essa é uma consequência não antecipada, que levará a mudanças constitucionais, tanto diretamente, pois recondiciona os limites entre a economia pública e a economia privada, quanto indiretamente, pelo reforço do poder de tributar do Estado.[103]

Vale pensar em *inovações regulatórias* que, propostas ou adotadas em outras economias nacionais, possam ser trazidas para a realidade brasileira. Entre outras:

- esse cenário é propício para reacender a proposta de regulamentar o art. 153, inciso VII (imposto sobre grandes fortunas) da Constituição;[104]
- a adaptação pura e simples da estratégia de ressarcimento pelos custos do benefício concedido,[105] no âmbito das frequentes desonerações tributárias que têm alcançado inúmeros segmentos da economia, especialmente da indústria, sendo a indústria automotiva a mais notória candidata a uma experiência piloto nessa direção;
- um aspecto pouco enfatizado nas análises da crise diz respeito ao *nível* organizacional a ser alcançado pela redefinição regulatória.

Em seu blog re:The Auditors, F. McKenna chama atenção para o fato de que, diante dos escândalos financeiros recentes, constata-se que talvez se deva alterar o foco da regulação de mercado: do extensivo redesenho de detalhes operacionais dos sistemas de informação e de práticas gerenciais em geral para uma ênfase maior no que fazem os altos executivos que, "com uns poucos comandos", podem passar por cima dos sistemas gerenciais de suas firmas. Afinal, prossegue o comentário, mais de 80% dos casos de fraude contábil entre 1987 e 1997 nos EUA envolveram justamente esse nível decisório. Na redefinição institucional, a questão relevante é: como podem reguladores e investidores, ou qualquer pessoa, entender demonstrações contábeis, se têm que *varar* muitos *níveis* de responsabilidade até poder detectar comportamentos que sejam nocivos ao interesse coletivo?

No 1º semestre de 2011, observou-se uma *segunda onda* de impactos da crise que se caracterizaram por novos ingredientes estratégicos, como:

- disfunção no federalismo fiscal. Nos EUA ocorreram reduções nos gastos públicos, promovidas por governos estaduais. O mais inovador exemplo foi o do Wisconsin, nas despesas educacionais. Houve demissão de professores públicos, aumento da relação aluno/professor em sala de aula, elevação de encargos tributários e previdenciários desse segmento de mão de obra e, *mais significativamente*, a perda de parte dos direitos de barganha coletiva dos servidores públicos;[106]
- neutralização da ação coletiva. A suspensão da negociação sindical na política de remuneração do funcionalismo público é uma significativa inovação institucional que pode se propagar por outras economias, na tentativa de minimizar desequilíbrios nas contas públicas, como no ajuste fiscal efetuado no Wisconsin. Trata-se de um ataque frontal à atuação de grupos preferenciais que se habilitam como destinatários de transferências de renda providas pelo processo político. A iniciativa constitui também uma sutil mudança em práticas trabalhistas, o que pode interessar aos que focalizam no Brasil os custos do trabalho como motivação para reformar a legislação trabalhista;[107]
- simulação de reação diante de um potencial agravamento da crise. No mercado financeiro, os chamados "testes de estresse" tentam medir a habilidade com que os bancos podem vir a lidar com novos choques econômicos, como o ocorrido em 2008. Para efeitos práticos, o desvio de um desempenho normal ou padrão é mensurado em termos de preços no mercado imobiliário, taxas de juros e preços da dívida soberana (o que

mede a capacidade de repagamento da dívida que goza de imunidade da soberania). No caso dos EUA, o cenário alternativo contraposto pelo FED é: como as contas bancárias se comportariam diante do agravamento da atual recessão? Já utilizado duas vezes (porém ainda com sérios problemas quanto à sua credibilidade como ferramenta de regulação econômica), a autoridade bancária europeia anunciou uma terceira e mais ampla aplicação desse tipo de teste, o que se deu em julho de 2011. A metodologia tenta complementar os tradicionais testes de liquidez de ativos bancários; porém, diferentemente, os dados relativos à liquidez bancária não têm divulgação ampla e detalhada, uma vez que isso "seria disponibilizar muita informação para os especuladores", como argumentou um regulador da UE.[108] Nada impede, no entanto, que as práticas dos bancos não venham a migrar para atividades de intermediação potencialmente danosas, em complexas e nebulosas operações de financiamento no mercado internacional;

- ainda a questão do "muito grande para que se deixe quebrar".[109] Essa concepção surgiu logo no começo da falência de grandes bancos (2008) e pela iminência da quebra de outras firmas financeiras (a seguradora AIG) e montadoras do setor automotivo nos EUA. Embora inevitável, na qualificação do *timing* e instrumentação da regulação econômica, o que parecia uma ideia amplamente defensável, hoje é aceita com cautela, pois a quase certeza de socorro governamental a essa classe de firmas pode induzi-las a comportamentos opostos ao coletivamente desejável: a operação de salvamento pode encorajar tais firmas a assumir posições de risco e ineficiência mais elevados, sob a proteção de uma anunciada salvaguarda governamental.[110] Em 2011, as próprias "grandes firmas" foram desenvolvendo uma *contraestratégia*: persuadir o Executivo de que não eram tão grandes assim, ou que não eram fontes de riscos que pudessem provocar um colapso financeiro. Trata-se da estratégia de tentar fazer prevalecer o ponto de vista de que são *pouco importantes*, a ponto de não merecerem tanta supervisão regulatória. Ninguém está mais propenso a se autodeclarar "sistemicamente relevante".[111]

Todavia, ao final do terceiro trimestre de 2011, a crise exibiu desdobramentos muito peculiares — o que reforça o fato de que as opções de políticas públicas disponíveis em 2008 não eram exatamente as mesmas em 2011. Pouco sobrou no arsenal dos *policy makers* dos recursos anticrise utilizados em 2008-2009, sem contar que o quadro político-eleitoral de 2011 é incomparável ao de dois antes, nos EUA e na União Europeia.

Há pouco espaço para outra rodada de estímulos fiscais, sendo eleitoralmente arriscado cortar gasto público, reduzir transferências (políticas assistenciais e previdenciárias, por exemplo) ou elevar impostos. Mesmo a ação dos bancos centrais perde força e sentido de cooperação.[112]

As manifestações mais frequentes do cartel privado que domina o mercado de *ratings* financeiros (Moody's, Fitch e Standard & Poor's) têm sido um fator que acirra autonomamente a incerteza econômica e causa impactos imediatos perversos nos mercados de ações e cambiais de todo o mundo.

Ao degradar títulos públicos ou privados em qualquer economia nacional a manifestação de uma ou mais dessas firmas *precede* a piora da situação dos comprometimentos da dívida dos governos nacionais, e podendo influenciar a intervenção de agências multilaterais como o FMI e de órgãos públicos que operam em escala transnacional (Banco Central Europeu, Departamento do Tesouro dos EUA, entre outros). Entre as manifestações mais recentes de degradação de títulos tem-se o rebaixamento da nota aos títulos da dívida pública italiana, de curto e de longo prazo, pela S&P;[113] a situação dos créditos de três grandes bancos dos EUA: Bank of America, Citigroup e Wells Fargo, desta vez pela Moody's, e também em relação a oito bancos gregos.[114]

De todo modo, a manifestação dessas firmas de *rating* não só aumenta a visibilidade das disfunções econômico-financeiras de economias e governos nacionais, como também desencadeia ocorrências que tornam a solução desses problemas mais complexa; e isso opera em três frentes.

O rebaixamento ou corte na nota da dívida ou do crédito vem acompanhado de uma *justificativa* que, certa ou errada, desencadeia consequências próprias, e que, por outro lado, dá às projeções da firma de *rating* um superstatus.

Veja-se a opinião da S&P quanto às fracas perspectivas de crescimento do PIB da Itália e aos níveis "maiores do que o esperado" do endividamento público, e, como já citado, a da Moody's, ao rebaixar o *rating* de bancos gregos (25-9-2011).

Frequência e *timing* dessas intrusões do cartel de *ratings* podem levar a que em dois dias, por exemplo, uma dessas firmas se manifeste pelo rebaixamento financeiro em relação a uma economia, e logo adiante outra dessas firmas, anuncie um rebaixamento que incide sobre outra economia.

Veja o leitor o caso concreto citado anteriormente no noticiário do *Washington Post* e do *New York Times*, entre os dias 19 e 21 de setembro: essa sequência acaba sendo perversa, uma vez que o efeito negativo de um *downgrade* em uma economia nacional mal tem a chance de se estabilizar e é logo empurrado por novo *downgrade* relacionado a outra economia.

Implicitamente, os pronunciamentos das agências de *rating* podem atuar como reparo ou censura à pouca efetividade das políticas empreendidas pelos governos nacionais.

O citado rebaixamento do *rating* de três grandes bancos norte-americanos sinaliza que, mesmo decorridos três anos de políticas de *bailout* e de tutoramento governamental, o setor bancário dos EUA prosseguiu frágil, e tudo que foi feito até meados de setembro de 2011 ainda foi pouco efetivo, por motivos *não especificados* — o que torna mais densa a incerteza a que está sujeito o cálculo de estratégia dos agentes econômicos. Analogamente à mídia em certas circunstâncias, na etapa da crise em 2011 as firmas de *rating*, de certo modo, *pautam* o debate econômico. Não obstante, a atitude dessas firmas foi de grande passividade em meados de 2008, possivelmente porque elas mesmas também foram incompetentes para perceber a extensão da crise e, de todo, a sua ocorrência.

Recorre-se sem sucesso à coordenação internacional, como na presença do secretário do Tesouro dos EUA na reunião de autoridades financeiras e fazendárias dos 17 países da zona do euro. Aparentemente, nem se entenderam os europeus entre si, os europeus com o secretário Geithner.[115]

Tampouco andam se entendendo entre si os membros do Federal Reserve quanto à mais recente iniciativa do FED de baixar os rendimentos dos títulos de longo prazo do Tesouro dos EUA, ainda que preservando o *status quo* das taxas de juros de curto prazo. Para isso, a política recém-anunciada pelo Banco Central dos EUA ("Operation Twist") é um estímulo de US$ 400 bilhões em que são vendidos títulos públicos de curto prazo, em troca de igual montante de títulos de longo prazo. A operação estende-se de outubro de 2011 a junho de 2012.[116] A iniciativa será bem-sucedida caso consiga baixar as taxas de juros de hipotecas e empréstimos empresariais e, por consequência, levando consumidores e produtores a tomarem empréstimos, e alimentar mais gastos privados na economia.

Por certo, o leitor há de perguntar: mas os juros na economia norte-americana já não estão, por longo tempo, em níveis mínimos, sem que essa desejada elevação de gastos se materialize? Portanto, esse é outro exemplo de como o *estoque de ideias* anda baixo no reino dos economistas.

Elementos de uma economia de transição de governo

Após oito anos contínuos de mandato presidencial, a economia brasileira passou, ao final de 2010, pela primeira vez, por um período de transição de administrações federais *de mesma ideologia*. A introdução de uma nova regra constitucional, que permitiu que o governo incumbente em 1995-1998 estendesse seu mando ao período 1999-2002, marcou uma transição endógena, tal qual uma prorrogação de mandato eletivo. Mesmo assim, essa transição foi traumática, não só por ser essa uma conjuntura em que a economia nacional apresentava desempenho medíocre (como logo se evidenciaria com a política cambial posta em prática em janeiro de 1999), como também pelo fato de que a nova administração federal, a se inaugurar mais à frente, em 2003, viria a ser comandada pela oposição. Contudo, a conjuntura no final de 2010 foi o oposto daquela do final de 2002: a transição se deu em um quadro de otimismo econômico interno, ante o crescente pessimismo na economia mundial, especialmente nos EUA e na União Europeia, e a sucessão ocorreu entre administrações de *mesma ideologia* política e econômica, ainda que passados dois mandatos sucessivos da mesma coalizão no poder. Já nos EUA, a transição tipicamente se iniciou no meio do primeiro mandato presidencial, em razão do resultado das eleições parlamentares e de governadores, realizadas dois anos antes da eleição presidencial. Essa é uma transição que pode selar antecipadamente as chances de um segundo mandato para o governo incumbente. O pano de fundo é que quanto mais a economia dos EUA se mostra pouco reativa aos sucessivos e expressivos estímulos adotados pelo governo Obama, mais significativo se torna o desempenho alcançado pela economia brasileira. Essa observação é relevante, uma vez que a crise de 2008 apresenta características e intensidade únicas, e vai requerendo, passo a passo, o teste de variadas ações de política econômica. No Primeiro Mundo observa-se que as mudanças institucionais se processam em *ondas*, com a adoção de novas regras, que vão dando lugar a outras regras, que tentam chegar mais próximo do objetivo de retomar o crescimento e reduzir a elevada taxa de desemprego da mão de obra.

Nos EUA, em sequência à etapa de *socorro*, ao final de 2008, e com adições no início de 2009 (Tarp totalizando US$ 700 bilhões), ocorreram:

- em 2009, uma *primeira* etapa de *estímulo*, combinando programas de gasto público e desonerações de impostos, e que totalizou US$ 862 bilhões;
- um *segundo* estímulo, com a compra de US$ 600 bilhões em títulos do Tesouro pelo FED (dezembro de 2010 a junho de 2011). A racionalidade dessa intervenção foi a redução das taxas dos empréstimos hipotecários e outras taxas de juros de longo prazo;[117] e
- um *terceiro* estímulo: o corte de impostos de US$ 801 bilhões, para vigorar em 2011-2012, adicionado de US$ 57 bilhões para a ampliação da vigência do seguro-desemprego por mais 13 meses, alcançando os desempregados há longo tempo.

Pode-se supor vários passos[118] em uma estratégia unificada, como a estilizada na figura 22. Há evidências de que ainda existe perplexidade ante os eventos de 2008, de sorte que a "sequência" nessa figura reafirma a *improvisação* para reerguer as economias. Tal sequência pode ser um comprometimento que diz algo de *ruim* sobre o processo político (como opera a separação de poderes) e não algo de *bom*: revela que se está atuando "sem uma clara teoria do que está errado na economia, ou como repará-la" (Klein, 2010):

Figura 22. Sequenciamento macroeconômico

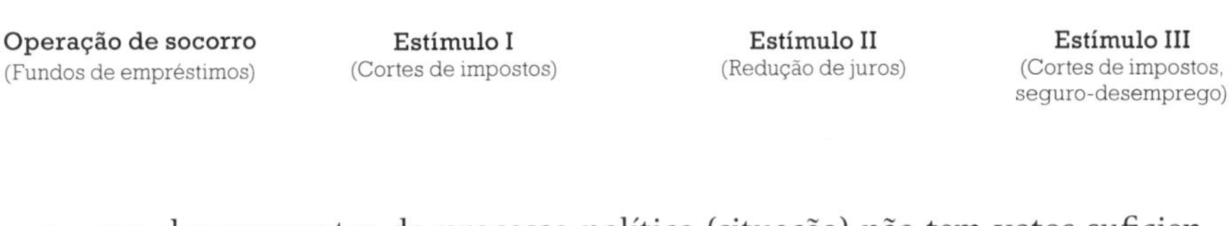

- um dos segmentos do processo político (situação) não tem votos suficientes para implementar sua política econômica preferida. Como segunda melhor solução, os democratas aceitam aprovar políticas que não creem que irão de todo resolver a crise;

- já a oposição imita mais o governo Bush do que empreende políticas que removam obstáculos que ela própria identifica como obstrutores da recuperação.[119]

Após esse sequenciamento, a questão que se apresenta é que o arsenal de instrumentos fiscais já foi praticamente todo utilizado. Ao final de 2010, era ainda incerta a extensão em que os benefícios do esforço fiscal poderiam ser sentidos no desempenho da economia global.[120]

Na economia brasileira, a etapa de socorro acabou se *confundindo* com a etapa de estímulo, via desonerações de impostos, expansão de financiamentos pelo BNDES, contenções (ou mesmo reduções) da alta dos juros e da valorização do real.

A transposição do sequenciamento referido na figura 22 para o caso brasileiro é ilustrada com a distribuição de royalties do pré-sal. A Lei nº 12.351, de 22-12-2010, subverteu a estratégia de crescimento pretendida pelo Executivo em pelo menos duas vertentes:

- tornou inevitável que a União compensasse a maioria dos municípios que arcarão com os efeitos do veto ao PL nº 5.940 (Lei nº 12.351).[121] Com isso, condicionou-se a Proposta Orçamentária da União não só para 2011, mas para os demais períodos;
- atribuiu grande poder a forças políticas que eram fracas e ocasionais: a Confederação Nacional dos Municípios e a Frente Nacional de Prefeitos.

Em ambas as vertentes a sociedade perde em bem-estar, uma vez que recursos públicos serão alocados para sustentar uma competição de ganhos especiais agenciados pelo governo, não invalidando a perspectiva da criação de um fundo que venha a ter dimensão equivalente à dos recursos obtidos com a exploração do pré-sal, nos termos da Lei nº 12.351. Criou-se uma nova instância de compartilhamento de recursos que poderá ser estendida a outras fontes de exploração mineral, independentemente da localização das jazidas.

Uma regulação pouco trivial

Na busca por informação e aconselhamento, grupos de interesses se apoiam em serviços profissionais de *lobbying:* eis outra importante conexão do tipo *agente-patrocinador*, que aprofunda a intermediação nas escolhas públicas. Em razão da informação assimétrica, ocorre um *problema de agência*, com a suposição de que o lobista possa ter suas preferências de políticas públicas (Stephenson e Jackson, 2009:7):

- o lobista (*agente*) usa, em seu interesse privado, seu conhecimento sobre o processo legislativo, as opções de política viáveis, as estratégias com maiores chances de sucesso e as potenciais ramificações das escolhas públicas;
- o monitoramento pelo *patrocinador* (grupo de interesses) das atividades e do esforço de *lobbying* se defronta com custos elevados.

Dificuldades no disciplinamento do *lobbying*

Um dos fatores mais recorrentes na trajetória da regulação econômica é a atividade de grupos privados, que se mobilizam junto aos processos decisórios públicos na tentativa de viabilizarem uma transferência de renda e riqueza.[122] Se em economias do Primeiro Mundo esse fenômeno resiste a seguidas inovações no disciplinamento desse mercado, o que não se passa em instituições bem menos transparentes, em que o governo exerce forte e diversificada intervenção nos mercados e, portanto, é o provedor potencial de uma variedade muito mais ampla e sempre renovada de benefícios de política pública? Tome-se um caso da atualidade dos EUA: o fluxo da regulação da mineração tem sua característica determinada por um dos mais antigos e intensos *lobbyings*, especialmente na interação de legisladores e burocratas da agência reguladora — a Mine Safety and Health Administration (MSHA) — com os cartéis políticos do setor — a United Mine Workers of America e a National Mining Associaton. O tipo e o *timing* dessa regulação definem-se na interação desses dois grupos de participantes das escolhas públicas.

Alguns dados adicionais aprofundam o entendimento do resultado desse jogo:[123]

- em meados de 2010, cerca de 200 ex-funcionários do Congresso, ex-reguladores federais e ex-legisladores atuaram como lobistas, consultores ou executivos seniores em prol da indústria de mineração;

- muitos executivos dessa indústria se transferiram, em várias oportunidades, para assessorias de legisladores ou postos na alta administração federal, especialmente na MSHA, que operacionaliza os padrões de segurança no setor.[124]

Essas duas evidências do mercado de mineração conceituam a porta giratória[125] que intercomunica a economia pública e a economia privada. Em outra frente, o uso da internet, considerada por seu papel virtuoso de viabilizar um padrão de doações a campanhas eleitorais de vastas, porém pulverizadas, contribuições financeiras, pode servir a propósitos opostos, ou seja, tornar o processo decisório público menos autônomo, muito influenciável por poderosas redes de contato virtual. Um caso concreto ilustra essa nova tendência: conhecido blogueiro e emissor de mensagens no Twitter atua, simultaneamente, como relações-públicas, apoiado por firmas da área de telecomunicações no grupo de interesses dessa indústria, a National Cable and Telecommunications Association (NCTA).[126] Seu blog pode tratar de trivialidades, que nada têm a ver com políticas públicas ou com a NCTA. Todavia, suas pequenas mensagens no Twitter tratam assiduamente de aspectos da regulação das telecomunicações, *na perspectiva da NCTA*. Tema em voga no debate regulatório dos EUA — e que muito provavelmente alcançará o debate brasileiro —, trata de novas regras de "neutralidade da rede", isto é, que essa regulação defina regras que impeçam os provedores da rede de discriminarem serviços, aplicações ou pontos de vista expressados na web e os induza a ser transparentes no gerenciamento de suas redes. Esse princípio é fundamental para os consumidores e na promoção de novas tecnologias na internet.[127] Mudanças de regras levam a perplexidades: *como* e *quando* se saberá se as mudanças de regras ora promovidas deram certo? Quanto mais complexo o novo ambiente institucional, maior a incerteza em lidar com a questão de delimitar o período hábil em que se capte boa parcela do impacto da mudança. Regras complexas vêm associadas à mensuração que se deve usar nessa avaliação.

Tome-se o didático exemplo da melhoria de um sistema nacional de saúde. A que propósitos ou objetivos essenciais tal reforma está relacionada?[128]

- O sentido mais nobre da mudança é o de proteger as famílias da instabilidade financeira e de uma possível bancarrota em decorrência de suas contas médicas?

- Tal reforma almeja salvar vidas e garantir melhores níveis de saúde à população?
- O objetivo seria deter a espiral de custos do atendimento de saúde e controlar a dívida dessa provisão?

A interação dessas dimensões da mudança institucional torna incerto o sentido a que se possa atrelar a geração de resultados à adoção do novo regime de regulação.[129] Nos EUA, a produtividade de cada dólar investido em "salvar vidas" por se adotar um regime em que todos são obrigados a comprar seguro de saúde pode ser menor do que a desse dólar investido em programas específicos de combate ao diabetes ou à hipertensão arterial.[130]

Quanto ao disciplinamento do *lobbying* via internet, o ponto relevante é que tal atividade, pelo uso de blogs e mensagens no Twitter e no Facebook, por exemplo, se constitui de esforços que escapam à detecção das instâncias públicas que monitoram a atividade de *lobbying*. E essa é uma complicação adicional para a regulação desse tipo de mercado e do próprio *lobbying*: os ocupantes de postos públicos na burocracia e nas assessorias de políticos que, de algum modo, estejam envolvidos na formulação de políticas são, eles próprios, usuários dessa mídia social.[131] É ingenuidade pensar que grupos privados não contratem tais serviços para fazer chegar suas demandas aos participantes do processo decisório público.[132]

Esse é o desafio para que se promovam aperfeiçoamentos institucionais com o propósito de reforçar uma democracia *não discriminatória* (Buchanan e Congleton, 1998) e que tenha por princípio a atividade política majoritária voltada para o atendimento geral.

A complexidade das regras na reforma

Há alguma relação entre a sequência da crise norte-americana de 2008 e a que se instalou na União Europeia ao longo de 2010-2011? Muito menos por significar que a primeira tenha aberto caminho para a segunda e muito mais pelo fato de que, em ambos os casos, *a moldura institucional das economias nacionais acabou por se mostrar obsoleta*. Ou seja, ambas as crises não são exemplos de "lapsos ocasionais", mas de "desregramentos em larga escala", que exibem a falta de robustez das instituições.[133] A crise expôs a precariedade da regulação que viabilizava práticas lesivas ao interesse coletivo, levando a que o tamanho e a qualidade do desequilíbrio ultrapassassem limites em que se poderia pensar em manter o *status quo* institucional. Em 2010, a incerteza nas economias da UE era a necessidade de se redefinir o entendimento social, que datava do pós-guerra, por seus benefícios de pensões de variadas naturezas, que hoje se tornaram pesados encargos, diante da composição etária da população.[134] Nos EUA se redefine a aceitação da sociedade no que diz respeito à intrusão governamental, como se evidenciou ao longo da crise de 2008-2011.[135] A alteração de parâmetros de política com o objetivo de produzir resultados que alcancem melhores níveis do que aqueles observados no *status quo*, sob uma dada configuração de regras do jogo (presentes ou ausentes na conjuntura), pode não ser o caminho adequado para sair da crise (Buchanan, 2009:154). Daí a necessidade de entender que a política econômica engloba a reconfiguração constitucional. A figura 23 decompõe a reforma financeira, nos moldes aprovados nos EUA em julho de 2010, em categorias analíticas mais informativas.

Figura 23. *Mind sets* dos formuladores de políticas [136]

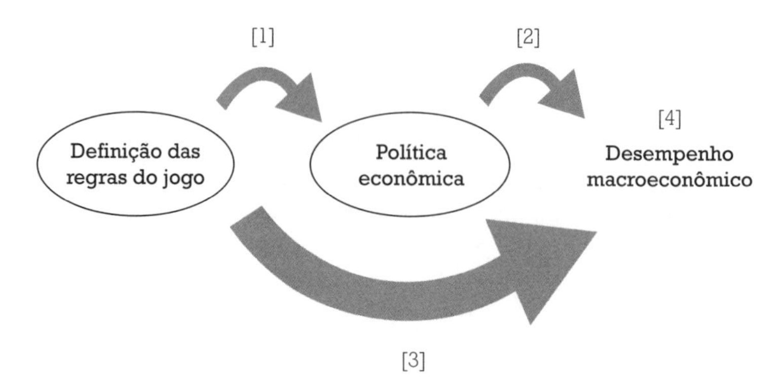

Esta figura reconhece várias instâncias de formulação de políticas:

- a escolha em [1] é a instância mais fundamental da formulação de política econômica, pois define a moldura institucional-constitucional em que esta passa a operar;
- o sentido convencional de política econômica, isto é: {[2] → [4]}, no pressuposto de que [1] seja estabelecido exogenamente ao jogo;

- a reforma econômica, que é um conjunto de políticas operadas como {([1] → [2]) → [4]} ou {[3] → [4]}, de tal modo que, para uma *dada* configuração desejável[137] de [4] é possível determinar a especificação apropriada (ótima) das regras do jogo.

A distinção entre essas classes de estratégias é acentuada pelo fato de que, mediante {[2] → [4]} ou {[3] → [4]}, é possível criar interferências nos mercados, alimentando a ação de grupos de interesses. Uma correção desse efeito é restringir a deliberação política segundo *princípios*: na estratégia {([1] → [2]) → [4]} ou {[3] → [4]}, as escolhas de alternativas de política seriam feitas levando-se em conta *critérios de generalidade*. Não se permite que certos grupos privados se assegurem benefícios, em detrimento de outros grupos, e o interesse geral fica mais bem contemplado (Buchanan, 2008:178). Já {[2] → [4]} ocorre no domínio da política majoritária, por si mesma *discriminatória*.[138] Na ausência de restrições (ou seja, tomando-se [1] como um dado na feitura de leis e políticas), é inviável para os indivíduos deixar de tirar proveito de oportunidades que lhes permitam elevar seus próprios níveis de bem-estar (Buchanan e Congleton, 1998:69); a democracia leva a escolhas de política que geram transferências de renda e limitam o crescimento econômico.[139] A figura 23 também mostra a transparência com que se dá a redefinição de regras em [1]: é provável que políticas definidas em [1] tornem-se uma autêntica criptografia, por suas múltiplas ramificações e seus vários possíveis propósitos. São indicadores adicionais[140] dessa criptografia, que demanda grande especialização para o entendimento das regras e a adaptação de agentes públicos e privados:

- o enquadramento de sete subáreas (derivativos,[141] proteção do consumidor, regulação de firmas financeiras, estratégia para firmas muito grandes em tamanho para que se deixe que quebrem, direitos de acionistas; *proprietary trading*,[142] retenção de riscos em produtos financeiros complexos (títulos de hipoteca, por exemplo);[143]
- total de 434 emendas recebidas[144] (não necessariamente encampadas pelo texto final aprovado pelo Congresso em 15-7-2010) na tramitação do conjunto das regras aprovadas pelos senadores, o que sinaliza o elevado grau de incerteza com que vários elementos da nova regulação podem ser interpretados;
- estimativa da necessidade de centenas de novas regras subsidiárias, 533 novas regulações devendo incidir sobre indivíduos e pequenos negócios.[145]

O mercado de *lobbying*

O grupo de interesses adota estratégias que antecipam a ignorância não só em distinguir quanto do sucesso de seu pleito no processo político é imputável aos serviços contratados de *lobbying*,[146] mas também em estimar se outra escolha pública não atenderia melhor às suas preferências. Cabe avaliar o impacto que essa intermediação possa ter nas deliberações legislativas. Entre outras decorrências, identificam-se (Stephenson e Jackson, 2009:12-24):

- exacerbação de assimetrias de poder entre interesses concentrados e difusos. Pequenos grupos homogêneos saem-se melhor do que grandes grupos de interesses pulverizados (Olson, 1965). Peculiaridades vistas anteriormente, na relação entre grupo e lobista, agravariam tais assimetrias, caso o lobista busque atender a fins que não estejam alinhados com os do grupo. O monitoramento será mais efetivo em influenciar o processo político se o grupo for pequeno e com interesses concentrados;[147]
- foco excessivo em temas simbólicos e pouca atenção a temas *problemáticos*. Os lobistas acumulam reputação junto a seus clientes e preferem temas que possam estar associados a elevada probabilidade de sucesso. Em razão da assimetria de informações, o grupo (cliente) não tem condição de saber se esse resultado é fruto de intenso esforço de *lobbying*. Identifica-se uma atenção excessiva a temas de menor expressão ou simbólicos, em detrimento de escolhas públicas que teriam maior significado para o grupo de interesses;[148]
- substancial incentivo à delegação para agências administrativas. A relação entre lobistas e grupos de interesses produz um excesso (em frequência e intensidade) de delegações aos burocratas. Conjecturemos: a) as decisões genéricas ou ambíguas que resultem dessa intermediação do *lobbying* (item anterior) transferem mais poder de decisão aos burocratas; e b) o reforço da instância decisória dos burocratas atende às preferências dos lobistas, pois rende demandas *adicionais* do grupo por atendimentos nesse nível de escolhas públicas, o que expande o mercado de *lobbying*;
- oposição excessiva a políticas do tipo *reforma* do processo decisório governamental. A interação do lobista e do grupo de interesses patrocinador gera tendenciosidade na direção do *status quo* institucional. Com a subversão trazida pela reforma das regras da governança (processos e estruturas decisórias das escolhas públicas),[149] a teia de relacionamentos que o lobista

estabelece com agentes e unidades de decisão no processo político torna--se irrelevante.[150] Tal é o cenário em que as preferências do agente e do patrocinador seguem rumos opostos: o melhor atendimento da demanda do grupo talvez necessite da redefinição da cadeia de decisões públicas, com regras e papéis alocados aos participantes do jogo, o que requer uma reconfiguração de estratégias por parte do lobista.

Inferências sobre dois casos de *lobbying*

Diferentemente do Brasil, os EUA exibem ricos exemplos de regulação do *rent seeking* e de quão fugazes tais regras podem ser. A crise serviu para tornar mais complexa essa classe de instituições e demandar atualizações mais frequentes. Dois exemplos são explorados a seguir.

Vejamos a regulação financeira: em contrapartida às operações de socorro iniciais, o Congresso aprova uma emenda regulando a incidência de taxas que os bancos cobram dos varejistas a cada operação paga com cartão de débito: em vez dos US$ 0,44 por transação, os lojistas passariam a pagar aos bancos US$ 0,12.[151] O FED detalha a decisão, gerando intenso *lobbying* por parte dos operadores de cartões, na tentativa de evitar a redução de uma receita anual estimada em US$ 20,5 bilhões. As firmas financeiras manobram para que seu ônus seja atenuado, adiado ou cancelado;[152] os lojistas, por sua vez, alegam que tal redução será fonte de recuperação dos negócios, justo em uma época de recessão.

O episódio apresenta importantes lições de estratégia macroeconômica:

- esse é um caso típico de política de grande amplitude que requer que, progressivamente, se definam incontáveis mecanismos operacionais, ficando reconhecíveis, nessa ocasião, os "perdedores" e "ganhadores" com a nova política;[153]
- recorre-se ao *lobbying*, à mídia, a financiamentos de campanhas e à contratação de ex-políticos e ex-burocratas, a fim de facilitar o atendimento preferencial reivindicado;[154]
- fica evidente como o detalhamento da política estabelecida pelos legisladores contribui para a geração de incerteza quanto à operacionalização da reforma financeira;[155]
- a estratégia de *lobbying* se compõe, muitas vezes, de uma sequência de atuações que se distribuem segundo as diversas etapas da feitura de uma lei.[156]

Nas democracias, é sempre muito tortuoso montar uma contraestratégia por parte dos órgãos governamentais e da própria classe política, uma vez que: a) à adaptação de uma lei do sistema financeiro contrapõe-se o calendário das eleições, sendo o sistema financeiro a origem de grandes doações eleitorais; b) a trajetória da economia pública tem seu desempenho fortemente atrelado à cooperação voluntária dos bancos e demais firmas financeiras privadas; c) sendo o mercado bancário-financeiro um segmento crucial em qualquer economia, os governantes não podem impunemente contrariar os interesses desse mercado.[157]

Um segundo exemplo nesta seção é o enfrentamento de Executivo e Congresso, nos EUA, relativamente à institucionalização do enorme e crescente endividamento público federal, cujo primeiro acordo formal foi assinado em 2-8-2011. Esse evento é extraordinário e encerra múltiplos ensinamentos quanto à formação de escolhas públicas em uma democracia representativa contemporânea.[158] O acordo era necessário, uma vez que, em 2-8-2011, o Tesouro teria de dispor de poder específico para tomar empréstimos adicionais de US$ 400 bilhões e, sem autorização, o limite de endividamento vigente seria ultrapassado.

Essa política pública é de enorme complexidade, pois:

- trata-se de um ajuste fiscal que decorre diretamente dos estímulos adotados em 2008-2009 e que muito contribuíram para que o endividamento federal chegasse ao teto de US$ 14,3 trilhões;[159]
- a não resolução (*default*) de tão *sui generis* problema fiscal por certo levaria a uma disparada das taxas de juros, a forte instabilidade nas bolsas de valores mundiais e a uma queda acentuada do valor do dólar;[160]
- em todo o episódio do impasse nas negociações da lei assinada em 2-8-2011 pôs-se em marcha uma *estratégia de triangulação*;[161]
- ainda em reforço à propriedade acima, o que fica patente nessas negociações é que esse é, sobretudo, um debate eleitoral e ideológico sobre quem terá o mando de governo em 2013, e sobre o tamanho e o papel do governo na economia nacional.[162] Na verdade, a solução a que se chegou em 2-8-2011 traduz muito mais do que um realinhamento das finanças públicas;
- a solução acordada contribuiu para *precipitar* o ciclo político-eleitoral (Monteiro, 2007:49-50), no que foi ajudada pelo fato de o impasse do en-

dividamento ter sido simplesmente empurrado para mais adiante, sendo administrado *a conta-gotas* até novembro de 2012;[163]

- a nova ordem fiscal muito contribuiu para a aceleração do *rent seeking*.

Isso é típico em políticas que contemplam uma fase subsequente de detalhamentos (as *reformas* são exemplos disso, uma vez que proveem um "guarda-chuva" que irá acomodar uma variedade de decisões mais operacionais). Os dois exemplos tratados nesta seção se enquadram nessa perspectiva.

Por fim, chamo a atenção do leitor para duas observações muito relevantes feitas à margem da fragilidade revelada na operação do sistema de separação de poderes, no caso da negociação do ajuste fiscal nos EUA, em meados de 2011:

- comprometimentos políticos talvez estejam fora de alcance (ou, de todo, não têm lugar em um confronto ideológico), sendo portanto inútil tentar explicar temas complicados à sociedade;[164]
- com a decisão da agência de *rating* Standard & Poor's de rebaixar a cotação dos títulos de longo prazo do Tesouro dos EUA[165] veio a justificativa de que isso ocorria porque "devemos levar em conta o processo em que a política governamental ocorre".[166]

Nada poderia estar em maior sintonia com a argumentação apresentada nestas páginas. Reforçando esse ponto de vista, o teor da apresentação do presidente Obama, perante o Congresso dos EUA em 8-9-2011, sobre um novo programa de estímulo de US$ 447 bilhões, enfatizando a geração de emprego no curto prazo, é uma aula magistral de como as condicionantes institucionais são inseparáveis da formulação de política econômica ou, mais concretamente: quanto pode ser realisticamente alcançado por um governo que é restringido por regras constitucionais, pela oposição e por eleitores que estão revoltados, assustados, e emitindo uma sinalização confusa.[167]

Observe, por fim, o leitor que na crise atual muito da oportunidade de sucesso de uma iniciativa de política econômica nacional pode decorrer do que se passa no resto do mundo. Em meados de setembro de 2011, com a crise na União Europeia se acentuando, a busca do governo Obama em gerar entre 100 mil a 150 mil empregos mensais em 2012 (contra os 40 mil mensais de então) assume um novo significado estratégico para reverter o marasmo em que se encontrava a economia dos EUA.[168] Um sinal concreto disso? A já mencionada reunião de ministros de finanças dos 17 países da zona do euro em Wroclaw, na Polônia, em setembro de 2011, teve *excepcionalmente* a participação do secretário do Tesouro dos EUA.[169]

Notas

[1] Vale rememorar que a experiência de planejamento governamental dos anos 1960, no Brasil e em outras economias nacionais, foi uma trajetória do fracasso de governos nacionais em *coordenar* amplas, diversificadas e simultâneas iniciativas de investimento público (Monteiro, 1983; Faber e Seers, 1972). Em 2008-2009, nas economias do Primeiro Mundo, observou-se também a complexidade da coordenação de iniciativas do porte do Tarp (Troubled Asset Relief Program) dos governos G. Bush e B. Obama, nos EUA. No começo de 2009, já na administração Obama, esse programa foi acrescido de um pacote de estímulo fiscal que totalizou, de início, US$ 787 bilhões e, mais adiante, foi reestimado em US$ 862 bilhões (Blinder, 2010, Opinion).

Na ocasião em que o Programa de Aceleração do Crescimento (PAC) parece ter desempenho efetivo aquém do esperado, essa é também uma questão central no entendimento da retomada do crescimento econômico (ver a seção "A complexa estratégia de transferência de ênfase", no capítulo 3). Como já mencionado na introdução, algo similar se observa nos EUA, com a baixa taxa de execução do estímulo de US$ 275 a investimentos em infraestrutura estabelecido em 2009: 18 meses após a adoção dessa política, menos de 50% da programação de investimentos ainda está por se realizar (Big chunk of economic stimulus yet to be spent by state, local governments, *The Washington Post*, 14 Aug. 2010, p. A04).

[2] Nesta última vertente, grupos de interesses tentam alcançar dois objetivos: primeiro, convencer a opinião pública em geral de que a demanda em proveito próprio do grupo contempla igualmente o interesse coletivo; segundo, pressionar publicamente políticos e burocratas quanto às possibilidades, benefícios e dimensões da provisão da política pretendida.

[3] Das três vertentes mencionadas, o uso da mídia é a que menos tem sido explorada analiticamente e a que costuma causar maior celeuma ao se focalizar o poder concentrado dos meios de comunicação e a vinculação de seus objetivos privados a interesses preferenciais.

[4] Tal hipertrofia de poder vem associada à dominância de interesses da cúpula política e burocrática do governo, é operada sem que seus objetivos sejam explicitados e raramente se traduz em mudanças formais ou legais dos arranjos decisórios públicos (Monynihan e Roberts, 2008). Essa não é uma peculiaridade brasileira, pois se estende ao Primeiro Mundo, embora não necessariamente por iguais razões (Metzger, 2009).

[5] Essa é uma das várias subáreas da reforma financeira promulgada em 21-7-2010 nos EUA (Bill passed in Senate broadly expands oversight of Wall Street, *The New York Times*, 20 May 2010). Em setembro de 2010, o presidente do FED foi taxativo: "Se a crise tem uma lição única é que o problema do 'muito grande para quebrar' deve ser resolvido" (Size of banks can pose a threat, Bernanke says, *The New York Times*, 2 Sept. 2010). Para um contraponto de que a legislação pós-crise deixou muito espaço para que grandes firmas financeiras ainda detenham forte influência política, ver "Too big to succeed" (*The New York Times*, 1 Dec. 2010). Ver também a seção "Novas lições estratégicas". Em meados de 2011, questionou-se se, de todo, tem credibilidade o comprometimento da reforma financeira em que "nenhum recurso dos contribuintes será usado para prevenir a liquidação de qualquer companhia financeira" (Is "too big to fall" really over? Rep. Barney Frank says yes but others disagree, *The Washington Post*, 15 July 2011, Political Economy). Veja o leitor, nesse tema, o importante aspecto da sinalização *errônea* que uma importante regra do jogo, adotada na crise, pode passar aos agentes privados.

[6] "US considers reining in 'too big to fail' institutions" (*The New York Times*, 26 Oct. 2009).

[7] Nesse segundo aspecto, uma regra já sugerida é que a distinção entre banco comercial e banco de investimento fique bem explicitada na regulação do mercado financeiro. Ademais, hoje em dia entende-se que a regra de "autoridade para decretar que se deixe uma dada firma financeira *quebrar*" é ilusória. Primeiro, porque a agência reguladora pode fechar bancos de pequeno e médio porte, mas imaginar que possa fazer o mesmo a um grande banco (um Goldman Sachs, com um balanço que ronda US$ 900 bilhões, por exemplo) é uma aposta sem credibilidade. Segundo, em razão da extensão das operações internacionais do banco, esse fechamento agride fatos legais irrecusáveis. Eis aqui um caso didático de regra do jogo *porosa* (Is Goldman Sachs too big to fail?, *The New York Times*, 14 Apr. 2011, Economix; The myth of resolution authority, *The New York Times*, 31 Mar. 2011, Economix).

[8] Essa é uma situação paradoxal a que a crise empresta alguma substância: em que medida os interesses privados de um agente que opera em grande escala na economia nacional podem conflitar com os interesses do governo, uma vez que os propósitos da política econômica fiquem prejudicados pela decisão do conglomerado privado? Mesmo em economias do Primeiro Mundo, identificam-se impasses similares (na economia norte-americana, o *affair* governo Kennedy *versus* indústria siderúrgica, por exemplo). Ainda que mais restritamente, observa-se o condicionamento que o governo pretende impor a setores produtivos privados para renovar a vigência da desoneração do IPI: que a indústria mantenha ou reduza preços, sustentando os níveis de emprego. Recondicionam-se os limites convencionais em que uma desoneração tributária é posta em vigor. Cabe ainda lembrar o contencioso entre a Anatel e a área política do Executivo (Ministério das Comunicações), ocorrido em 2003, em torno da estratégia da Anatel de fixação de tarifas para a telefonia fixa (Monteiro, 2004:188-191).

[9] Afinal, a dinâmica de aumento do tamanho do governo não para aí. Já se observa, por exemplo, a tendência de se estender a determinadas instâncias decisórias públicas poderes ainda maiores de intervenção nos mercados, partindo-se do raciocínio de que só assim será possível evitar a ocorrência de nova crise. Para esse tipo de pleito dos *policy makers*, é instrutivo ler "If FED missed this bubble, will it see a new one?" (*The New York Times*, 6 Jan. 2010, Economic Scene). Ver "Tamanho de governo", neste mesmo capítulo.

[10] Damous (2011, Opinião); "Câmara dá prioridade para projeto que vai regulamentar *lobby*", *UOL-Notícias*, 23 out. 2009. Por sua origem em 2007, o PL nº 1.202 não encontra validade no âmbito da atual crise econômica, porém é inegável que essa é a oportunidade adequada para que, enfim, a atividade de *lobbying* receba a atenção do processo político brasileiro. Inspirado em legislação que entrou em vigor nos EUA em 1996 (Public Law 104-65, 19-12-1995), o PL nº 1.202 é, no entanto, mais superficial do que o similar norte-americano. Evidência objetiva disso é que o texto do PL nº 1.202 tem apenas 10 breves artigos; em contraposição, a mencionada legislação norte-americana se distribui por 24 detalhadas seções de artigos que, a propósito, já foram alvo de diversos aperfeiçoamentos em sua versão original (Public Law 110 [Honest Leadership and Open Government Act], 14-9-2007).

Para dados sobre o procedimento instituído pelas regras da Public Law 104-65, ver o relatório de *lobbying* preenchido pelo banco Bearn Stearns, a primeira grande falência da crise de 2008 (Igan, Mishra e Tressel, 2009:65-66). Tal documento revela que o *lobbying* ativado pelo Bearn Stearns, já em fevereiro de 2008, foi em prol de uma "mudança em provisões [adotadas] em legislação relacionada a padrões de empréstimo e de securitização".

[11] A seção "Mídia e *rent seeking*" retorna a esse tema.

[12] Fenômeno associado à "institucionalização da presidência" (Monteiro, 2004:121-126).

[13] Ao aprovar a criação de uma dada unidade decisória, a legislatura concomitantemente pode estabelecer as funções e os deveres inerentes a tal unidade (Prakash, 2009:705).

[14] Jeong, Miller e Sobel (2009:474). Em decorrência, o insulamento de uma burocracia não é fruto do acaso ou de motivação puramente técnica: esse isolamento desestimula que a coalizão política, hoje de oposição, uma vez no mando de governo pense em revertê-lo (Moe, 1989:275).

[15] Há qualificações para essa "independência": o "loteamento" partidário de postos nessas agências oferece a oportunidade de o presidente "comer pelas beiradas" tal autonomia decisória.

[16] Esses mecanismos podem ser até certo ponto neutralizados, quando se dá "uma expansão [do número] de indicados políticos e sua inserção profunda nas estruturas da agência" (Barron, 2008:1128). Em verdade, o tema da estratégia das escolhas públicas aqui tratado é mais complexo do que parece à primeira vista. Tomemos a tentativa de "imunizar" os burocratas à interferência e a controles do presidente da República. Esse procedimento

pode, por um lado, reduzir a efetividade do sistema da separação de poderes, uma vez que dilua a responsabilização nas escolhas públicas e aumente o risco de promover interesses preferenciais (Lessig e Sunstein, 1994:98) e, por outro, revelar um equilíbrio sutil entre evitar a concentração de poder excessivo nas mãos do presidente da República e manter o papel constitucional unitário e unificado do Executivo, levando a "um relacionamento com todas as agências que permita ao presidente exercer suas funções características" (Strauss, 1987:495). No caso brasileiro, nessa dimensão, ganha destaque a hipertrofia do poder de legislar que o Executivo exerce via emissão de medidas provisórias, com o contraponto de como o avanço da delegação burocrática (uma propriedade da separação *interna* de poderes) pode interagir com a transferência de poder legislativo do Congresso para o Executivo (uma propriedade da separação *externa* de poderes). No entanto, a capacidade de as restrições externas convencionais (via Congresso e Judiciário) operarem no reforço da separação de poderes tem se mostrado inepta, especialmente em conjunturas de crise econômica, como observado nos anos 1990 e em 2008-2010.

[17] O poder concentrado da mídia privada representa uma ameaça à liberdade das ideias, do mesmo modo que a ocorrência de repressão governamental. Afinal, fontes privadas podem facilmente "determinar não só o conteúdo da informação, mas também sua própria disponibilidade" (Barron, 2008:831). Uma decorrência nas eleições brasileiras de 2010 foi que segmentos hegemônicos da mídia puderam mesmo ter uma estratégia eleitoral própria, de modo a interferir no resultado da eleição (Manifestações eleitorais do STF e do TSE, *Estratégia Macroeconômica*, v. 18, n. 444, 25 out. 2010). Nos EUA, o envolvimento de jornalistas e de firmas de rádio e TV em campanhas eleitorais já foi associada à "morte da notícia verdadeira" (Ted Koppel: Olbermann, O'Reilly and the death of real news, *The Washington Post*, 14 Nov. 2010). Para uma detalhada e preocupante conjectura de que a mídia pode estar longe de ser um fundamento de liberdade e democracia, tornando-se mesmo um agente antidemocrático, ver McChesney (1999). Ver também a seção "Ciclo político-eleitoral", neste capítulo.

[18] Uma caracterização complementar do papel da mídia é apresentada em Yandle et al. (2007), como já sumariado na seção "Política econômica por litígio", no capítulo 1.

[19] Barron (2008:835). A expectativa de que a internet atue como fonte para aprofundar e ampliar os direitos de acesso tem a restrição de que a grande mídia, os principais jornais diários e as grandes redes de rádio e televisão acabam sendo também poderosos formadores de opinião na internet: websites associados à mídia tradicional costumam dominar o mercado de informações na internet (Barron, 2008:840-843; e Barron, 2007).

[20] "British tabloid sought phone data of investigators" (*The New York Times*, 11 July 2011).

[21] Consultar <http://www.competition-commission.org.uk>.

[22] "News corporation moves to delay BSkyB deal to avoid its colapse" (*The New York Times*, 11 July 2011). A propósito, considere o leitor o seguinte comentário do ex-primeiro-ministro inglês Tony Blair: "[...] o que é importante entender é que, em um mundo de

mídia 24 horas por dia e sete dias por semana, com toda a nova tecnologia [...] e com a forte competição que há [nesse mercado], as pessoas desesperadamente obtêm suas histórias e seguem à frente da competição. A menos que se tenha algum tipo de moldura em que as pessoas concordem em operar, e todos reconheçam isso e se pautem por isso, a situação fica de fato muito feia" (Entrevista a Wolf Blitzer, na CNN, 11-7-2011). Observe o leitor que a "moldura" mencionada é um formato de regulação do mercado da mídia. É central ver no "escândalo Murdoch" (cinicamente apresentado no Brasil como pertinente apenas à mídia inglesa) duas questões relevantes do ponto de vista da análise apresentada nesta seção: a) toda essa ocorrência só agora veio a público porque todos temiam o poder do império Murdoch?; b) o que faz com que a veiculação de opiniões sobre um dado tema de política pública saia de sua fase de *rumor* para um nível de preocupação que ativa a ação política? (Tipping points: how the News Corp. scandal blossomed?, *The Washington Post*, 22 July 2011).

[23] "Manifestações eleitorais do STF e do TSE" (*Estratégia Macroeconômica*, v. 18, n. 444, 25 out. 2010).

[24] A valer a experiência do mercado financeiro, dispor de um código de ética não é garantia firme de que comportamentos contrários ao interesse coletivo não venham a ser habilitados. A chamada Lei Sarbanes-Oxley (2002), que surgiu após a falência fraudulenta da Enron, gigante do setor de energia nos EUA, instituiu procedimentos tanto para a divulgação do código de ética de toda firma de capital aberto quanto para atenuações (*waivers*) que tal código pudesse sofrer relativamente a ações dos principais executivos dessas firmas. Não obstante, agora se sabe que tal conjunto de regras tem se revelado inócuo e ineficiente, pois, por erro, manipulação ou indiferença, essas firmas contornam a observância dessas regras (Rodrigues e Stegemoller, 2010). Esse é um excelente contraponto ao caso arguido pelas firmas no mercado de mídia quanto a pautarem suas ações por um código de ética próprio. Ademais, há pouca evidência em apoio à teoria de que códigos de ética modificam o comportamento dos integrantes de uma firma (Krawiec, 2003).

[25] A credibilidade da informação veiculada, por exemplo, costuma ser uma estratégia empresarial que pode estar em conflito com o interesse geral dessa informação. Um caso trivial, e facilmente identificável na realidade brasileira, ilustra esse aspecto: se a firma X detém a exclusividade nas transmissões de TV de certo tipo de corrida de automóveis, a firma Y pode ignorar por completo (ou minimizar) esse tema nas informações e notícias que repassa a seus ouvintes, leitores ou espectadores. Essa *filtragem*, que serve aos interesses de mercado da firma Y, acaba por induzir as preferências esportivas de boa parte de sua clientela (ouvintes, leitores, espectadores). A não veiculação da informação sobre um fato equivale à irrelevância ou, de todo, à não ocorrência desse fato, da perspectiva dos clientes de Y.

Mais significativamente, no tema de políticas públicas, a pouca efetividade de um código de ética da mídia em seu impacto na indução à formação das preferências do cidadão-contribuinte-eleitor é ainda mais notória, uma vez que, por satisfação ideológica e eventuais interesses econômico-financeiros, a firma de mídia pode vir a apoiar ou não iniciativas da administração pública. Esse "potencial de amenidade" (Demsetz, 1983) viabiliza que o controle exercido sobre os recursos da firma de mídia crie oportunidades para que tais recursos sejam utilizados com os propósitos que os detentores desse controle bem entendam, ainda que observados os condicionamentos legais e de mercado. Há mesmo uma peculiar periodicidade nessa indução: em razão do mercado fortemente concentrado da mídia impressa, por exemplo, muito da formação das preferências do cidadão é reajustada a cada fim de semana, quando as notícias de grande impacto costumam ser apresentadas aos leitores, o que é reforçado pela circulação das revistas noticiosas semanais. A estratégia da mídia de transferir para o fim de semana a informação de grande impacto (negativo ou positivo) induz a que os leitores redefinam suas prioridades quanto ao que seja relevante em política pública. No que diz respeito ao envolvimento da mídia em campanhas eleitorais, tem-se que o noticiário apresentado aos cidadãos-eleitores "vira" editorial disfarçado (Damous, 2010, Opinião).

Como contraponto, reflita o leitor sobre o seguinte ponto de vista: com um mercado de mídia muito menos concentrado do que o brasileiro, ainda assim o presidente Obama se inquietou com o envolvimento partidário de uma firma que opera no mercado de mídia na campanha eleitoral de 2010. Em entrevista de mais de 8 mil palavras (The Rolling Stone interview: Obama in command, *Rolling Stone Review*, n. 1115, p. 36-46, 14 Oct. 2010), o presidente Obama acusou o canal noticioso de TV FoxNews de difundir, intencionalmente, as visões *políticas* de seu dono e de seus editores: é "o jornalismo opinativo mascarado como notícia" e operando "quase como segmento de pesquisa ou de comunicações do Partido Republicano", complementaram assessores presidenciais (*CNN Politicalticker*, 28-9-2010). E o presidente Obama arrematou: "eu suspeito que se você perguntar ao sr. Murdoch [dono da FoxNews] qual é a preocupação número um dele, [ele responderá] que a Fox seja bem-sucedida". Trata-se do mesmo Murdoch do escândalo das escutas telefônicas feitas pelo *News of the World* na Inglaterra (British tabloid sought phone data of investigators, *The New York Times*, 11 July 2011), o que ilustra um dos perigos potenciais de uma mídia que opere sob fraca regulação. Esse episódio não diz respeito apenas a um indivíduo, mas à cultura de toda uma organização de mídia.

[26] Diferentemente de outros mercados, tal atributo favorece a que essas firmas situem a agenda de políticas públicas em posição bem distinta daquela do interesse geral, além de influenciar *a priori* a determinação dessa agenda (o que no jargão da imprensa costuma ser descrito como *pautar* a agenda) e, por consequência, aumentar potencialmente a influência sobre a própria agenda política nacional (Bagdikian, 2004:11-16) e refletir interesses de grupos preferenciais na economia (Iggers, 1998:37). Um corolário perverso desse mercado em conglomeração em que a competição se reduz é que os profissionais que estão sob pressão ética (para se adequarem a um dado padrão estabelecido pela direção da firma) veem limitadas suas chances de migrar para outra firma nesse mesmo mercado (Magarian, 2008:878). Nessa argumentação, note-se quão complexa é a relação entre autonomia editorial, poder de mercado e debate democrático mais inclusivo e bem-informado (ou "direito de acesso").

[27] O conteúdo de editoriais e seções especializadas, a cobertura, ênfases e a recorrência do noticiário são alguns dos instrumentos que atendem à promoção desse interesse privado. Esse é um contraponto a outra situação extrema: o controle da mídia pelo Estado.

[28] As inovações institucionais acompanham (ou dão sequência) a adoção de ações macroeconômicas anticrise, constituindo-se, elas próprias, em bloco muito relevante da estratégia macroeconômica. Não deixa de ser indicativo que algumas dessas questões, como as tratadas ao longo deste texto, tenham ganhado espaço na agenda *política* e acadêmica pouco tempo após a crise de 2008 ter se iniciado e, já agora, se tornem parte integrante do esforço dos governos nacionais em prevenir que crises análogas se repitam. Ver a discussão em torno da figura 21, em "A complexidade das regras na reforma", ainda neste capítulo.

[29] Essa regulação é importante para a vontade e os interesses da coletividade como um todo *versus* os das elites no poder, e para grupos privados que tentam validar suas demandas por atendimento preferencial.

[30] Tal regulação deve alcançar e restringir proprietários da mídia e os que investem no uso da mídia (segmentos que potencialmente concentram riqueza e influência) *versus* o discricionarismo de editores, articulistas e repórteres. De todo modo, não se deve esquecer que "as formas com que os jornalistas relatam e editam [a informação] são moldadas pelas relações de poder e pelas prioridades institucionais existentes nas organizações em que trabalham" (Iggers, 1998:16).

[31] A regulação tenta revigorar a discussão de relevantes temas públicos, enquanto se assegura alguma diversidade nas vozes e nos pontos de vista presentes na mídia de massa *versus* a impossível meta de neutralizar todo e qualquer "déficit de democracia" no próprio mercado da informação. Em 2010, a regulação da mídia passou a ser mais ostensivamente admitida pelo governo: o ministro da Comunicação Social afirmou que "os debates sobre a regulação da imprensa — com destaque à desconcentração econômica do setor [...] — ir[iam] ocorrer com ou sem a participação dos principais veículos de comunicação do país". Consultar: <http://oglobo.com.pais/mat/2010/11/25/regulação-da-midia-vai--acontecer-de-qualquer-jeito-344166.asp>.

[32] Para uma leitura didática sobre o poder que a internet trouxe para o remanejamento de posições ideológicas na mídia, ver a argumentação apresentada em <http://www.us.cnn.com/2010/OPINION/09/30/bozell.liberal.media/index.html>.

[33] Os direitos de acesso (3), na figura 19, servem para estruturar a governança da mídia e não propriamente para ser entendidos como direito individual; devem ser tratados como análogos à propaganda e às cartas ao editor — sendo tais direitos tanto mais robustos quanto mais concentrada for a propriedade da mídia —, e ser regulados por decisões estabelecidas pelos legisladores (Barron, 2008 e 1967). Quanto à metodologia empírica da

relação entre diversificação de pontos de vista e consolidação no mercado de mídia, ver Ho e Quinn (2009).

[34] A presença do governo na economia tem sido tópico frequente na discussão brasileira, e na literatura analítica (Levmore, 2009), mais ainda em épocas de crise, quando essa intervenção se torna intensa, mesmo no baluarte do liberalismo, os EUA. Aqui aparecem emaranhados aspectos de economia normativa (qual *deve* ser o tamanho do governo) e de economia positiva (por meio de que *mecanismos institucionais* o avanço estatal ocorre).

[35] "Money talks louder than ever in midterms" (*The New York Times*, 7 Oct. 2010), "Justices block key part of Campaign Law" (*The New York Times*, 21 Jan. 2010), "The Supreme Court kills campaign finance reform!" (*Slate.com*, 21-1-2010).

[36] "Money talks louder than ever in midterms" (*The New York Times*, 7 Oct. 2010). Um efeito em cascata dessa decisão da Suprema Corte é que regras estaduais restritivas ao envolvimento de lobistas em doações e levantamento de recursos de campanhas eleitorais vão sendo invalidadas (Hasen, 2011:4).

[37] Para uma reação à pouca transparência dessas doações, ver "The influence industry: challenging the IRS on rules that keep donors secret" (*The Washington Post*, 27 July 2011).

[38] "Campaign Finance Bill is set aside" (*The New York Times*, 27 July 2010).

[39] "Donors' names kept secret as they influence the midterms" (*The New York Times*, 20 Sept. 2010).

[40] "Interest-group spending for midterm up fivefold from 2006; many sources secret" (*The Washington Post*, 4 Oct. 2010). A dinâmica de operação desse tipo de grupo no ano eleitoral de 2010 é tratada em "What the secret donors want" (*The New York Times*, 22 Nov. 2010), "Pro-Republican groups prepare big push at end of races" (*The New York Times*, 24 Oct. 2010), "Top companies aid Chamber of Commerce in policy fights" (*The New York Times*, 21 Oct. 2010). Quanto à dinâmica *pós-eleitoral* desses grupos, o impasse sobre a elevação do teto do endividamento federal nos EUA (meados de 2011) exemplifica a *cobrança* que os grandes financiadores de campanhas de candidatos republicanos em 2010 passaram a fazer para que o impasse fosse solucionado (After aiding Republicans, business groups press them on debt ceiling, *The New York Times*, 26 July 2011).

[41] "New 'super pacs' bringing millions into campaigns" (*The Washington Post*, 28 Sept. 2010).

[42] Ver a seção "Ciclo político-eleitoral".

[43] Na legislatura, esse participante do jogo atua em um processo de escolhas majoritárias. Ademais, o ambiente institucional em que as escolhas públicas ocorrem envolve uma complicada intermediação (minimamente, há no caso brasileiro a estrutura legislativa bicameral e um sistema da separação de poderes perturbado pela significativa produção de medidas

provisórias pelo Executivo). Nesse sentido, a métafora *governo de intermediários* se aplica à perfeição (Monteiro, 2007:27-28). Apesar de as muitas instâncias em que a política econômica tramita poderem trazer benefícios aos eleitores, tal complexidade institucional confronta o eleitor com *custos* muito peculiares (Nzelibe e Stephenson, 2010:623): a) se a cadeia decisória se alonga, por exemplo, em razão da difusão do poder decisório, o eleitor tem maior dificuldade para alocar responsabilidades pelas decisões de política; b) esse envolvimento de um número maior de representantes eleitos em uma dada escolha pública habilita os eleitores a lançarem mão de estratégias mais sofisticadas — eles passam a monitorar o resultado final da política, enquanto *tentam* acompanhar o processo decisório subjacente a esse resultado; c) com isso, a informação requerida torna-se mais onerosa, em quantidade e qualidade. A intermediação pode, ao fim e ao cabo, levar a um *enfraquecimento* do controle eleitoral a que os políticos se sujeitam, elevando o grau de coerção das políticas. Por outro lado, tal circunstância leva o político a poder revelar um comportamento que o protege ainda mais da visualização de suas intenções e de seus objetivos privados perante seus eleitores — ele pode mascarar seu tipo "mau" atuando como um tipo "bom".

[44] Lembro ao leitor a atitude de um deputado federal, que, em 2009, afirmou "estar se lixando para a opinião pública": sua reeleição em 2010 não chega a ser uma evidência da irracionalidade de seus eleitores ou de o eleitor não se orientar pelos resultados da política pública, mas uma decorrência do complexo ambiente institucional em que se insere o processo político.

[45] Há que renovar os fundamentos da democracia representativa como base para a sustentação de *bons* resultados econômicos. É instrutivo pensar que, com o passar do tempo, as regras constitucionais foram dando forma ao que se poderia rotular de "ditadura constitucional" (Balkin, 2009): uma mistura aparentemente paradoxal de governo que pode se evadir de restrições, com um sistema que o sujeita aos condicionamentos ditados pela lei.

[46] A seção "Tamanho de governo" retoma a discussão desse tema.

[47] A atenuação do *rent seeking* requer muito mais do que estabelecer limites ao uso de recursos privados em campanhas eleitorais: esse tipo de regulação ataca os sintomas e não propriamente as causas da grande propensão a se direcionar recursos privados para influenciar o resultado eleitoral (Stearns e Zywicki, 2009:67). Um contraponto a essa argumentação é que, paradoxalmente, a facilitação para que os candidatos levantem recursos para suas campanhas pode ter a consequência final de *atenuar* o papel do dinheiro de grupos de interesses nas eleições. A combinação de elevar os níveis das doações privadas com a emergência da arrecadação de fundos via internet: a) viabiliza aos candidatos levantarem elevadas somas de recursos financeiros; e b) os incentiva a obter fundos junto a um número extremamente elevado de cidadãos-eleitores. Como resultado, há um maior engajamento nas eleições e fortalece-se a habilidade da mensagem do candidato ser o foco do debate eleitoral — dois atributos que beneficiam o interesse coletivo. Por essa ótica, a

decisão da Suprema Corte pode, afinal, ter consequências negativas limitadas (Issacharoff, 2010:142). Outra decorrência é que, sob o novo regime de doações de campanha, sindicatos e centrais sindicais passam a operar orientando suas estratégias para influenciar os segmentos da mão de obra não sindicalizados e, ao mesmo tempo, contrapor-se aos recursos corporativos que se originam de grupos conservadores (A Campaign Finance Ruling Turned to Labor´s Advantage, *The New York Times*, 25 Sept. 2011).

[48] "Lobbyists get potent weapon in campaign ruling" (*The New York Times*, 22 Feb. 2010).

[49] O que contribui adicionalmente para a redução da transparência das políticas públicas. Na mecânica típica do uso dos *dinheiros políticos* ocorre uma teia complexa de uso desses recursos, com as empresas doadoras aparecendo em segundo plano (possivelmente receosas de repercussões junto a seus clientes, acionistas e investidores), usando, para tanto, gastos independentes, por grupos que não estejam diretamente filiados a determinada candidatura. Uma previsão trivial é que uma nova regra do jogo dessa classe possa levar à multiplicação do número de grupos de interesses, dissipando ainda mais intensamente recursos que, de outro modo, teriam melhor uso do ponto de vista social ou coletivo.

Os economistas entendem que o comportamento racional dos agentes privados os leva a alocar recursos até o ponto em que o valor marginal da produção no mercado convencional de bens e serviços iguale o dos gastos no *rent seeking*. Com o afrouxamento das regras que disciplinam as doações eleitorais, pode-se predizer que os grupos investirão uma quantidade maior de recursos não só em *lobbying*, mas também no uso de espaço e conteúdo na mídia e nos financiamentos eleitorais.

[50] A opinião pública dos EUA também não apoiaria a decisão da Suprema Corte (Poll: large majority opposes Supreme Court's decision on campaign financing, *The Washington Post*, 17 Feb. 2010). O Senado dos EUA não aprovou o projeto que se propunha a corrigir problemas gerados pela decisão da Suprema Corte (Campaign Finance Bill is set aside, *The New York Times*, 27 July 2010). A realidade da campanha de reeleição, no entanto, predispõe o presidente Obama a apelar para "doadores ricos e grupos liberais [agora] livres de limites de gastos" (Obama reelection campaign expected to tap big-money donors, *The Washington Post*, 2 Apr. 2011). A intricada teia pela qual essas doações operam sob o novo regime de 2010 é repassada em "Lines Blur Between Candidates and PACs With Unlimited Cash", (*The New York Times*, 27 Aug. 2011).

A liberação de recursos privados em larga escala para alimentar pressões no processo político viabiliza antigas demandas preferenciais. Especialmente significativo para o Brasil é o revigorado *lobbying* da indústria americana do etanol (em prol do subsídio de US$ 0,45 por galão — ou US$ 6 bilhões anuais — e uma barreira tarifária de US$ 0,54 por galão importado): o American Future Fund e o Growth Energy, organizados sob provisões tributárias que garantem o anonimato de seus doadores, atuam na advocacia do etanol para que o combustível chegue mais intensamente aos postos de abastecimento dos EUA e para que se mantenham as tarifas sobre os produtores estrangeiros (Offering donors secrecy, and going on attack, *The New York Times*, 11 Oct. 2010). Para essa estratégia do uso de fundos privados anônimos no condicionamento de uma eleição, ver "Secret money in Iowa" (*The New York Times*, 26 Oct. 2010). A propósito, a manutenção dos subsídios ao etanol derivado do milho, nos EUA, alinha um *lobbying contrário* por parte de ambientalistas, produtores de frango que usam o milho como ração, a indústria de alimentos e a indústria do petróleo.

Diante desses fatos tão complexos da economia norte-americana, contraste o leitor a ingenuidade da aprovação de um regime de financiamento *exclusivamente público em todas as esferas de eleição*, que poderá eventualmente vigorar no Brasil (Comissão de Reforma Política aprova financiamento público de campanhas, *Jornal do Senado*, 6 abr. 2011).

A propósito, a manutenção dos subsídios ao etanol derivado do milho, nos EUA, alinha um *lobbying* contrário por parte de ambientalistas, produtores de frango que usam o milho como ração, a indústria de alimentos e a indústria do petróleo.

[51] Fish (2010, Opinionator). Uma classe de argumentos a favor da liberação dos dinheiros privados nas campanhas eleitorais é que, ao se limitar o acesso a esses recursos, surge a possibilidade de que alguns candidatos sejam prejudicados na expressão de seus pontos de vista, sendo, assim, diminuída a quantidade total de argumentação. A isso contrapõem-se dois argumentos: a) dinheiro é propriedade, e não discurso e argumentação; b) os cidadãos-eleitores têm o direito de não serem expostos a excessos de propaganda unilateral (Issacharoff, 2010:118).

[52] "Justices block key part of Campaign Law" (*The New York Times*, 21 Jan. 2010). Para importantes qualificações de tal ponto de vista, ver Issacharoff (2010).

[53] Citizens Clean Elections Act, que resultou de iniciativa popular aprovada em 1998.

[54] "Rich candidate expected to win again" (*Slate.com*, 25-3-2011).

[55] "Justices strike down Arizona Campaign Finance Law" (*The New York Times*, 27 June 2011). Consultar também: <http://www.supremecourt.gov/opinions/10pdf/10-238.pdf>.

[56] Tanto era inexorável a punição eleitoral do governo quanto ser essa uma ocasião propícia ao fortalecimento das chances da oposição republicana. Todavia, tal conexão não é tão automática. Tome-se o caso do enfrentamento entre o governo Obama e o Partido Republicano quanto à aceitação de um *default* da dívida pública *versus* a ampliação do limite desse endividamento. Uma primeira leitura é que o governo é atingido muito negativamente nessa questão. Porém, *e se a oposição for também percebida muito negativamente pelos eleitores*? Em julho de 2011, a desaprovação era de 52% para o presidente Obama e de 65% para os republicanos (More Americans unhappy with Obama on economy, jobs, *The Washington Post*, 26 July 2011). Um rol de lições relevantes de todo esse enfrentamento é apresentado na seção "Inferências sobre dois casos de *lobbying*".

[57] Não subsiste a crítica de ser esse um argumento pouco consistente, uma vez que algumas candidaturas apoiadas em doações milionárias acabaram derrotadas (Money doesn't

buy many wins for self-funded candidates, *The Washington Post*, 4 Nov. 2010). Na verdade, a principal consequência desse *novo regime* de financiamento de campanhas habilitado pela Suprema Corte dos EUA não foi tanto a viabilização de candidaturas assim financiadas, mas o *relaxamento de todo o processo eleitoral*, agora reforçado pela crença dos doadores e do eleitorado em geral de se estar observando um comportamento ético e constitucionalmente apto. Ademais, há o favorecimento de se promover uma disputa eleitoral com características de consulta plebiscitária em termos ideológicos: *governo grande versus governo mínimo*, ou ainda a ênfase no *custo* da política de recuperação econômica, por exemplo, o que, na eleição de 2010, foi muito explorado na mídia pela oposição republicana. Para uma forma indireta de tentar atenuar o fluxo de doações de campanha viabilizado pela citada decisão da Suprema Corte, a legislação do imposto de renda pode ser acionada para evitar que tais doações sejam *grátis*, do ponto de vista do doador (IRS moves to tax gifts to groups active in politics, *The New York Times*, 12 May 2011).

[58] Ver "Troubled Asset Relief Program — two year retrospective executive summary" (US Department of the Treasure, Office of Financial Stability, Oct. 2010).

[59] "FDIC's new tools to close troubled banks offer opportunity, challenge" (*The Washington Post*, 17 Jan. 2011), "Bailouts, reframed as 'orderly resolutions'" (*The New York Times*, 13 Nov. 2010).

[60] "Foi indicado ao Congresso que o Tarp destinaria até US$ 700 bilhões para a compra de hipotecas, e para obter os votos necessários o Tesouro prometeu que iria modificar essas hipotecas, de modo a dar apoio aos desesperados proprietários de imóveis residenciais. A lei estabelece expressamente que esse departamento faça precisamente isso. No entanto, pouco foi feito para cumprir essa barganha legislativa" (Barofsky, 2011).

[61] "Manifestações eleitorais do STF e do TSE" (*Estratégia Macroeconômica*, v. 18, n. 444, 25 out. 2010). Ver "Mídia e *rent seeking*". Como contraponto, temos os dados do Laboratório de Pesquisas em Comunicação Política e Opinião Pública do Iesp (Uerj), que mapeou a tendenciosidade da mídia impressa na campanha eleitoral de 2010 (Figueiredo, 2010:A10).

[62] Essa classe de ocorrências é uma lição de cautela quanto ao monitoramento e à interpretação de 2010, na trajetória brasileira, comparativamente a outros anos de eleição. Em outros termos, o que se requer é a incorporação da teoria do ciclo político-eleitoral em uma visão analítica de governo muito mais robusta do que aquela que tem estado subjacente a constatações sobre a economia contemporânea. Ou, visto por outro lado, a ocorrência desse ciclo pode estar associada a uma degeneração dos arranjos da democracia representativa.

[63] Veja-se a prática de tomar as receitas e despesas da União como percentagem do PIB como o indicador do tamanho do governo (O tamanho do Estado, *Conjuntura Econômica*, v. 63, n. 12, p. 33-44, dez. 2009). Segundo esse estudo, a economia pública brasileira alcança em 2008 o tamanho de 17,7% e 35,8%, respectivamente, em termos da despesa primária

da União e dos impostos totais, no PIB. Todavia, nada de comparável se pode associar à parcela de intrusão *regulatória* nos mercados. Na medida em que essas são parcelas da totalidade da presença do governo na economia nacional, tampouco se sabe sobre a extensão em que o avanço em uma dessas parcelas reforça ou abate a presença estatal, em outra dessas dimensões. Portanto, é uma argumentação precária estabelecer o tamanho do Estado ou governo simplesmente por sua dimensão orçamentária. O mesmo vício se repete, com apoio de notórios economistas, em "Peso Maior de Governos na Economia é Provisório" (*O Globo*, 5 set. 2011). Nessa última referência, é ainda mais audacioso prever que o aumento do peso do governo correntemente observado na economia mundial seja "transitório". Afinal, os ajustes fiscais que foram propostos em 2011 nos EUA, por exemplo, desdobraram-se por toda a próxima década, combinando aumento de impostos, supressão de benefícios tributários e cortes de gastos públicos — que incide *sobre uma base que foi puxada para um elevado patamar, com as sucessivas operações de salvamento, em 2008-2009*. Outro problema do dimensionamento orçamentário do Estado envolve os subsídios tributários (gastos tributários), que permitem que se dê menor precisão à terminologia orçamentária. A desoneração do IPI (como em 2009-2010, relativamente à indústria automotiva) *aumentou o gasto público*, não obstante poder ser "vendida" como *corte de imposto*. Para a visão de que os gastos tributários pervertem a democracia, ver Kleinbard (2010). Quanto à métrica desses gastos na economia brasileira, ver <www.receita.fazenda.gov.br/historico/EstTributarios/Eventos/ WorkShop/WorkShopGastosTributarios.htm>.

[64] "White House 'directly threatened' Perella Weinberg over Chrysler" (*Business Insider: Clusterstock*, 3 May 2009).

[65] Para viabilizar a reforma do sistema de seguro de saúde, o governo contemplou ter poder de veto sobre a elevação dos prêmios cobrados pelas seguradoras privadas (Obama proposal targets insurance-rate increases, *The Washington Post*, 22 Feb. 2010, p. A4). Para os bancos, a *moeda corrente* tem sido contra-argumentar que restrições adicionais aos riscos de mercado podem ter o efeito colateral de estrangular as possibilidades de financiamento que sustentarão a retomada do crescimento da economia nacional e, assim, a saída da crise. Em termos organizacionais, a intervenção governamental na determinação da remuneração total dos executivos financeiros tomou a forma da nomeação de um Tzar para as compensações executivas nas firmas privadas que obtiveram recursos do Tarp, o que incluiu 419 firmas em 2009. O poder desse *policy maker* é o de examinar as políticas de remuneração sem, no entanto, se estender a demandas de mudanças nesses esquemas. O *sucesso* desse tipo de controle seria medido pelo fato de que, se o 2º semestre de 2010 mantivesse o desempenho do 1º semestre, os bônus em Wall Street teriam sido distribuídos em níveis similares aos de 2009 e 2007 (Federal report fault banks on huge bonuses, *The New York Times*, 22 July 2010). Para uma narrativa didática da extrema persuasão de que o então secretário do Tesouro, Henry Paulson, lançou mão na política de socorro financeiro (Tarp) em outubro de 2008, ver "US forces nine major banks to accept partial nationalization" (*The Washington Post*, 14 Aug. 2008).

[66] "BP says it's sorry — and guarantees $ 20B for gulf" (*The Washington Post*, 17 June 2010).

[67] "Drilling ban blocked: US will issue new order" (*The New York Times*, 22 June 2010). A revisão das regras de exploração de petróleo *offshore* envolve pelo menos três condições: a) os proprietários da plataforma devem dispor de rotinas que permitam encerrar as operações tão logo se verifique que o poço está fora de controle; b) os mecanismos preventivos de acidentes devem passar por novos e mais rigorosos testes de eficácia; c) disponibilidade de recursos suficientes para operações de limpeza no caso de derramamento de óleo. Assim como a regulação anterior, as novas regras impõem pesados custos às firmas privadas, que, por certo, comprometem o nível de emprego nessa atividade produtiva (US issues revised offshore drilling ban, *The New York Times*, 12 July 2010). Mais adiante, a proibição de prospecção em águas profundas foi enfim encerrada (White House lifts ban on deepwater drilling, *The New York Times*, 12 Oct. 2010). A decisão do presidente Obama ocorreu sob a pressão de legisladores de estados da região petroleira quanto ao impacto recessivo da suspensão da prospecção de petróleo, e também pela proximidade das eleições de novembro de 2010. De fato, a proibição tinha como data terminal 30-11-2010. Assim sendo, ceder a tais pressões envolveu o risco potencial de tornar prematura a suspensão da proibição. Uma leitura de grande significado didático é o extenso "Obama and oil drilling: how politics spilled into policy" (*The Washington Post*, 12 Oct. 2010).

Diante da forte insatisfação dos consumidores (eleitores) norte-americanos com o aumento do preço da gasolina automotiva nos primeiros meses de 2011, e das pressões dos interesses da produção de petróleo e da oposição republicana numa fase do "ciclo político-eleitoral" (Monteiro, 2007:49-51), o presidente Obama *inevitavelmente* anunciou, em 14-5-2011, que aceleraria a concessão de licenças de exploração de petróleo no Alasca e no golfo do México, e mesmo a redução dos percentuais de royalties, para que as petroleiras iniciassem logo as perfurações (Obama seeks to promote more oil drilling in Alaska, offshore, *The Washington Post*, 14 May 2011).

[68] "New drilling agency will have investigative arm" (*The New York Times*, 23 June 2010).

[69] "Lawmakers seeking cuts look at nonprofit salaries" (*The New York Times*, 26 July 2010). Essa regulação preocupa-se também com o corte de gastos públicos quando da contratação de serviços privados, e disciplina demandas salariais dos servidores públicos. Não obstante, é mais uma via pela qual o governo condiciona as escolhas de agentes privados.

[70] "At summit, banks avoid new global regulations" (*The New York Times*, 27 June 2010). As classes das regras propostas pelo Comitê da Basileia em 26-7-2010 são listadas em "Quão complexas podem ser as regras das escolhas públicas" (*Estratégia Macroeconômica*, v. 18, n. 438, 2 ago. 2010).

[71] "A decoy gambit? How badly does Obama want to impose pricing limits on health insurers?" (*Slate.com*, 22-2-2010).

[72] Tal é o caso da estratégia do *incrementalismo* regulatório: se aqueles que optam por alterar o *status quo* lançam um pacote de ações regulatórias, de uma só vez, de modo dramático e não por etapas (Levmore, 2009:4), podem ser derrotados, pois isso dá mais chance à resistência combinada dos que se identificam como prejudicados pela regulação. Ademais, há a repercussão eleitoral, o que é especialmente interessante de observar nos EUA, com a aprovação, em 15-7-2010, de extensa reforma do sistema financeiro, pouco antes da realização, em novembro, de eleições legislativas (Congress passes Financial Reform Bill, *The Washington Post*, 16 July 2010).

[73] A "teoria de ameaças legislativas" (Halfteck, 2008) serve de sustentação ao conceito de poder de mando. O mecanismo de emissão de medidas provisórias, visto por essa perspectiva, é desenvolvido na seção "Conteúdo de ameaça legislativa na medida provisória", no capítulo 2.

O teor mais acentuado da intervenção governamental, que intensifica o poder de mando, contrapõe-se à moderna análise de um intervencionismo menos discricionário, como decorrente da "teoria do *nudge*". O termo *nudge* pode ser figurativamente associado a regras que induzam agentes de decisão, públicos ou privados, na direção de objetivos preestabelecidos. Em sua adaptação ao tema central deste livro, o *nudge* relaciona-se à *arquitetura* de escolhas que melhor promovam o interesse coletivo, mesmo sustentando soluções que reconfiguram a fronteira entre setor público e setor privado: se incentivos substituem exigências e proibições, o governo se torna menor em tamanho, e também mais modesto (Thaler e Sunstein, 2008:14).

[74] As estratégias de uma firma se formalizam por estratégias *de mercado* (relativamente a clientes, fornecedores, competidores) e *de ação coletiva* ou *nonmarket strategies* (Monteiro, 2004:18-21), estas últimas orientadas em relação a burocratas e legisladores, diante da possibilidade de que as políticas que eles estabeleçam afetem os *payoffs* da firma.

[75] Como ocorreu na reunião de Toronto, Canadá, em 25-6-2010.

[76] "Banks win battle for limits to Basel III" (*Financial Times*, 24 June 2010).

[77] Para o aprofundamento dessa perspectiva analítica, assim como para farta evidência factual, levantada para o caso da economia norte-americana, o leitor muito aproveitará com a leitura do estudo empreendido pelo The Pew Research Center, "The people and their government: distrust, discontent, anger and partisan rancor" (18-4-2010), extenso relatório de 140 páginas. Essa metodologia pode dar conteúdo comportamental a indicadores macroeconômicos, comumente associados às questões da elevada carga de impostos e da baixa qualidade na provisão de certas políticas públicas.

[78] Parcialmente estendida a 2010. O setor automotivo, por exemplo, foi o alvo dos seguintes decretos: nº 6.687 (11-12-2008), nº 6.696 (17-12-2008), nº 6.743 (15-1-2009), nº 6.809

(30-3-2009), nº 6.890 (29-6-2009), nº 7.017 (26-11-2009), nº 7.060 (31-12-2009), nº 7.222 (29-6-2010).

[79] Na esfera das entidades multilaterais (OMC, FMI, entre outras), de fato pouco ocorreu, ainda que sejam evidentes os sinais de obsolescência de seus arranjos institucionais. Mesmo porque políticas de desoneração tributária, como a praticada no Brasil, por exemplo, não deixam de ser uma forma sutil de protecionismo, em relação ao qual a OMC assume posição muito mais passiva, comparativamente a práticas análogas ocorridas em períodos anteriores à crise. O Comitê da Basileia (o Banco Central dos bancos centrais) talvez seja a primeira dessas entidades multilaterais a redefinir seu papel perante o sistema bancário-financeiro mundial (Basel Committee reaches agreement on bank rules, *The Washington Post*, 27 July 2010, p. A11).

[80] Assim como em termos de novas unidades de decisão, políticas, regulações e novos programas públicos (Moulton e Wise, 2010). O relatório final sobre o acidente na mina da Massey Energy foi divulgado em 19-5-2011 e concluiu que padrões de segurança deficientes e regulação governamental frouxa foram os responsáveis pelo desastre. Curiosamente, o depoimento de um membro da agência reguladora sintetiza o estado dessa regulação: "a Massey treina nossos inspetores melhor do que nós o fazemos" (Report faults Massey Energy for West Virginia mine explosion, *The Washington Post*, 19 May 2011).

[81] São ocorrências significativas desse desenvolvimento: a "estatização parcial" do mercado automotivo e financeiro nos EUA e, no caso brasileiro, a pouca resistência dos agentes privados a sua dependência crescente dos fortes estímulos fiscais (não obstante a reação contrária desses mesmos segmentos à carga tributária). A atitude quanto a essa nova ordem institucional é uma ampla tolerância (da sociedade e de entidades multilaterais) diante de níveis mais elevados de endividamento público, assim como a intensa mobilização de grupos de interesses, no propósito de ampliar o alcance de atendimentos preferenciais, ainda que isso signifique ter setores produtivos operando sob protecionismo comercial disfarçado.

[82] Quanto à racionalidade desse segmento da atividade econômica, evidencia-se não ser esse um caso isolado, em face dos condicionamentos ditados pela intervenção do governo.

[83] Sem sequer recorrer ao anonimato, perfis no Twitter e no Facebook, e também blogs sobre assuntos variados e triviais (personagens de *cartoons* infantis, por exemplo), podem servir à propagação de interesses de indústrias, como serviços de saúde e regulação de energia (Undercover persuasion by tech industry lobbyists, *The Washington Post*, 14 Apr. 2010).

[84] Como já referido na introdução, uma resenha conclui que, em 12 textos intermediários de macroeconomia generalizadamente utilizados em universidades norte-americanas, se enfatiza um ambiente institucional que não predispõe os alunos a compreender uma crise como a de 2008 ou as extraordinárias respostas intervencionistas dos governos nacionais; em contrapartida, os argumentos nesses textos enfatizariam o uso de mecanismos de autocorreção de desequilíbrios (Gray e Miller, 2009).

Ainda em meados de 2010, foi reconhecido o pouco consenso existente entre os economistas quanto aos benefícios duradouros do receituário de ações até então aplicado, e quanto aos riscos políticos de persistir, em um ano eleitoral na economia dos EUA, em uma trajetória de expansão da dívida pública (Policy options dwindle as economic fears grow, *The New York Times*, 28 Aug. 2010). Somente em 2009, o gasto público federal dos EUA expandiu-se em 16%, uma evidência que, tornada pública em 30-8-2010, alimentou a campanha dos republicanos nas eleições de 2010 (Federal spending rises a record 16% in 2009, Census Bureau says, *The Washington Post*, 31 Aug. 2010). Lembre também o leitor da referência feita na introdução ao depoimento de Christina Romer, ex-economista-chefe do Council of Economic Advisers do presidente Obama.

[85] Essa transferência implica a virtual "estatização" de algumas dessas firmas. O Tarp foi arquitetado substancialmente como uma atuação do tipo (1), na figura 21. Embora, de início, tivesse o formato de investimentos públicos de curto prazo em firmas privadas, o Tarp tem implicações de longo prazo para organizações tanto públicas quanto privadas. As condições do "repagamento" desses recursos públicos recebidos pelas firmas são um peculiar desdobramento de longo prazo dessa política. Ver a seção "Relevância das instituições legislativas", no capítulo 2.

[86] Congleton (2005:193). A discussão aqui introduzida é retomada na seção "Novas lições estratégicas".

[87] "Policy options dwindle as economic fears grow" (*The New York Times*, 28 Aug. 2010).

[88] Os programas de desoneração de impostos, tradicionais na economia brasileira, são exemplos bem-sucedidos nessa direção.

[89] "Japan offers a plan to kick-start its economy" (*The New York Times*, 30 Aug. 2010).

[90] "FED ready to dig deeper to aid growth, chief says" (*The New York Times*, 27 Aug. 2010).

[91] "Obama to pitch permanent research tax credit" (*The New York Times*, 4 Sept. 2010).

[92] Um estímulo em vigor desde o governo Bush (Obama to unveil more stimulus tax breaks for business, *The Washington Post*, 8 Sept. 2010). Ademais, anunciou-se um programa de US$ 50 bilhões em investimentos em infraestrutura — uma das frentes de patrocínio público reverenciadas por democratas e repubicanos (Obama's bridge, train and road fix, disponível em: *CNNMoney.com*, 8-9-2010).

[93] "Debating the economy" (*The New York Times*, 8 Sept. 2010, Editorial). Para repercussões adversas à opção dos governos europeus por cortes no gasto público, ver "Europe seen avoiding Keynes's cure for recession" (*The New York Times*, 20 Oct. 2010). Afinal, como enfaticamente sentenciou o líder da maioria na Câmara dos Representantes dos EUA, John Boehner: "Tirar dinheiro de políticos é como tirar cocaína de viciados" (Boehner:

taking money from politicians like taking cocaine from addicts, *The Washington Post*, 10 Apr. 2011).

[94] Affordable Health Care for America Act (23-3-2010). Uma percepção empírica, que pode fornecer *inputs* para a formulação de uma estratégia de reforma, veio à tona na tramitação da reforma do sistema financeiro (House and Senate in deal on financial overhaul, *The New York Times*, 25 June 2010): a atenção despertada pela aprovação de legislação sobre um tema de política pública (tal como o sistema de saúde) pode reforçar a visibilidade pública para a votação de outra legislação, que venha a ser discutida na sequência daquela primeira apreciação. E mais: a antecipação dessa classe de *interação decisória* pode ditar a estratégia adotada não só pelo governo e pelos legisladores, mas também pelos grupos de interesses preferenciais, uma vez que estes possam *antecipar* um clamor maior da opinião pública em torno dos atendimentos que esses grupos demandam, diante de uma opinião que se tenha tornado mais atenta. A visibilidade aumentada na segunda ocasião (reforma financeira) pode ter contribuído para que se produzisse um processo decisório legislativo de maior *qualidade*.

A aprovação da reforma do sistema de saúde, PL nº 111-148, 23-3-2010 (uma lei de 906 páginas), logo seguida pela reforma financeira, em 21-10-2010 (uma lei de 849 páginas), na economia dos EUA, é uma ocasião ímpar para se observar a mobilização de interesses preferenciais ante duas vastas mudanças regulatórias. Sugiro, pois, que o leitor considere outro aspecto envolvido nesse mesmo fenômeno do processamento sucessivo de duas políticas de reforma em uma conjuntura de crise: em que medida a teia de interesses contrariados pelo resultado líquido dessas reformas pode minar as chances eleitorais do governo que as patrocina? (Death of a salesman: a slew of new polls suggest Obama is not a great pitchman for his policies, disponível em: *Slate.com*, 13-7-2010, Home/Politics). Ver ainda "Wall Street lobbyist aims to 'reform the reform'" (*The New York Times*, 14 July 2011).

[95] Ver a seção "Atributos das regras do jogo", no capítulo 1.

[96] "Senate has some work left on Health-Care Bill" (*The Washington Post*, 22 Mar. 2010, p. A 12). No caso dos EUA, o novo regime de cobertura da saúde afeta um sexto do PIB. É por isso que muitas dessas alterações têm seus efeitos distribuídos ao longo do tempo, sendo operacionalizadas em etapas. No caso brasileiro, a exploração do petróleo da camada pré-sal ainda está por ser equacionada e, no caso dos EUA, os grandes efeitos da reforma do sistema de saúde não entram em vigor antes de 2014. Tais defasagens são uma fonte de complexidade na modelagem de políticas, pois é incerto o padrão dos impactos que a mudança institucional promove no cálculo de estratégias dos agentes privados. Para exemplos desse atributo, ver "Reform moves ahead" (*The New York Times*, 18 July 2010, Editorial) e "Covering new ground in health system shift" (*The New York Times*, 2 Aug. 2010). Políticas com tal variedade de impactos e que se desdobram por vários períodos de tempo em sua execução são propensas a serem questionadas no Judiciário. A reforma do setor de saúde nos EUA é um exemplo didático desse tipo de ocorrência: meses após sua aprovação, essa lei entra em uma fase de apreciação pela Corte Suprema (por demanda do

próprio presidente Obama). Ao mesmo tempo, há relevantes implicações eleitorais que decorrem de políticas que são aprovadas, porém tornam-se um contencioso, por força de entraves legais acionados por governos estaduais e por grupos de interesses preferenciais que se opõem a mecanismos desse tipo de regulação econômica ("Supreme Court Is Asked to Rule on Health Care", *The New York Times*, 28 Sept. 2011). Transponha o leitor esse embate para a pendente questão do acesso aos royalties da exploração da camada do pré-sal.

[97] "House passes Health-Care Reform Bill without Republican votes" (*The Washington Post*, 22 Mar. 2010, p. A01). Em julho de 2010, o déficit orçamentário federal chegou a um nível em que, a cada dólar a mais no gasto do governo, era necessário expandir em US$ 0,41 o empréstimo público — um combustível eleitoral para as eleições de novembro de 2010 (Federal budget deficit to exceed $ 1.4 trillion in 2010 e 2011, *The Washington Post*, 24 July 2010, p. A01).

[98] Essa, por certo, é outra vertente a explicar a *ossificação* do processo de produção de regras (ver a seção "Atributos das regras do jogo", no capítulo 1). No caso da legislação de royalties do petróleo está em causa a contradição que o projeto aprovado na Câmara dos Deputados apresentaria em relação ao comprometimento financeiro-orçamentário de estados produtores de petróleo, e que já haviam incorporado esses recursos em investimentos de longo prazo. Já no caso do Affordable Health Care for America Act, identifica-se pelo menos uma provisão que pode comprometer boa parte da lei aprovada: um novo imposto sobre seguros de saúde de alto custo teria impacto no *trust fund* do seguro social, o que violaria regras aceitas na negociação legislativa e que viabilizaram a aprovação da lei.

[99] No Brasil, ainda que se acorde de antemão alocar parte das receitas de royalties a investimentos sociais, o ritmo e a compatibilidade dessa classe de investimentos, por todos os estados da Federação, irão requerer uma qualidade de planejamento que sempre foi o elo fraco das políticas públicas (mesmo na era do planejamento: o período 1960-1970).

[100] "Lehman channeled risks through 'alter ego' firm" (*The New York Times*, 12 Apr. 2010).

[101] Já mencionado na introdução.

[102] O caso Lehman Brothers ilustra uma prática antiga (que viria ocorrendo desde 2001) virtualmente *fora* do alcance dos reguladores: o grau de exposição a investimentos de alto risco (como o das hipotecas *subprime*) sendo mascarado nas operações de outra firma, a Hudson Castle, na qual o Lehman controlava a direção, detinha um quarto de seu capital, além de ser integrada por ex-funcionários do próprio Lehman (Lehman channeled risks through "alter ego" firm, *The New York Times*, 12 Apr. 2010). Mesmo entidades que não faliram — e até apresentaram, no período pós-crise, sinais de estar em recuperação — são hoje indiciadas por práticas fraudulentas, apesar de terem recebido verbas do Tarp. É o caso do Banco Goldman Sachs (Goldman tops forecast, with $ 3.46 billion in earnings, *The New York Times*, 20 Apr. 2010; Top Goldman leaders said to have overseen mortgage unit, *The New York Times*, 18 Apr. 2010).

[103] Minimamente, como mostra o caso norte-americano, essa é a contrapartida para *adoçar* a resistência da sociedade ao intenso fluxo de recursos públicos canalizado em 2008-2009 para operações de socorro a mercados privados. A política de recuperação desses recursos para o Tesouro resulta na expansão da receita de impostos: tal é o exemplo da política proposta pelo presidente Obama em janeiro de 2010 (Financial Crisis Responsibility Fee). Essa proposta tem por objetivo recuperar até US$ 117 bilhões, nos próximos 12 anos, do custo projetado da operação de salvamento do Tarp. O novo encargo (a uma alíquota de 0,15%) seria lançado sobre toda firma que recebeu ou foi beneficiária indireta de fundos do Tarp, com ativos consolidados superiores a US$ 50 bilhões. A noção de estratégia de repagamento foi introduzida na seção "Relevância das instituições legislativas", no capítulo 2. Do total dos investimentos do Tarp em bancos já retornaram aos cofres do governo mais de US$ 20 bilhões, na forma de lucros, e há a estimativa de que esse salvamento acabe custando aos contribuintes US$ 250 bilhões *a menos* do que havia sido projetado em 2009 (Geithner, 2010). Um balanço financeiro do Tarp, após dois anos de sua execução, revela que essa política foi bem-sucedida e que seu custo foi menor do que o esperado em meio à crise; todavia, *politicamente*, o Tarp é um grande prejuízo (After 2 turbulent years, officials assess Tarp, *The Washington Post*, 30 Sept. 2010), como o resultado eleitoral de novembro de 2010 acabou por confirmar.

Incidentalmente, isso também mostra que o horizonte de tempo em que se afere uma dada política econômica é fundamental para determinar o resultado dessa avaliação (Tarp bailout to cost less than once anticipated, *The New York Times*, 30 Sept. 2010). Em um período de 24 meses (outubro de 2008 a outubro de 2010) todo o custo fiscal direto do Tarp foi de menos de 1% do PIB. Esse resultado é extraordinário, se comparado com crises financeiras sistêmicas do passado. O FMI estima que a média do custo fiscal líquido da resolução de 40 crises bancárias ocorridas desde 1970 foi de 13% do PIB; no caso dos EUA, o custo fiscal líquido do saneamento na crise de poupanças e empréstimos foi de 2,4% do PIB (US Department of the Treasure, 2010).

[104] Tal proposta abarca os grandes lucros das firmas, quando essa capacidade de tributar se estende para além da criação de alíquotas mais elevadas do IRPF. Essa fundamentação é distinta do habitual argumento de *redistribuição de renda* que tem sido usado para justificar o citado inciso VII. Para a tramitação dessa proposta, ver "Imposto sobre grandes fortunas passa na CCJ" (*Valor Econômico*, 10 jun. 2010, p. A9). Quanto à argumentação típica desenvolvida neste livro, reflita o leitor por que, decorridos mais de 20 anos, essa regra constitucional não entrou até hoje em vigor.

[105] Uma inovação posta em prática nos EUA é o *ressarcimento* de despesas efetuadas no *próprio* setor beneficiado pelo Tarp. Esse talvez seja um desdobramento da política do Tarp que exemplifica seu impacto no longo prazo, como já referido.

[106] "Wisconsin Court reinstates law on union rights" (*The New York Times*, 14 June 2011), "Republican Wisconsin senators bypass Democrats in vote on collective bargaining" (*The*

Washington Post, 10 Mar. 2011), "Wisconsin's legacy of labor battles" (*The New York Times*, 5 Mar. 2011), "Wisconsin gov. Walker threatens to trigger layoffs for thousands of public workers" (*The Washington Post*, 26 Feb. 2011), "Wisconsin lawmakers take step toward resolution of budget standoff" (*The Washington Post*, 25 Feb. 2011). Na onda de reformas no *welfare state* europeu, o governo espanhol igualmente limitou direitos de negociação coletiva dos sindicatos trabalhistas (Socialists Cut Spain´s Welfare State, Riling Spaniards, *The Washington Post*, 21 May 2011).

[107] Em formato implícito, as negociações que levaram à fixação do novo patamar do salário-mínimo para 2011 oferecem o contraponto brasileiro a essa minimização da pressão de sindicatos: o Executivo perseverou em sua proposta de fixar o salário-mínimo em R$ 545, ao mesmo tempo que conseguiu implementar uma regra de indexação do salário-mínimo tal que, pelos próximos quatro anos, a negociação coletiva quanto à atualização do salário-mínimo será substituída por um decreto presidencial, o que minimiza pressões de grupos de dentro e de fora da legislatura. Fez parte dessa estratégia associar a atualização do salário-mínimo à decisão de atualizar a tabela de descontos do IRPF, no pressuposto de que a deliberação simultânea em duas frentes de política atende melhor aos objetivos do governo.

[108] "New round of stress tests for European banks" (*The New York Times*, 3 Mar. 2011). Em meados de 2011, a autoridade bancária europeia divulgou dados de novo teste de estresse e concluiu que oito bancos europeus necessitariam de um aporte de US$ 3,5 bilhões para sobreviverem a uma nova crise, e que 16 outros, apesar de terem passado no teste, precisariam se capitalizar mais. Diferentemente dos EUA, os bancos são a fonte de três quartos da provisão de crédito na Europa — uma extensão três vezes maior do que na economia norte-americana, com o significatico papel do financiamento governamental do mercado hipotecário (8 banks fail Europe's stress test, *Fortune*, 15 July 2011). Tais análises sempre desconsideraram o fato de os bancos deterem elevado percentual de títulos governamentais de economias avançadas, uma vez que tais títulos (antes da crise) eram tidos como virtualmente sem riscos. Mas a realidade hoje é outra (Pain builds in Europe's sovereign debt risk, *The New York Times*, 17 July 2011).

[109] Ver a seção "Dilemas da crise" neste capítulo.

[110] Em 2010-2011, uma indução análoga foi observada na zona do euro, com as operações de salvamento da Irlanda (bancos sem controle), da Grécia (déficit público), de Portugal (postergação de medidas de reforço da estrutura econômica): criou-se a percepção de que as economias que entram em dificuldades serão necessariamente ajudadas pelas economias mais fortes da UE (Boone e Johnson, 2011).

[111] "Too big to fail, or too trifling for oversight?" (*The New York Times*, 11 June 2011). É também uma contradição regulatória que, em meados de 2011, tenha voltado a ocorrer consolidações no mercado bancário dos EUA — o que aumenta a probabilidade de se ter

firmas *muito grandes* e, assim, do que venha a ser um risco "sistemicamente relevante" (Time to Say No to Bank Consolidation, *The Washington Post*, 27 Aug. 2011). Os reguladores devem estar igualmente atentos às necessidades de capital dos grandes bancos, especialmente com a continuação dos problemas de exposição à dívida de países europeus, que podem minar a credibilidade das novas regras do Basel Committee on Banking Supervision ou Acordo da Basileia (3 Questions on Financial Stability, *The New York Times*, 1 Sept. 2011, Economix).

[112] "Constraints on Central Banks Leave Markets Adrift" (*The New York Times*, 21 Sept. 2011). Na Europa, os US$ 627 bilhões do European Financial Stabilization Facility podem se tornar totalmente insuficientes, caso a crise alcance com maior rigor economias do porte da Itália e da Espanha (S&P Downgrades Italy's Credit Rating 1 Notch, Cites Weakening Prospects for Economic Growth, *The Washington Post*, 19 Sept. 2011) Mesmo na Alemanha as repercussões eleitorais dos *bailouts* de algumas economias da UE têm sido adversas ao governo de Angela Merkel (European Stocks Drop on Markel's Election Defeat; Clariant Sinks, *The Washington Post*, 5 Sept. 2011).

[113] "S&P Downgrades Italy's Credit Rating 1 Notch, Cites Weakening Prospects for Economic Growth" (*The Washington Post*, 19 Sept. 2011).

[114] "Moody's Downgrades Credit Ratings of Three Large Banks" (*The New York Times*, 21 Sept. 2011); Moody's: Global Credit Research, 23 Sept. 2011). Aconselho o leitor a leitura deste último documento para que possa avaliar a *força* com que se manifesta uma agência dessa natureza e os impactos que pode causar na opinião pública em geral e no cálculo de estratégias de investidores, governos e organizações reguladoras internacionais.

[115] "Geithner Hurdles With EU Ministers Seeking Way Out of Debt Crisis" (*CNN.com*, 16-9-2011).

[116] Federal Reserve Launches Operation Twist (*CNNMoney*, 22 Sept. 2011).

[117] "As economy slowly recovers, FED says it has done enough" (*The New York Times*, 22 June 2011). Uma variante desse estímulo ("Operação Twist") foi anunciada em 21-9-2011, para vigorar entre outubro de 2011 e junho de 2012 (ver a seção "Novas Lições Estratégicas", acima, neste mesmo capítulo).

[118] Uma contagem mais ramificada desses estímulos inclui ainda US$ 500 milhões em operações mistas de socorro e estímulo. Com essa inclusão, o valor global desse esforço para reerguer a economia norte-americana já chega a US$ 3,4 trilhões (Stimulus price tag: US$ 2,8 trillion, disponível em: *CNNMoney.com*: a stimulus here, a trillion there, 20 Dec. 2010). O *CNNMoney.com* não relaciona os US$ 600 bilhões da compra de títulos do Tesouro.

[119] Essa visão dos fatos é coerente com a análise de Christina Romer, economista-chefe do Council of Economic Advisers do governo Obama, como mencionado na introdução.

[120] "Experts citing rising hopes for recovery" (*The New York Times*, 23 Dec. 2010).

[121] Mensagem de Veto nº 707, de 22-12-2010.

[122] Quanto mais intensa é essa atividade, mais a provisão de políticas tende a se afastar do interesse geral ou coletivo, consolidando uma rede de demandas que se ramificam na própria operação do processo político. Esse mecanismo de atendimentos preferenciais induz a um poderoso e complexo mercado de *lobbying*. Ver a seção "Mercado de *lobbying*".

[123] "W.Va. mine disaster calls attention to revolving door between industry, government" (*The Washington Post*, 18 May 2010), "Mine blast means new realities for West Virginia Democrats in Congress" (*The Washington Post*, 19 Apr. 2010).

[124] Não se deve supor que a imposição de um novo padrão regulatório seja uma ocorrência trivial. No caso da exploração de minas, um estudo detalhado da resistência das firmas do setor à adoção de novas regras de segurança encontra-se em "New push to strengthen mine safety faces resistance based on longtime strategies" (*The Washington Post*, 4 Jan. 2011).

[125] Como visto na seção "Economia da porta giratória", no capítulo 1, esse é um dos acessos do contato de lobistas com burocratas e políticos.

[126] "Undercover persuasion by tech industry lobbyists" (*The Washington Post*, 14 Apr. 2010).

[127] Já houve mesmo uma deliberação judicial questionando a autoridade da agência reguladora do setor de telecomunicações (FCC) para policiar o acesso à internet. A relevância e a complexidade do tema traduzem-se em investimentos em *lobbying* feitos com essa orientação: a AT&T investiu US$ 5,9 milhões em *lobbying* nesse segmento (um aumento de gastos de 15%, comparativamente a janeiro-março de 2009); o Google investiu 57% a mais (um total de US$ 1,4 milhão, em igual período), e a Comcast, US$ 3,1 milhões, nesse caso fazendo *lobbying* em prol de sua fusão com a NBC Universal (Undercover persuasion by tech industry lobbyists, *The Washington Post*, 14 Apr. 2010). Para os vários conflitos de interesses quanto a essa regulação, ver "Internet proposal from Google and Verizon raises fears for privacy" (*The New York Times*, 15 Aug. 2010), "FCC draws fire over talks with internet, telecom giants on 'net neutrality'" (*The Washington Post*, 5 Aug. 2010). Dois pesos pesados (Google e a operadora Verizon) propõem que os provedores de serviços na internet não possam bloquear os produtores de conteúdo online ou oferecer a eles uma "via rápida" paga. No entanto, essas firmas defendem exceções no acesso à internet: em redes de telefonia celular e em potenciais novos serviços que os provedores de banda larga possam oferecer. Ambas tentam influenciar reguladores e legisladores na conceituação da neutralidade da rede. De igual modo, com o YouTube (de propriedade do Google), o acerto pretendido pelo Google é pagar para que o conteúdo do YouTube receba prioridade para chegar aos consumidores. Seria algo semelhante à prática das gravadoras, que pagam às estações de rádio para tocar

suas músicas. O órgão regulador optou por estabelecer novas regras do jogo, preferentemente a delegar às firmas que operam nesse mercado o poder de, elas próprias, criarem tais regras (FCC aproves net-neutrality rules: criticism is immediate, *The Washington Post*, 22 Dec. 2010; Evil? The alleged Google-Verizon deal that's endangering net neutrality, disponível em Slate.com/id/2262952, 6-8-2010; Web plan from Google and Verison is criticized, *The New York Times*, 9 Aug. 2010). Uma decorrência do *lobbying* tão seletivo do Google (aliado à operadora Verizon) é que a operadora poderia bloquear o uso de um serviço de buscas (o Bing, da Microsoft) na telefonia celular, ou cobrar dos consumidores tarifa adicional para que pudessem acessar aplicativos populares oferecidos com melhor qualidade do que outros sites da web (Google's deal on equal internet access opens door to new clout, *The Washington Post*, 10 Aug. 2010, p. A1). Para o Google, a indústria é suficientemente competitiva para se autopoliciar, não havendo necessidade de regras de acesso aberto (blog Post Tech, *The Washington Post*, 12 Aug. 2010). Quanto à reação dos políticos, ver "FCC chair's net neutrality push faces uphill battle" (blog Post Tech, *The Washington Post*, 12 Jan. 2010).

[128] "Get well soon" (disponível em *Slate.com*, 23-3-2010).

[129] Assim, por exemplo, decorridos 10 anos, a taxa de mortalidade da população terá declinado, não tanto porque a reforma no sistema de saúde tenha salvado vidas, mas possivelmente porque ocorreram desde então avanços científicos e melhorias econômicas. Desse modo, o elenco de questões aqui apresentadas pode reconfigurar os próprios propósitos da mudança de regras.

[130] Ver Cannon (2009). O leitor deve se sentir estimulado a pensar em implicações equivalentes no caso da partilha federativa dos royalties do petróleo, como encaminhado no Congresso Nacional em 2010.

[131] A realidade é que um regulador pode seguir uma conversação nos sites da web social, assim como estar ciente dos pontos de vista de amigos seus sobre essas políticas (Undercover persuasion by tech industry lobbyists, *The Washington Post*, 14 Apr. 2010).

[132] Mesmo sem contar com o patrocínio de corporações, pode-se construir um *lobbying* muito efetivo: o Free Press, um desses grupos de interesses, arrastou seguidores no Twitter para a causa da neutralidade da rede formalizando petição de 2 milhões de assinaturas (Undercover persuasion by tech industry lobbyists, *The Washington Post*, 14 Apr. 2010).

Em uma segunda vertente, relata-se o vínculo de políticos com fundações de caridade como um formato em que se processa o *lobbying*, uma interação que escapa à regulação convencional. Doadores e receptores de grandes quantias argumentam que tais recursos promovem o bem-estar comunitário, embora o propósito efetivo seja fazer os políticos parecerem virtuosos, enquanto grupos de interesses e lobistas têm seus pleitos acolhidos pelos legisladores (Alms for the rich and powerful, *The New York Times*, 7 Sept. 2010, Editorial).

Considere o leitor quão dissimulada pode ser a demanda de interesses preferenciais — e, portanto, a sofisticação que se requer das regras que venham a enquadrar o *rent seeking* —

diante do seguinte caso ocorrido no Alasca, EUA. Cidadãos do Alasca se surpreendiam com uma organização nacional denominada Americans for Job Security (AJS), que se destacava no cenário *local* e despendia US$ 1,6 milhão em defesa de um referendo para restringir um projeto de mineração de ouro e cobre na baía de Bristol. Era estranho que um grupo baseado em Washington se interessasse por um fato tão paroquial, gastando tanto, desde meados dos anos 1990, para fustigar candidaturas de determinada orientação partidária. Essa ação ficou, afinal, esclarecida: o AJS criava a ilusão de lutar por uma vantagem social de apelo popular (melhorias no mercado de trabalho), porém ocultava um esquema de financiamento de candidatos locais que contornava regras de *disclosure* de campanha eleitoral (Hidden under tax-exempt cloak, political dollars flow, *The New York Times*, 23 Sept. 2010).

[133] Ver Cain (2003:963). Em 2010, um indicador avulso dessa ruptura foi a intensidade do endividamento público federal, que alcançou 140% do PIB, no caso dos EUA, e 114% na crise grega (The Greek debt crisis, some see parallels to US, *The New York Times*, 11 May 2010). A estratégia anticrise na UE se delineia no sentido oposto da praticada nos EUA. A extensão da idade mínima para a aposentadoria e vigorosos cortes de gasto público são exemplos dessa diferenciação (Europe seen avoiding Keynes's cure for recession, *The New York Times*, 20 Oct. 2010; In European debt crisis, some call default better option, *The New York Times*, 22 Nov. 2010). Ao final de 2010, os receituários anticrise convergiram na UE e nos EUA: nesse "momento da verdade" — título do relatório da comissão nomeada pelo presidente Obama —, o ajuste proposto nos EUA traduziu-se por intensos cortes em gastos militares, aumento da idade mínima da aposentadoria e mudanças nas regras tributárias (National Commission on Fiscal Responsibility and Reform, 2010).

[134] "Austerity plans advance in France and Spain" (*The New York Times*, 16 June 2010), "Europe rewrites its rule book in creating fund to contain financial crisis" (*The Washington Post*, 11 May 2010, p. A01). Após um período de contemporização, a crise na UE eclodiu em maio de 2011 com o socorro a Portugal (US$ 115,5 bilhões), crise que pode contagiar Espanha e Itália (Debt crisis in Europe: worries grow of spread to larger economies of Italy, Spain, *The Washington Post*, 3 Aug. 2011). Diante de *bailout* tão tardio, dá para suspeitar que tenha havido uma enorme falha estratégica das autoridades da UE. Para uma peculiar análise da crise em outra economia do mundo real (a Islândia), ver "Iceland's big thaw" (*The New York Times*, 13 May 2011).

[135] A aceitação da intrusão governamental é discutida em The Pew Research Center (2010).

[136] Esta figura foi introduzida no capítulo 2 (como figura 7), mas em uma conceituação distinta, complementar, da aqui apresentada.

[137] Segundo a escala de preferências dos *policy makers*. Pode-se representar uma estratégia de reforma na figura 23 invertendo-se o sentido da seta [3], de tal modo que {dado [4] →[1]}, isto é, para valores e propriedades pré-especificadas dos *resultados* macroeconômicos, determina-se a arquitetura institucional ou de *processos*.

[138] O que não invalida que uma política que altere regras do jogo, por um quórum de metade mais um dos legisladores, não possa ser rotulada de política econômica constitucional.

[139] A reação à crise pode ser perversa: ações como o Tarp, nos EUA, e desonerações tributárias direcionadas a uns poucos setores da atividade industrial, no Brasil, reforçam o aspecto discriminatório dessas transferências de renda.

[140] Tome-se a regulação financeira aprovada pelo Congresso dos EUA em 15-7-2010: um texto de 2.300 páginas (Congress passes Financial Regulation Bill, *The New York Times*, 15 July 2010; House passes financial overhaul; Senate leaders postpone vote, *The Washington Post*, 1 July 2010, p. A10; Bill passed in Senate broadly expands oversight of Wall St., *The New York Times*, 20 May 2010).

[141] Derivativos são instrumentos financeiros criados como redutores de risco, sendo conhecidos em Wall Street por *hedging*; com a crescente sofisticação e amplitude do uso desses instrumentos, os derivativos acabaram por se tornar, eles próprios, novas fontes de risco. Para uma visão didática do tema, ver "Derivatives" (*The New York Times*, 21 May 2010, Times Topics).

[142] Decisões discricionárias de bancos em investimentos, independentemente de gerarem ou não benefícios para seus clientes.

[143] Uma regra tem recebido atenção do *lobbying* dos bancos: a "regra Volcker". Essa regra tem o propósito de vedar a bancos que operem sob cláusula de seguro federal operações comerciais e de investimento de risco, quando os ganhos auferidos nessas operações sejam do interesse exclusivo do próprio banco. Trata-se de proibir os bancos de apostarem nos mercados com seu próprio dinheiro. Fundamentalmente, busca-se reduzir a participação de atividade de alto risco que possa provocar perdas elevadas em firmas que sejam centrais ao sistema financeiro; depois, a regra acaba com o uso de fundos de baixo custo para subsidiar atividades de alto risco. Como tal restrição afeta a lucratividade do negócio das grandes firmas nesse mercado (como Goldman Sachs e Morgan Stanley), estas empreenderam intenso *lobbying* ao longo da passagem legislativa da reforma financeira. Um interesse dos bancos é criar circunstâncias individualizadas, em que a regra Volcker possa ser atenuada (House and Senate in deal on financial overhaul, *The New York Times*, 25 June 2010). Ambiguidades intrínsecas à regra Volcker são exploradas de modo a subverter o próprio intento dessa regra (Despite reform, banks have room for risky deals, *The New York Times*, 25 Aug. 2010).

Entre janeiro de 2009 e abril de 2010 (*OpenSecrets.org*: Center for Responsive Politics), quando da tramitação da reforma, o setor financeiro investiu cerca de US$ 600 milhões em *lobbying*, com o propósito de atenuar as novas regras regulatórias. Para narrativas didáticas sobre a intensa mobilização de bancos e outros segmentos financeiros relativamente às etapas da tramitação dessa nova regulação, ver "Ex-regulators get set to lobby on new financial rules" (*The New York Times*, 27 July 2010), "A lobbying tempest engulfs financial overhaul" (*The Washington Post*, 14 June 2010), "Giving in on trading, bankers turn to other losses" (*The New York Times*, 14 June 2010), "Volcker rule at issue as reform bill nears finale" (*The New York Times*, 8 June 2010).

[144] Uma dessas emendas trata de um segmento até aqui intocado: quebrar a ligação direta entre emissores de títulos e as firmas do oligopólio de *rating* Standard & Poor's, Moody's e Fitch (Suddenly, the rating agencies don't look untouchable, *The New York Times*, 21 May 2010).

[145] "Congress passes Financial Regulation Bill" (*The New York Times*, 15 July 2010).

[146] O leitor muito se beneficiará, ao refletir sobre a informação numérica referente a aspectos da demanda de *lobbying* apresentada em "Hordes of hired guns earned about $ 19 million per day as lobbying soared to nearly $ 1 billion in first quarter", disponível em: <www.pensecrets.org/news/2010/04>. Os dados ali apresentados refletem o esforço de reforma desenvolvido pelo governo Obama entre janeiro de 2009 e abril de 2010, período em que tramitaram no Congresso dos EUA as reformas dos sistemas financeiro e de saúde.

[147] Tome-se o pacote tributário de US$ 858 bilhões do governo Obama de 17-12-2010. Com a extensão por mais dois anos da desoneração de impostos da era Bush, os contribuintes mais ricos conseguiram incluir um elevado benefício na incidência do imposto sobre propriedade: isenção para propriedades no valor até US$ 5 milhões, recolhendo 35% (e não mais 55%, para valores acima desse limite, e com isenção para casais estabelecida em US$ 10 milhões). O custo dessa regalia? Cerca de 3.600 propriedades beneficiadas com US$ 68 bilhões (Tiny but powerful: the Estate tax lobby, disponível em *CNNMoney.com*, 21-12-2010).

[148] Um subproduto dessa estratégia é que o *lobbying* pondera mais intensamente sobre manter o *status quo* implícito no processo legislativo (por exemplo, bloqueando uma iniciativa de nova legislação), comparativamente a obter mudanças em uma política pública já em curso.

[149] Relembro ao leitor a discussão sobre o design estrutural de equalização entre a proteção de um interesse público difuso e a pressão tendenciosa de grupos de interesses, como apresentado ao final da seção "Autonomia decisória", no capítulo 2.

[150] Uma perspectiva complementar quanto a isso ocorre quando, diante de uma eleição, há a possibilidade significativa de que a maioria no Congresso venha a mudar de controle. Para exemplos concretos de um recrutamento mais intenso de republicanos para os quadros de firmas de *lobbying* em Washington já em meados de 2010, ver "Lobbyists rush to hire GOP staff ahead of vote" (*The New York Times*, 9 Sept. 2010). Pense o leitor no cenário da eleição brasileira de 2010. Uma variante dessa ocorrência é narrada em "Lobbyists court potential stars of House panels" (*The New York Times*, 26 Oct. 2010): um potencial ocupante de posto na poderosa Comissão de Meios da Câmara dos Representantes, um

republicano, é cortejado em sua campanha de reeleição por grupos de interesses em razão de suas *futuras* atividades nessa comissão.

[151] "Debit card fees prompt a push near deadline" (*The New York Times*, 7 Mar. 2011).

[152] Houve mesmo veiculação de propaganda, por meio de anúncios públicos, com a mensagem de que a nova regulação retira do consumidor o direito de usar cartão de débito.

[153] A regulação propõe reduzir as taxas cobradas pelos bancos sobre compras com cartões de débito em bases que sejam "razoáveis e proporcionais", aí incluída a necessidade de os bancos se protegerem contra o uso fraudulento desses cartões — um custo para os bancos de cerca de US$ 1,5 bilhão em 2009. Há, no entanto, um contra-argumento para todo tipo de justificativa da nova ordem regulatória. Cabe aos burocratas do FED dar conteúdo ao que devem significar os qualificativos usados na lei. Há mesmo a vertente de que a limitação das taxas cobradas pelas firmas financeiras privilegiaria um restrito espectro de grandes cadeias de varejo, em prejuízo dos pequenos varejistas, que não seriam alcançados pelo benefício pretendido pela regulação. O que se busca é reverter partes da regulação aprovada. Tomemos a isenção de pequenos bancos da cobertura da redução proposta das taxas dos cartões cobradas dos varejistas. Paradoxalmente, esse segmento recusa o tratamento preferencial por temer que seja ele (com suas taxas mais elevadas) que ficará em desvantagem perante os grandes bancos e seus cartões, o que serve para diversificar e fortalecer as pressões. Esse é um exemplo de tentativa de *reformar uma reforma* já aprovada pelos legisladores (Wall Street lobbyist aims to "reform the reform", *The New York Times*, 14 July 2011).

[154] Mesmo ex-assessores de prestigiosos legisladores, já aposentados, e que foram inspiradores da reforma financeira são recrutados para fazer *lobbying* junto aos burocratas do governo e ao Congresso (Debit card fees prompt a push near deadline, *The New York Times*, 7 Mar. 2011), o que, incidentalmente, é uma dimensão da força com que o *lobbying* pode ocorrer. Ver também "Who will rescue financial reform?" (*The New York Times*, 27 Mar. 2011).

[155] Afinal, é um mecanismo gerador de incertezas que se põe em ação nessa teia de interesses preferenciais que se articulam na tentativa de viabilizar uma transferência de renda em sua direção. Somente o *lobbying* de bancos e negócios financeiros já somaria mais de US$ 50 milhões no 1º semestre de 2011, na tentativa de mudar termos da reforma financeira (PL nº 111-203, 21-10-2010) enquanto os reguladores ainda definem suas novas regras operacionais (Dodd-Frank under fire a year later, *The New York Times*, 18 July 2011). Há que ter cautela em não se afetar a resolução e a credibilidade com que governo e legisladores tomaram a decisão de reformar o sistema financeiro como um todo. Ver "Atributos das regras do jogo", no capítulo 1, e "Políticas de reforma", neste mesmo capítulo. O FED acabou permitindo que grandes bancos aumentassem seus dividendos e pudessem recomprar ações. Nesse caso, identificam-se pelo menos três grupos de agentes econômicos que

estão "entre contentes e extasiados": os próprios banqueiros, os acionistas desses bancos e burocratas governamentais (que, ao tomarem a decisão, sinalizaram que os níveis de liquidez bancária haviam chegado a um patamar adequado, *graças à regulação econômica posta em vigor*). Um quarto grupo, os contribuintes, estes devem ficar inquietos: quando os bancos pagam dividendos e mantêm-se fragilmente capitalizados, os contribuintes é que serão chamados a cobrir as exigibilidades dos bancos (Dividend lost, *The New York Times*, 24 Mar. 2011, Economix). Esse caso guarda ensinamentos quanto ao oligopólio bancário brasileiro, que tem sido tão bem-sucedido em consolidar e ampliar privilégios para sua cúpula dirigente e seus acionistas.

[156] É didático considerar o intenso *lobbying* de bancos e firmas que controlam as maiores redes de cartões de débito (Visa e Mastercard) quando da aprovação, nos EUA, da *imediata* vigência da redução de custos para os varejistas (Banks defeated in Senate vote on debit card fees, *The New York Times*, 8 June 2011).

[157] Um aspecto pouco destacado na literatura macroeconômica é que, na operacionalização de uma política, há a necessidade de se contar com *policy makers* qualificados: quase um ano após a aprovação da reforma financeira nos EUA, ainda não se dispõe de todos os reguladores "duros e experientes" para ocupar postos nos quais a sequência das decisões dessa reforma será processada (Nearly a year after Dodd-Frank, *The New York Times*, 13 June 2011). Um risco inerente a uma política de tais proporções é a facilidade de perder de vista a estabilidade que a reforma encoraja, dado o cipoal de atos necessários à operacionalização dessa política, o que pode ser ocasionado por frouxidão regulatória e por pressões de grupos de interesses. No Brasil da atualidade, transponha o leitor essa perspectiva para os atrasos de execução do vasto e complexo programa de investimentos do PAC, lançado em 2007.

[158] "President Obama signs Debt-Limit Bill into law" (*The Washington Post*, 2 Aug. 2011), "A crisis merely postponed" (*The New York Times*, 2 Aug. 2011, OP-ED Contributors).

[159] Portanto, essa pode ser uma consequência não intencional das políticas anticrise adotadas em anos mais recentes e que, para piorar, não renderam os efeitos de crescimento do PIB e redução do desemprego que se objetivava. Nesse sentido, uma avaliação do sucesso desses estímulos deve ponderar esse impacto fiscal e suas ramificações, o que ensina que o corte temporal para a aferição de políticas não é uma escolha trivial. No início do 2º semestre de 2011, a economia dos EUA encontra-se diante de um volume gigantesco de dívida pública e da incapacidade de apresentar desempenho virtuoso na geração de receitas públicas. Ademais, de janeiro a julho de 2011 a economia terá crescido menos de 1% ao ano, ou seja, a uma taxa um terço menor do que se esperaria em uma expansão, após uma recessão (The coming double dip: the debt-ceiling compromise will do nothing to prevent the economy from tumbling into a second recession, disponível em *Slate.com*, 1-8-2011).

[160] "GOP ties job numbers to anti-tax stance in debt talks" (*CNN.com*, 11 July 2011). A expectativa é de que os déficits persistirão, totalizando cerca de US$ 3,5 trilhões, ao longo

da próxima década, acompanhados por modestas taxas de crescimento do PIB e o desemprego situando-se em 8,5%, ao final de 2012 (Congressional Report: Budget Deficit to Hit $ 1.28 trillion, Down Slightly From Past 2 Years, *The Washington Post*, 24 Aug. 2011).

[161] Ver a introdução. A visão dominante é que esse confronto do Congresso com o Executivo, e entre as duas casas legislativas, exemplifica uma falência do processo político na democracia norte-americana. Um pouco mais tarde, no final de setembro de 2011, novo impasse entre o Senado e a Câmara de Representantes sinaliza com o bloqueio ao funcionamento do governo, por falta de recursos orçamentários ("As Sides Dig In, Panel on Deficit Has na Uphill Fight", *The New York Times*, 25 Sept. 2011). Por outra perspectiva, pode-se ver nesses episódios o funcionamento adequado do processo político, como emoldurado pelas regras constitucionais (Krauthammer, "The System Works", *The New York Times*, 11 Aug. 2011).

[162] "Behind the battle over debt, a war over government" (*The New York Times*, 14 July 2011).

[163] "A crisis merely postponed" (*The New York Times*, 2 Aug. 2011, OP-ED Contributors), "What the debt-ceiling battle means for 2012" (*The Washington Post*, 1 Aug. 2011). No acordo de 2-8-2011 foi estabelecido que uma "supercomissão" bipartidária (Joint Select Committee on Deficit Reduction) daria forma efetiva (em três meses) a um corte de US$ 1,2 trilhão em despesas federais, a incidirem nos próximos 10 anos.

O leitor conhece campo mais propício para a movimentação de grupos de interesses especiais? Os principais alvos de corte de gastos públicos são despesas militares e o Medicare; assim, já estariam sendo observadas movimentações de firmas que atuam em programas do Pentágono e de firmas da área hospitalar. Nessa segunda esfera de atuação, a American Hospital Association antecipa perdas de US$ 50 bilhões. Do lado da indústria da defesa, a Lockheed Martin, a Boeing e outros grandes consórcios e firmas do ramo já despenderam US$ 70 milhões em *lobbying* no 1º semestre de 2011, enquanto o segmento tem contribuído com cerca de US$ 50 milhões em doações de campanhas eleitorais. Sabe-se ainda que o Medicare é uma *vaca sagrada* do Partido Democrata, enquanto os gastos militares concentram a atenção do Partido Republicano (Debt-limit deal triggers lobbying campaign from health-care and defense industries, *The Washington Post*, 3 Aug. 2011).

Imagine o leitor quantos novos impasses surgirão. Esse ajuste fiscal habilita ainda outra peculiar classe de estratégias: a) ao governo Obama cabe cuidar para que os cortes de gastos e a eventual aproximação de um novo teto de endividamento *não* ocorram muito próximos da data eleitoral de novembro de 2012; b) já para a oposição republicana, é relevante programar esses cortes de gastos de tal modo que sejam efetivados nas proximidades dessa data eleitoral, e precipitar uma nova atualização do teto de endividamento federal, para que um novo contencioso comprometa o capital político dos democratas. Melhor teria sido fixar um teto exageradamente elevado, de modo que tornasse virtualmente impossível o evento de ele vir a ser alcançado. A resultante seria despolitizar a questão do teto de endividamento. A propósito, essa é a prática na Dinamarca ("Lessons on Debt Ceiling Drom Denmark", blog Mostly Economics, 27 July 2011).

[164] "Lessons of the crisis" (*Slate.com*, 4-8-2011).

[165] "S&P downgrades debt rating of US for the first time" (*The New York Times*, 5 Aug. 2011). A Standard & Poor's estima que a dívida do governo dos EUA alcance 79% do PIB em 2015, e 85% em 2021.

[166] Nada mais em sintonia com a argumentação apresentada ao longo deste livro. "Anger over credit rating resurfaces in Washington" (*The New York Times*, 6 Aug. 2011).

[167] "Obama's Jobs Gamble: He Dares the Republicans to Twart His $ 447 billion Proposal. Can He Possibly Win?" (*Slate.com*, 9-9-2011). Em sequência, o governo Obama apresenta em 19-9-2011 um plano de reduzir US$ 3 trilhões na dívida pública federal *pelos próximos 10 anos:* 50% desse montante tem origem em maiores tributos sobre os altos rendimentos da pessoa física (mínimo de 1 milhão de dólares anuais) e grandes lucros empresariais (opção que tem o voto contrário da oposição republicana); US$ 800 bilhões decorrentes da não renovação de isenções tributárias igualmente usufruídas pelas altas rendas, em vigor desde o governo Bush; US$ 400 bilhões de limitações a serem impostas a deduções e outras isenções itemizadas; US$ 300 bilhões resultantes da eliminação de brechas de todo tipo da legislação tributária em geral. *O anúncio é quase uma oferta tudo ou nada, uma vez que o presidente Obama anuncia que vetará qualquer alternativa que só contemple corte de gastos públicos.* Além desses US$ 3 trilhões, vale lembrar outra parcela autônoma de corte de US$ 1 trilhão já comprometido na formatação do novo limite do endividamento público federal, como mencionado na introdução ("Obama Outlines $ 3 Trillion Debt Plan; GOP Slams Tax Component", *CNN.com*, 19-9-2011; "Obama Vows Veto If Deficit Plan Has No Tax Increases", *The New York Times*, 19-9-2011).

A controvérsia da "guerra de classes", como se referem os republicanos à proposta do presidente Obama de transferir parte da carga fiscal da classe média para a classe rica, sustenta-se em fundamentos muito frágeis. Afinal, entre 1979 e 2005 a renda das famílias na média da distribuição de renda cresceu 21%, em termos reais, enquanto a renda das famílias no topo dessa mesma distribuição subiu 480%! (Krugman, "The Social Contract", *The New York Times*, 22-9-2011).

[168] "Bigger Economic Role for Washington" (*The New York Times*, 13 Sept. 2011).

[169] "Geithner Hurdles With EU Ministers Seeking Way Out of Debt Crisis" (*CNN.com*, 16-9-11); "Greece Nears the Precipice, Raising Fear" (*The New York Times*, 19 Sept. 2011). O leitor não deve pensar que o interesse do governo Obama na solução da crise na zona do euro fosse puramente o de melhor articulação entre políticas econômicas. Subjacente, há a eleição de novembro de 2012 em que a deterioração das economias europeias pode ser mais um complicador para as chances eleitorais do presidente Obama.

Bibliografia

ACKERMAN, B.; AYRES, I. *Voting with dollars:* a new paradigm for campaign finance. New Haven: Yale University Press, 2002.

AUSTEN-SMITH, D.; BANKS, J. Electoral accountability and incumbency. In: ORDESHOOK, P. (Ed.). *Models of strategic choice in politics*. Ann Arbor: University of Michigan Press, 1989. p. 121-148.

BAGDIKIAN, B. *The new media monopoly*. Boston: Beacon Press, 2004.

BAKER, C. *Media concentration and democracy:* why ownership matters. Cambridge: Cambridge University Press, 2007.

BALKIN, J. *Constitutional hardball and constitutional crisis*. New Haven: Yale Law School, 2008a. (Public Law Working Paper, 158.)

______. The world financial crisis and the unitary Executive. 2008b. Disponível em: <http://balkin.blogspot.com/2008/03>.

______. *Constitutional dictatorship:* its dangers and designs. New Haven: Yale Law School, 2009. (Public Law and Legal Theory Research Paper Series, 194.)

BALLA, S.; WRIGHT, J. Interest groups, advisory committees, and congressional control of the bureaucracy. *American Journal of Political Science*, v. 45, n. 4, p. 799-812, Oct. 2001.

BARILLEAUX, R. Venture constitutionalism and the enlargement of the presidency. In: KELLEY, C. (Ed.). *Executing the Constitution*. Albany: State University of New York Press, 2006. p. 37-52.

BARKOW, R. Insulating agencies: avoiding capture through institutional design. *Texas Law Review*, v. 89, n. 1, p. 15-79, Nov. 2010.

BAROFSKY, N. Where the bailout went wrong. *The New York Times*, 29 Mar. 2011.

BARON, D.; FEREJOHN, J. The power to propose. In: ORDESHOOK, P. (Ed.). *Models of strategic choice in politics*. Ann Arbor: Michigan University Press, 1989. p. 343-366.

BARRO, R. Recent developments in the theory of rules versus discretion. *Economic Journal*, v. 98, p. 371-400, Aug. 1985.

BARRON, J. Access to the press — a new first amendment right. *Harvard Law Review*, v. 80, n. 8, p. 1541-1678, June 1967.

______. Access to the media — a contemporary appraisal. *Hofstra Law Review*, v. 35, n. 3, p. 937-953, Spring 2007.

______. Access reconsidered. *George Washington Law Review*, v. 76, n. 4, p. 826-844, June 2008.

BEAN, C. et al. Monetary policy after the fall. In: 2010 ECONOMIC POLICY SYMPOSIUM MACROECONOMIC CHALLENGES: the decade ahead, 2010, Jackson Hole. *Proceedings...* Jackson Hole: s.ed., 2010.

BERMAN, D. Post-Enron crackdown comes up woefully short. *Wall Street Journal*, 28 Oct. 2008.

BOONE, P.; JOHNSON, S. *Europe on the brink*. Washington, DC: Peterson Institute for International Economics, July 2011. (Policy Brief, PB11-13.)

BLINDER, Alan. Government to economic rescue. *Wall Street Journal*, 16 June 2010.

BRESSMAN, L.; THOMPSON, R. The future of agency independence. *Vanderbilt Law Review*, v. 63, n. 3, p. 599-672, 2010.

BREYER, S.; MacAVOY, P. *Energy regulation by the Federal Power Commission:* studies in the regulation of economic activity. Washington, DC: Brookings Institute, 1974.

BROOK, D. Meta-strategic lobbying: the 1998 steel imports case. *Business and Politics*, v. 7, n. 1, p. 1-24, Aug. 2005.

BUCHANAN, J. The constitutional way of thinking. *Supreme Court Economic Review*, v. 10, p. 143-155, 2003.

______. Same players, different game: how better rules make better politics. *Constitutional Political Economy*, v. 19, n. 3, p. 171-179, Sept. 2008.

______. Economists have no clothes. *Rationality, Markets and Morals: Studies at the Intersection of Philosophy and Economics*, p. 151-156, 2009.

______; CONGLETON, R. *Politics by principle, not interest*. Cambridge: Cambridge University Press, 1998.

CAIN, B. Cheap talk citizenship: the democratic implications of voting with dollars. *University of Richmond Law Review*, v. 37, n. 4, p. 959-978, May 2003.

CANNON, M. A better way to generate and use comparative effectiveness research. *Cato Policy Analysis*, n. 632, Feb. 2009.

CAPLAN, B. *The myth of the rational voter:* why democracies choose bad policies. Princeton: Princeton University Press, 2007.

CAREY, G.; McCLELLAN, J. (Eds.). *The Federalist*, Liberty Fund, n. 70, p. 362-363, 2001.

CHIMONAS, S.; FROSCH, Z.; ROTHMAN, D. From disclosure to transparency: the use of company payment data. *Archives of Internal Medicine*, v. 170, n. 16, p. 1419-1510, Sept. 2010.

CONGLETON, R. The political economy of crisis management: surprise, urgency, and mistakes in political decision making. *Advances in Austrian Economics*, v. 8, p. 183-203, 2005.

______. *On the political economy of the financial crisis and bailout of 2008*. Washington, DC: George Mason University, Mar. 2009. (Center for Study of Public Choice Working Paper Series.)

COUNCIL OF THE EUROPEAN UNION. Statement by the heads of State or Government of the Euro Area and EU institutions. Brussels, 21 July 2011.

CUNNINGHAM, L.; ZARING, D. The three or four approaches to financial regulation: a cautionary analysis against exuberance in crisis response. *George Washington Law Review*, v. 78, n. 1, p. 39-113, Nov. 2009.

DAMOUS, W. A mídia na campanha. *O Dia*, 21 set. 2010.

______. *Lobby* sem regras. *O Dia*, 31 maio 2011.

DAVIDOFF, S.; ZARING, D. Regulation by deal: the government's response to the financial crisis. *Administrative Law Review*, v. 61, n. 3, p. 463-541, Summer 2009.

DAVIS, S.; WACHTER, T. Recessions and the Costs of Job Loss, *Brookings Papers of Economic Activity*, conference paper, 12 Sept. 2011.

DELONG, J. B. The long pedigree of interventionism. *The Economists Voice*, July 2009.

______. Economics in crisis. *The Economists Voice*, July 2011.

DEMSETZ, D. *Economic, legal, and political dimensions of competition*. Amsterdam: North Holland, 1982.

______. The structure of ownership and the theory of the firm. *Journal of Law & Economics*, v. 26, n. 2, p. 375-390, Oct. 1983.

DENZAU, A.; MUNGER, M. Legislators and interest groups: how organized interests get represented. *American Political Science Review*, v. 80, p. 89-106, 1986.

DORF, M. The aspirational constitution. *George Washington Law Review*, v. 77, n. 5/6, p. 1631-1671, Sept. 2009.

DUNLEAVY, P. The variation of public bureaucracies. 2005. (Draft.)

ELSTER, J. *Institutional design in post-communist societies:* rebuilding the ship at sea (theories of institutional design). Cambridge: Cambridge University Press, 1998.

ESKRIDGE, W.; FEREJOHN, J. Super-Statutes. *Duke Law Journal*, v. 50, n. 5, p. 1215-1394, Mar. 2001.

______; LEVINSON, S. (Eds.). *Constitutional stupidities, constitutional tragedies.* New York: New York University Press, 1998a.

______; ______. Constitutional conversations. In: ESKRIDGE, W.; LEVINSON, S. (Eds.). *Constitutional stupidities, constitutional tragedies.* New York: New York University Press, 1998b. p. 1-11.

FABER, M.; SEERS, D. *The crisis in planning.* London: Chatto and Windus, 1972. 2 vs.

FALLON, R. The core of an uneasy case for judicial review. *Harvard Law Review*, v. 121, n. 7, p. 1694-1736, May 2008.

FEREJOHN, J. The lure of large numbers. *Harvard Law Review*, v. 123, n. 8, p. 1989-1997, June 2010.

FIGUEIREDO, J. *Lobbying and information in politics.* Cambridge: Harvard Law School, June 2002. (John M. Olin Center for Law, Economics and Business Discussion Paper, 369.)

______; GARRETT, E. *Paying for politics.* s.l.: University of California, 2004. (University of California Law and Public Policy Research Paper, 014-19.)

FIGUEIREDO, Marcus. Jornais, candidaturas e eleitores em 2010. *Folha de S. Paulo*, 3 dez. 2010.

FIGUEIREDO, R. Electoral competition, political uncertainty, and policy insulation. *American Political Science Review*, v. 96, n. 2, p. 321-333, 2002.

FISH, S. What is the First Amendment for?. *The New York Times*, 1 Feb. 2010.

FOLEY, M. *The silence of Constitutions:* gaps, "abeyances" and political temperament in the maintenance of government. London: Routledge, 1989.

GARRETT, E. Voting with cues. *University of Richmond Law Review*, v. 37, n. 2, p. 1011-1148, May 2003.

GASPARI, E. Nosso guia e a teoria petista da imprensa. *O Globo*, 25 out. 2009, O País.

GEITHNER, Timothy. Welcome to the recovery. *The New York Times*, 2 Aug. 2010.

GERSEN, J.; POSNER, E. *Soft law*. Chicago: University of Chicago, Mar. 2008. (University of Chicago Public Law and Legal Theory Working Paper, 213.)

GRAY, J.; MILLER, J. Intermediate macro texts and the economic crisis of 2008-2009. Feb. 2009. Disponível em: <http://papers.ssrn.com/sol3/papers.cfm?abstract_id=1490686>.

HALFTECK, G. Legislative threats. *Stanford Law Review*, v. 61, n. 3, p. 629-710, 2008.

HASEN, R. Lobbying, Rent Seeking, and the Constitution, UC Irvine School of Law, *Legal Studies Research Paper*, n. 1011-11, 2011.

HO, D.; QUINN, K. Viewpoint Diversity and Media Consolidation: An Empirical Study. *Stanford Law Review*, v. 61, n. 4, p. 781-868, Feb. 2009.

HOLYOKE, T. Choosing battlegrounds: interest group lobbying across multiple venues. *Political Research Quarterly*, v. 56, n. 3, p. 325-336, Sept. 2003.

IGAN, D.; MISHRA, P.; TRESSEL, T. *A fistful of dollars:* lobbying and the financial crisis. Washington, DC: IMF, Dec. 2009. (IMF Working Paper, 09/287.)

IGGERS, J. *Good news, bad news:* journalism ethics and the public interest. Boulder: Westview Press, 1998.

ISSACHAROFF, S. *Democracy and collective decision making*. New York: New York University School of Law, Nov. 2007. (Public Law and Legal Theory Research Paper Series Working Paper, 07.21.)

______. On political corruption. *Harvard Law Review*, n. 124, p. 118-142, Nov. 2010.

JEONG, G.; MILLER, G.; SOBEL, A. Political compromise and bureaucratic structure: the political origins of the Federal Reserve system. *Journal of Law, Economics & Organization*, v. 25, n. 2, p. 472-498, Oct. 2009.

JORDAN, W. Ossification revisited: does arbitrary and capricious review significantly interfer with agency ability to achieve regulatory goals through informal rulemaking?. *Northwestern University Law Review*, n. 94, p. 393-450, Winter 2000.

KATYAL, N. Legislative constitutional interpretation. *Duke Law Journal*, n. 50, p. 1335-1393, Mar. 2001.

KELLEY, C. *Executing the Constitution*. Albany: State University of New York Press, 2006.

KEY, V. O. *The responsible electorate*. New York: Vintage Books, 1966.

KIM, J. Corporate lobbying revisited. *Business and Politics*, v. 10, n. 2, 2008.

KLEIN, E. An incoherent Congress. *The Washington Post*, 17 Dec. 2010.

KLEINBARD, E. *The Congress within the Congress:* how tax expenditures distort our budget and our political processes. Los Angeles: University of Southern California, Mar. 2010. (University of Southern California Legal Studies Working Paper Series, 61.)

KOMESAR, N. *Imperfect alternatives:* choosing institutions in law, economics, and public policy. Chicago: Chicago University Press, 1994.

KRAUTHAMMER, Charles. Annals of Executive overreach. *The Washington Post*, 6 Aug. 2010. p. A19.

KRAWIEC, K. Cosmetic compliance and the failure of negotiated governance. *Washington University Law Quarterly*, v. 81, n. 2, p. 487-544, Summer 2003.

KRENT, Harold J. Whose business is your pancreas? Potential privacy problems in New York City's Mandatory Diabetes Registry. Chicago-Kent College of Law, 2008. Disponível em: <http://ssrn.com/abstract=1013601.

KRISHNAKUMAR, A. *Towards a Madsonian "interest group" approach to lobbying regulation.* New York: St. John's University School of Law, Jan. 2007. (Legal Studies Research Paper Series, 07-006.)

KRUGMAN, P. What went wrong? *The New York Times*, 9 July 2010.

______. Springtime for bankers. *The New York Times*, 1 May 2011.

KURAN, T.; SUNSTEIN, C. Availability cascades and risk regulation. *Stanford Law Review*, v. 51, n. 4, p. 1-76, Apr. 1999.

KYDLAND, F.; PRESCOTT, E. Rules rather than discretion: the inconsistency of optimal plans. *Journal of Political Economy*, v. 85, p. 473-492, 1977.

LAGARDE, Christine. IMF must continue to adapt, says Lagarde. *IMF Survey Magazine*, 6 July 2011.

LAX, J.; PHILLIPS, J. The Democratic Deficit in the States, *American Journal of Political Science*, n. 55, v. 4, p. 1-19, 2011.

LAWSON, G. *Burying the Constitution under a tarp.* Boston: Boston University School of Law, 2009. (Working Paper, 09-31.)

LESSIG, L.; SUNSTEIN, C. The president and the administration. *Columbia Law Review*, v. 94, n. 1, Jan. 1994.

LEVINSON, D. Parchment and politics: the positive puzzle of constitutional commitment. *Harvard Law Review*, v. 124, n. 3, p. 657-746, Jan. 2011.

LEVMORE, S. *Interest groups and the problem with incrementalism.* Chicago: University of Chicago Law School, Nov. 2009. (John Olin Law & Economics Working Paper, 501.)

LIZZA, R. Inside the crisis; Larry Summers and the White House economic team. *The New Yorker*, 12 Oct. 2009.

LOTT JR., J. A simple explanation for why campaign expenditures are increasing: the government is getting bigger. *Journal of Law & Economics*, n. 43, p. 359-394, 2000.

LUND, N. *Resolved, presidential signing statements threaten to undermine the rule of law and the separation of powers*. Washington, DC: George Mason University, 2009. (George Mason University Law and Economics Research Paper Series, 09-57.)

MACEY, J. Organizational design and political control of administrative agencies. *Journal of Law, Economics, and Organization*, v. 8, p. 93-125, 1992.

______. *Government as contractual claimant:* tax policy and the State. New Haven: Yale Law School, 2006. (Public Law and Legal Theory Research Paper Series, 105.)

MAGARIAN, G. Substantive media regulation in three dimensions. *George Washington Law Review*, v. 76, n. 4, p. 845-896, June 2008.

MAGILL, E.; VERMEULE, A. Allocating power within agencies. *Yale Law Journal*, v. 120, n. 5, p. 1032-1083, Mar. 2011.

MANNING, J. The nondelegation doctrine as a canon of avoidance. *Supreme Court Review*, 2000. p. 223-273.

______. Separation of powers as ordinary interpretation. *Harvard Law Review*, v. 124, n. 8, p. 1939-2040, June 2011.

MANSBRIDGE, J. Rethinking representation. *American Political Science Review*, v. 97, n. 4, p. 515-528, Nov. 2003.

MASHAW, J. Improving the environment of agency rule-making: an essay on management, games, and accountability. *Law and Contemporary Problems*, v. 57, n. 2, p. 185-257, Winter/Spring 1994.

McCHESNEY, F. *Money for nothing:* politicians, rent extraction, and political extortion. Cambridge: Harvard University Press, 1997.

McCHESNEY, R. *Rich media, poor democracy:* communication politics in dubious times. Urbana-Champaign: University of Illinois Press, 1999.

McGARITY, T. Regulatory analysis and regulatory reform. *Texas Law Review*, n. 65, p. 1243-1333, June 1987.

______. Some thoughts on deossifying the rulemaking process. *Duke Law Journal*, n. 41, p. 1385, 1992. (Seminal article.)

McGINNIS, J.; RAPPAPORT, M. Supermajorities rules as a constitutional solution. *William & Mary Law Review*, v. 40, n. 2, p. 367-470, Feb. 1999.

______; ______. A pragmatic defence of originalism. *Northwestern University Law Review*, v. 101, n. 1, p. 383-397, 2007.

METZGER, G. *The interdependent relationship between internal and external separation of powers*. New York: Columbia Law School, Oct. 2009. (Public Law & Legal Theory Working Paper Group, 9-213.)

MOE, T. The politics of bureaucratic structure. In: CHUBB, J.; PETERSON, P. (Eds.). *Can the government govern?*. Washington, DC: Brookings Institution Press, 1989.

______; HOWELL, H. Unilateral action and presidential power: a theory. *Presidential Studies Quarterly*, v. 29, n. 4, p. 850-873, Dec. 1999.

MONTEIRO, J. V. *Fundamentos da política pública*. Rio de Janeiro: Ipea/Inpes, 1982. (Série PNPE, 1.)

______. Mecanismos decisórios de política econômica no Brasil: 1965-1982. *Revista IBM*, v. 4, n. 6, p. 18-25, jun. 1983.

______. *Macroeconomia do crescimento de governo*. Rio de Janeiro: Inpes/Ipea, 1990.

______. *Estratégia macroeconômica*. Rio de Janeiro: Ipea, 1994. (Série PNPE, 26.)

______. *Economia e política:* instituições de estabilização econômica no Brasil. Rio de Janeiro: FGV, 1997.

______. *As regras do jogo:* o Plano Real, 1997-2000. Rio de Janeiro: FGV, 2000.

______. *Lições de economia constitucional brasileira*. Rio de Janeiro: FGV, 2004.

______. "Estado oco" e parcerias público-privadas. *Revista de Economia e Relações Internacionais*, v. 5, n. 9, p. 56-73, jul. 2006.

______. *Como funciona o governo:* escolhas públicas na democracia representativa. Rio de Janeiro: FGV, 2007.

______. Policy making in the first Lula government. In: LOVE, J.; BAER, W. (Eds.). *Brazil under Lula:* economy, politics, and society under the worker--president. New York: Palgrave Macmillan, 2009. p. 47-65.

______. O carrossel constitucional. *Estratégia Macroeconômica*, v. 18, n. 448, 27 Dez. 2010.

MONYNIHAN, D.; ROBERTS, A. The end of an idea? The Bush administration and the exhaustion of the politicized presidency. Madison, WI: La Follette School of Public Affairs, 2008. (Working Paper Series, 2008-024.)

MORRISS, A.; YANDLE, B.; DORCHAK, A. Choosing how to regulate. *Harvard Environmental Law Review*, v. 29, n. 1, p. 180-249, 2005.

MOULTON, S.; WISE, C. Shifting boundaries between the public and the private sectors: implications from the economic crisis. *Public Administration Review*, May/June 2010, p. 349-360.

MULLER, D. *Public choice — III*. Cambridge: Cambridge University Press, 2003.

NABATCHI, T.; GOERDEL, H.; PEFFER, S. Public administration in dark times: some questions for the future of the field. *Journal of Public Administration Research and Theory*, v. 21, Suppl. 1, p. 129-143, 2011.

NAOI, M.; KRAUSS, E. *Who lobbies whom?* Electoral systems and organized interests' choice of bureaucrats vs. politicians in Japan. San Diego: University of California, Sept. 2007. (Working Paper.)

NATIONAL COMMISSION ON FISCAL RESPONSIBILITY AND REFORM. The moment of truth. Washington, DC: White House, 1 Dec. 2010.

NOTE: Rule porousness and the design of legal directives. *Harvard Law Review*, v. 121, n. 8, p. 2134-2155, June 2008.

NOVECK, S. Campaign finance disclosure and the Legislative process. *Harvard Journal of Legislation*, v. 47, n. 1, p. 75-114, 2009.

NZELIBE, J. The myth of the nationalist president and the parochial Congress. *UCLA Law Review*, v. 53, n. 5, p. 1217-1267, June 2006.

______; STEPHENSON, M. Complementary constraints: separation of powers, rational voting, and constitutional design. *Harvard Law Review*, v. 123, p. 618-654, Jan. 2010.

OLSON, M. *The logic of collective action:* public goods and the theory of groups. Cambridge: Harvard University Press, 1965.

______. *The rise and decline of nations:* economic growth staginflation and social rigidities. New Haven: Yale University Press, 1982.

ORDESHOOK, P. Constitutional stability. *Constitutional Political Economy*, v. 3, n. 2, p. 137-175, Spring/Summer 1992.

OVERTON, S. The donor class: campaign finance, democracy, and participation. *University of Pennsylvania Law Review*, v. 153, n. 1, p. 73-118, Nov. 2004.

PEACOCK, A.; WISEMAN, J. *The growth of public expenditure in the United Kingdom*. Princeton: Princeton University Press, 1961.

THE PEW RESEARCH CENTER. The people and their government: distrust, discontent, anger and partisan rancor. 18 Apr. 2010. Disponível em: <http://people-press.org/files/legacy-pdf/606.pdf>.

PHILP, M. Delimiting democratic accountability. *Political Studies*, v. 57, n. 1, p. 28-53, Mar. 2009. (First published online: 29 Apr. 2008.)

POSNER, E.; VERMEULE, A. *Constitutional showdowns*. Chicago: University of Chicago Law School, July 2007. (John Olin Law and Economics Working Paper, 348.)

______; ______. *Crisis governance in the administrative state, 9/11 and the financial meltdown of 2008*. Cambridge: Harvard Law School, Nov. 2008. (Harvard Public Law Working Paper, 08-50.)

______; ______. *The Executive unbound: after the Madisonian republic*. Oxford: Oxford University Press, 2011.

PRADO, F. Almeida; SILVA, G. Alves da; YAMAGUCHI, H. Audiências públicas — a experiência de formatação de políticas públicas no setor elétrico brasileiro. *Revista de Economia & Relações Internacionais*, v. 9, n. 18, p. 5-18, jan. 2011.

PRAKASH, S. Fragmented features of the constitution unitary Executive. *Willamette Law Review*, v. 41, p. 701-725, 2009.

RAWLS, J. *A theory of justice*. rev. ed. Cambridge: Belknap Press, 1999.

REDOANO, M. Does centralization affect the number and size of lobbies?. *Journal of Public Economics Theory*, v. 12, n. 3, June 2010.

REENOCK, C.; GERBER, B. Political insulation, information exchange, and interest group access to the bureaucracy. *Journal of Public Administration Research and Theory*, v. 18, n. 3, p. 415-440, July 2007.

REICH, G. Constitutional coordination in unstable party systems: the Brazilian Constitution of 1988. *Constitutional Political Eonomy*, v. 18, n. 3, p. 177-197, 2007.

REINHART, C.; REINHART, V. After the fall. In: 2010 ECONOMIC POLICY SYMPOSIUM MACROECONOMIC CHALLENGES: the decade ahead, 2010, Jackson Hole. *Proceedings*... Jackson Hole: s.ed., 2010.

ROBERTS, R. How little we know: the challenges of financial reform. *The Economists' Voice*, Berkeley Electronic Press, Nov. 2009. p. 1-5.

RODRIGUES, U.; STEGEMOLLER, M. Placebo ethics. *Virginia Law Review*, v. 96, n. 1, Mar. 2010.

ROGOFF, K.; REINHART, C. *This time is different: eight centuries of financial folly*. Princeton: Princeton University Press, 2009.

RUHL, J.; SALZMAN, J. Mozart and the Red Queen: the problem of regulatory accretion in the administrative state. *Georgetown Law Journal*, v. 91, p. 757-850, 2003.

SALZBERGER, E.; VOIGT, S. Separation of powers: new perspectives and empirical findings — introduction. *Constitutional Political Economy*, v. 20, n. 3/4, p. 197-201, Sept. 2009.

SCHEUERMAN, W. The economic state of emergency. *Cardozo Law Review*, v. 21, n. 5, p. 1869-1894, May 2000.

SCHUCK, P. *The limits of law:* essays on democratic governance. Boulder: Westview Press, 2000.

SEIDENFELD, M. Desmystifying deossification: rethinking recent proposals to modify judicial review of notice and comment rulemaking. *Texas Law Review*, v. 75, n. 3, p. 483-524, Feb. 1997.

SHAPIRO, S. Explaining ossification: an examination of time to finish rulemakings. 2009. Disponível em: <http://ssrn.com/abstract=1447337>.

SLOANE, R. *The scope of Executive Power in the twenty-first century:* an introduction. Boston: Boston University School of Law, 2008. (Public Law and Legal Theory Working Paper, 08-17.)

SOMIN, I. Political ignorance and the countermajoritarian difficulty: a new perspective on the central obsession of constitutional theory. *Iowa Law Review*, v. 89, p. 1287-1371, Apr. 2004.

______; DEVINS, N. *Can we make the Constitution more democratic?*. Washington, DC: George Mason University School of Law, 2007. (George Mason University Law & Economics Research Paper Series, 07-28.)

SPENCE, D.; CROSS, F. A public choice case for the administrative state. *Georgetown Law Journal*, v. 89, p. 97-142, 2000.

STEARNS, M.; ZYWICKI, T. *Public choice concepts and applications in law*. Saint Paul: West-Thomson Reuters, 2009.

STEPHENSON, M.; JACKSON, H. *Lobbysts as imperfect agents:* implications for public policy in a pluralist system. Cambridge: Harvard Law School, 2009. (Public Law & Legal Theory Working Paper Series, 09-12.)

STIGLER, G. Do economists matter? *Southern Economic Journal*, Jan. 1976. p. 347-363.

STRAUSS, P. Formal and functional approaches to separation of powers questions — a foolish inconsistency?. *Cornell Law Review*, v. 72, Mar. 1987.

SUNSTEIN, C. *Designing democracy: what Constitutions do*. Oxford: Oxford University Press, 2002.

SWIRE, P. Financial privacy and the theory of high-tech government surveillance. *Washington University Law Quarterly*, v. 77, n. 2, p. 461-512, Summer 1999.

THALER, R.; SUNSTEIN, C. *Nudge: improving decisions about health, wealth, and happiness*. New Haven: Yale University Press, 2008.

TUFTE, E. *Political control of the economy*. Princeton: Princeton University Press, 1978.

TUSHNET, M. Legislation and the law of politics. *Harvard Journal of Legislation*, v. 46, n. 1, p. 211-215, Winter 2009.

TUSHNET, R. Power without responsibility: intermediaries and first amendment. *George Washington Law Review*, v. 76, n. 4, p. 986-1016, June 2008.

US DEPARTMENT OF THE TREASURE. Troubled Asset Relief Program — two year retrospective executive summary. Washington, DC: US Department of the Treasure/Office of Financial Stability, Oct. 2010.

VIDAL, J.; DRACA, M.; FONS-ROSEN, C. Revolving Door Lobbyists. In: 5TH ANNUAL CONFERENCE ON EMPIRICAL LEGAL STUDIES PAPER, Yale Law School, 5-6 Nov. 2010.

VERMEULE, A. Common law constitutionalism and the limits of reason. *Columbia Law Review*, v. 107, n. 6, p. 1482-1532, Oct. 2007a.

______. *Mechanisms of democracy:* institutional design writ small. New York: Oxford University Press, 2007.

______. *The interaction of democratic mechanisms.* Cambridge: Harvard Law School, 2009. (Public Law & Legal Theory Working Paper Series, 09-22.)

WALSH, C. The future of inflation targeting. *Economic Record*, June 2011. p. 1-39.

WATTS, R.; ZIMMERMAN, J. The demand for and supply of accounting theories: the market for excuses. *The Accounting Review*, v. 54, n. 2, p. 273-305, Apr. 1997.

WEINGAST, B.; SHEPSLE, K.; JOHNSEN, C. The political economy of benefits and costs: a neoclassical approach to distribution politics. *Journal of Political Economy*, v. 89, p. 642-664, Aug. 1981.

WENIG, M. The democracy deficit in Canadian environmental policy making. *Law Now*, Aug./Sept. 2004. p. 1-2.

WOOLLEY, A. Legitimating public policy. *University of Toronto Law Journal*, v. 58, p. 153-184, 2008.

YANDLE, B. et al. *Bootlegers, Baptists and televangelists:* regulating tobacco by litigation. Champaign: University of Illinois College of Law, 2007. (Illinois Law and Economics Research Paper Series, Research Paper, LE 07-021.)

A Ordem dos Economistas do Brasil (OEB) é um patrimônio cultural dos economistas e da sociedade brasileira. Sua motivação última é o desenvolvimento econômico e social do nosso país, que lhe valeu o reconhecimento de utilidade pública estadual e municipal pelos inúmeros serviços que vem prestando ao longo dos últimos anos.

Entidade cultural que é, tem multiplicado ações para atualização do conhecimento econômico em cursos, palestras, edições de livros, consultoria em planejamento, apoio às faculdades de Economia, com exposições e visitas que levem à motivação dos estudantes e instituições.

O seu portal www.oeb.org.br disponibiliza artigos, agenda cultural, suas edições, notícias sobre oportunidades profissionais, dicionários de finanças e de economia, atividades da sua diretoria, produtos-brindes, além de resultados de pesquisas mensais. Seus associados recebem semanalmente boletim que traz questões atuais e de interesse para os economistas. Sua sede tem instalações que hoje podem orgulhar os economistas de todo o país, que com ela mantém estreito contato. Continua também a oferecer dentro de sua programação de cursos aqueles de pós-graduação, devidamente credenciados pelas instancias superiores do ensino.

Todos os anos, no mês de agosto, a OEB comemora o dia do Economista. Por ocasião da data, realiza seminários — nacionais e internacionais —, promove a festa do "Economista do Ano", homenageando profissionais de vários segmentos da economia brasileira.

Prof. dr. Manuel Enriquez Garcia
Presidente

Esta obra foi produzida nas
oficinas da Imos Gráfica e Editora na
cidade do Rio de Janeiro